ROBERT VON STEINAU-STEINRÜCK

Haftungsrechtlicher Arbeitnehmerschutz bei der Betriebsaufspaltung

Schriften zum Sozial- und Arbeitsrecht

Band 144

Haftungsrechtlicher Arbeitnehmerschutz bei der Betriebsaufspaltung

Von

Robert von Steinau-Steinrück

Duncker & Humblot · Berlin

Die Deutsche Bibliothek – CIP-Einheitsaufnahme

Steinau-Steinrück, Robert von:
Haftungsrechtlicher Arbeitnehmerschutz bei der
Betriebsaufspaltung / von Robert von Steinau-Steinrück. –
Berlin : Duncker und Humblot, 1996
(Schriften zum Sozial- und Arbeitsrecht ; Bd. 144)
Zugl.: Bonn, Univ., Diss., 1993/94
ISBN 3-428-08624-4
NE: GT

Fotoprint: Berliner Buchdruckerei Union GmbH, Berlin
Printed in Germany

ISSN 0582-0227
ISBN 3-428-08624-4

Gedruckt auf alterungsbeständigem (säurefreiem) Papier
entsprechend ISO 9706 ♾

Vorwort

Die Arbeit hat im Wintersemester 1993/94 der Rechts- und Staatswissenschaftlichen Fakultät der Universität Bonn als Dissertation vorgelegen. Das Manuskript wurde im August 1993 abgeschlossen. Rechtsprechung und Literatur konnten bis Anfang November 1994 berücksichtigt werden.

Herzlich danken möchte ich meinem Doktorvater, Herrn Professor Dr. Detlev W. Belling, M.C.L., der das Thema angeregt und die Arbeit stets gefördert hat. Herrn Professor Dr. Mainhard Heinze danke ich sehr für die zügige Zweitkorrektur.

Dem Institut für Begabtenförderung der Konrad-Adenauer-Stiftung bin ich für die wirtschaftliche Unterstützung durch die Gewährung eines Promotionsstipendiums zu Dank verpflichtet.

Meinem Bruder, Dipl. Kfm. Giso v. Steinau-Steinrück, M.B.A. danke ich für die Überlassung eines P.C., Raik Mickler dafür, daß er das Manuskript in den druckreifen Zustand gebracht hat. Dank schulde ich schließlich Birgit Mehl, die mir in der "Schlußphase" sehr geholfen hat. Ihr und meinen Eltern ist die Arbeit gewidmet.

Berlin, im November 1994

Robert v. Steinau-Steinrück

Inhaltsverzeichnis

Abkürzungen, die in dieser Arbeit verwandt wurden, sind entweder allgemein bekannt oder ergeben sich aus *Kirchner, Hildebert*, Abkürzungsverzeichnis der Rechtssprache, 4. Aufl., Berlin, New York 1993.

Einführung

Die Betriebsaufspaltung gilt "ohne Übertreibung als die beliebteste gesellschaftsrechtliche Gestaltung mittelständischer Unternehmen."[1] Der Blick in die Praxis bestätigt diese Einschätzung.[2]

Die Aufspaltung eines Unternehmens in eine Besitz- und eine Betriebsgesellschaft wird als "realökonomisches Erfordernis"[3] bezeichnet, weil sie nicht nur steuerlich vorteilhaft ist, sondern zugleich ein Instrument zur Beschränkung der Haftung darstellt. Dient sie aber der unternehmerischen Risikominimierung, werden Fragen nach dem Gläubigerschutz aufgeworfen.

Die vorliegende Arbeit beschäftigt sich in erster Linie mit den haftungsrechtlichen Folgen der Betriebsaufspaltung für die Arbeitnehmer. Dazu soll im ersten Kapitel die Veränderung ihrer wirtschaftlichen Risikoposition durch die Betriebsaufspaltung untersucht werden. In den folgenden Kapiteln werden die Gläubigerschutzinstrumente erörtert, die das Arbeitsrecht, das Gesellschaftsrecht und das Bürgerliche Recht zur Verfügung stellen.

---

[1] *Fichtelmann*, GmbHR 1984, 344.

[2] Nachgewiesen von *Hesselmann/Hüfner/Pinkwart*, S. 49; die Autoren haben im Jahr 1988 eine empirische Untersuchung auf kleiner Stichprobenbasis zu den Fragenkreisen Betriebsaufspaltung und Insolvenzrisiko durchgeführt, dazu a.a.O., S. 1ff. und S. 43ff.

[3] *Weilbach*, BB 1990, 829.

Erstes Kapitel

Die haftungsrechtlichen Risiken der Betriebsaufspaltung

A. Der Tatbestand

I. Der Begriff und seine wesentlichen Merkmale

Die Betriebsaufspaltung kommt in einer Fülle von Erscheinungsformen vor, die sich wiederum auf unterschiedliche Entstehungsarten, Rechtsformen und Beteiligungsbeziehungen zurückführen lassen. All diesen Erscheinungsformen ist das Grundprinzip gemeinsam, daß die üblicherweise von einem einheitlichen Unternehmen wahrgenommenen Funktionen auf mindestens zwei rechtlich selbständige Rechtsträger aufgeteilt sind, an denen in der Regel dieselben Personen beteiligt sind.[1] Dabei ist für die Betriebsaufspaltung konstitutiv, daß die Betriebsgrundlagen den abgespaltenen Unternehmen nicht zu Eigentum übertragen, sondern durch Gebrauchsüberlassungsverträge (Miete, Pacht) überlassen werden.[2]

Üblicherweise wird die Betriebsaufspaltung so vollzogen, daß aus einem bislang einheitlichen Unternehmen der gesamte Betrieb auf eine sogenannte "Betriebsgesellschaft" ausgegliedert wird. Das übrig bleibende Rest-Unternehmen, das als "Besitzgesellschaft"[3] bezeichnet wird, behält das Anlagevermögen und verpachtet es an die Betriebsgesellschaft.

Die Terminologie ist verwirrend.[4] Denn eigentlich "besitzt" die (mietende oder pachtende) Betriebsgesellschaft die ihr überlassenen Betriebsgrundlagen

---

[1] So die allgemeine Begriffsbestimmung in der Literatur, *Belling/Collas*, NJW 1991, 1919; *Bentler*, S. 21; *Brandmüller*, Rdnr. A 1; *Dehmer*, Rdnr. 1; *Drygala*, S. 3; *Hesselmann/Hüfner/Pinkwart*, S. 7; *Kaligin*, S. 17; *Knobbe-Keuk*, Bilanzsteuerrecht, S. 772; *Knoppe*, S. 39; *Konzen*, Unternehmensaufspaltungen, S. 48 f.; *Schiener*, S. 12 f.; *Zartmann*, S. 36; *Ziegler*, S. 104; zur "grenzüberschreitenden" Betriebsaufspaltung *Wilken*, S. 21. Zur historischen Entwicklung der Betriebsaufspaltung *Bentler*, S. 22f.; *Brandmüller*, Rdnr. 2f.; *Donath*, S. 9ff.

[2] Darin unterscheidet sich die Betriebsaufspaltung von der Gruppe verbundener Unternehmen; eine Betriebsaufspaltung liegt außerdem nicht vor, wenn die Betriebsgrundlagen von einem außenstehenden Dritten gemietet oder gepachtet werden.

[3] Zur Erläuterung dieses Begriffs *Fabritius*, S. 20, FN 7.

[4] Ähnlich *Bork*, BB 1989, 2181.

im Sinne von § 854 BGB, während die Besitzgesellschaft, bzw. die hinter ihr stehenden Gesellschafter die Eigentümer sind. Diese zivilrechtliche Unschärfe der Begriffe erklärt sich daraus, daß die Betriebsaufspaltung eigentlich ein "Kind des Steuerrechts"[5] ist.

Auch der Begriff Betriebsaufspaltung ist unglücklich gewählt. Er bezeichnet nicht nur, wie die Substantivierung des Verbums "aufspalten" nahelegt, den Vorgang der Aufspaltung, sondern gerade das "Aufgespaltensein" des Unternehmens. Gemeint ist also dessen Rechtsformkonstruktion. Unpassend ist er aber vor allem, weil im Regelfall nicht die arbeitsrechtliche Organisationseinheit Betrieb, sondern die gesellschaftsrechtliche Einheit Unternehmen aufgespalten wird.[6] Die Begriffe Unternehmensaufspaltung,[7] oder Doppelgesellschaft[8] sind deshalb treffender. Der Begriff der Betriebsaufspaltung hat sich jedoch in Rechtsprechung[9] und Literatur[10] längst durchgesetzt. Gesetzlich geregelt ist die Betriebsaufspaltung erstmals in § 134 Umwandlungsgesetz (UmwG).[11]

Eine eigene, hiervon zu trennende Bedeutung hat der Begriff der Betriebsaufspaltung im steuerrechtlichen Sinn. Zur steuerlichen "Bewältigung"[12] des wirtschaftlichen Sachverhalts der Betriebsaufspaltung hat die finanzgerichtliche Rechtsprechung einen steuerlichen Tatbestand der Betriebsaufspaltung entwikkelt,[13] teilweise ist auch vom steuerlichen Rechtsinstitut der Betriebsaufspaltung die Rede.[14] Danach wird für die Anerkennung der steuerlichen Betriebs-

---

[5] *Donath*, S. 1.

[6] *Bork*, BB 1989, 2181.

[7] Vgl. *Belling/Collas*, NJW 1991, 1919; *Bork*, BB 1989, 2181; *Konzen*, S. 47 f.; *Peter*, S. 424; *Schaub*, S. 5.

[8] Dafür *Bentler*, S. 21; *Brandmüller* dagegen lehnt diesen Begriff mit dem Hinweis ab, er lasse die rechtliche Selbständigkeit beider Gesellschaften außer Betracht, a.a.O., Rdnr. A 1.

[9] Vgl. BVerfG 25 (28); BVerfG 69, 188; BFHE 91, 368; BFHE 103, 440; weitere Nachweise bei *Dehmer*, Rdnr. 1.

[10] Vgl. die oben in FN 2 Genannten.

[11] Bl. 1994 I, S. 3210. Vgl dazu unten 5. Kap. B. Das Gesetz über die Spaltung der von der Treuhandanstalt verwalteten Unternehmen vom 05.04.1991, BGBl. I, 1991, S. 854, (SpTrUG) und das Gesetz über die strukturelle Anpassung der Landwirtschaft an die soziale und ökologische Marktwirtschaft in der DDR vom 29.06.1990, GB I DDR 1990, S. 642, (Landwirtschaftsanpassungsgesetz) ermöglichen die Dekonzentration der großen Wirtschaftseinheiten in den Neuen Bundesländern. Sie sehen die Spaltung für Kapitalgesellschaften und LPG's vor, mit dem Ziel, rechtliche selbständige Einheiten zu schaffen, denen die bei der Spaltung zugewiesenen Vermögensteile zu Eigentum gehören. Die hier behandelte Betriebsaufspaltung wird davon nicht betroffen.

[12] *Knobbe-Keuk*, Zukunft, S. 54.

[13] Dazu *Donath*, S. 9ff. Zuletzt dazu *Keßler*, GmbHR, 1993, 541 f.

aufspaltung verlangt, daß die der Betriebsgesellschaft miet- oder pachtweise überlassenen Wirtschaftsgüter zu den "wesentlichen Betriebsgrundlagen" gehören (sog. sachliche Verflechtung). Außerdem muß die das Besitzunternehmen beherrschende Person oder Personengruppe in der Lage sein, auch in der Betriebsgesellschaft ihren Willen durchzusetzen, (sog. personelle Verflechtung oder einheitlicher geschäftlicher Betätigungswille).[15]

Erfüllt eine Betriebsaufspaltung diese steuerlichen Voraussetzungen, ergibt sich einerseits als vorteilhafte Rechtsfolge die steuerneutrale Aufspaltung des Unternehmenserfolgs, andererseits aber die nachteilige Konsequenz der Gewerbesteuerpflichtigkeit des Besitzunternehmens.[16]

II. Die typischen Erscheinungsformen

In der Praxis haben sich eine Reihe von typischen Erscheinungsformen der Betriebsaufspaltung herausgebildet, die nach verschiedenen Kriterien untergliedert werden.

1. Nach der Enstehungsart

Nach dem Kriterium der Entstehungsart unterscheidet man zwischen echter und unechter Betriebsaufspaltung.

a) Die echte Betriebsaufspaltung

Eine echte Betriebsaufspaltung ist dann gegeben, wenn ein bislang einheitliches Unternehmen in mehrere rechtlich selbständige Unternehmen aufgespalten wird.[17]

---

[14] So BFHE 103, 440; *Brandmüller*, Rdnr. B 28; *Dehmer*, Rdnr. 2; ablehnend *Knobbe-Keuk*, Bilanzsteuerrecht, S. 774ff.

[15] Zu diesen beiden Voraussetzungen im einzelnen *Dehmer*, Rdnr. 41f. und 405ff.; *Knobbe-Keuk*, Bilanzsteuerrecht, S. 781ff.

[16] Dazu ausführlich *Dehmer*, Rdnr. 30ff.; *Knobbe-Keuk*, Bilanzsteuerrecht, S. 790ff.; zu den Vorteilen bei der Besteuerung, siehe unten, unter III.1.

[17] *Brandmüller*, Rdnr. A 4 ff.; *Dehmer*, Rdnr. 14; *Bentler*, S. 27.

b) Die unechte Betriebsaufspaltung

Eine unechte Betriebsaufspaltung liegt dagegen dann vor, wenn das aufgespaltene "Doppel"-Unternehmen dadurch entsteht, daß die einzelnen Unternehmen neu gegründet, oder wenn bislang schon getrennt existierende Unternehmen erst entsprechend verbunden werden.[18] In der Praxis kommt die unechte Betriebsaufspaltung allerdings bislang nur verhältnismäßig selten vor.[19]

2. *Nach der Rechtsform*

Mit Hilfe des Kriteriums der Rechtsform der aufgespaltenen Gesellschaften lassen sich weitere Typen der Betriebsaufspaltung unterscheiden.

a) Die typische Betriebsaufspaltung

Unter diesen ist vor allem die sogenannte typische, klassische oder eigentliche Betriebsaufspaltung[20] von Bedeutung. Sie liegt dann vor, wenn aus einer Einzelfirma oder einer Personengesellschaft (OHG, KG) eine Kapitalgesellschaft (GmbH, AG) ausgegründet wird. Sie ist auch in der Realität die ganz vorherrschende Erscheinungsform der Betriebsaufspaltung.[21] Im Regelfall erfolgt bei ihr die Aufteilung der unternehmerischen Funktionen dergestalt, daß der gesamte Betrieb auf die abgespaltene Betriebs(kapital)gesellschaft übertragen wird, während der Besitz(personen)gesellschaft nur die Verwaltung des Anlagevermögens verbleibt.[22] Das eigentliche unternehmerische Risiko bleibt damit auf die Betriebsgesellschaft begrenzt.

Eine andere gängige Erscheinungsform - bei gleicher Rechtsformenwahl - ist die Aufspaltung in eine Produktions(personen)gesellschaft einerseits und eine Vertriebs(kapital)gesellschaft andererseits, oder in eine Besitz- und Produktions(personen)gesellschaft einerseits sowie eine Vertriebs(kapital)gesellschaft andererseits.[23] Die Ausgliederung solcher funktional abgrenzbarer Unterneh-

---

[18] *Brandmüller*, Rdnr. 7 ff.; *Dehmer*, Rdnr. 17; anders *Bork*, BB 1989, S. 2181.

[19] *Hesselmann/Hüfner/Pinkwart*, S. 57.

[20] *Brandmüller*, Rdnr. A 4 f.; *Bentler*, S. 27; *Dehmer*, Rdnr. 14.

[21] *Hesselmann/Hüfner/Pinkwart*, S. 58.

[22] A.a.O., S. 9, 60 f.

[23] *Brandmüller*, Rdnr. A 6; *Dehmer*, Rdnr. 16.

mensbereiche kommt vor allem dann vor, wenn der entsprechende Bereich besonders risikobehaftet ist.[24]

b) Die kapitalistische Betriebsaufspaltung

Gliedert man weiter nach dem Kriterium der Rechtsform, liegt eine kapitalistische Betriebsaufspaltung[25] dann vor, wenn die aufgespaltenen Unternehmen jeweils in der Rechtsform der Kapitalgesellschaft geführt werden.

c) Die mitunternehmerische Betriebsaufspaltung

Den Gegensatz hierzu bildet die sogenannte mitunternehmerische Betriebsaufspaltung,[26] die gegeben ist, wenn die aufgespaltenen Unternehmen die Rechtsform der Personengesellschaft, einschließlich der GmbH & Co KG aufweisen. Diese Variante wird vielfach in der Praxis gewählt.[27]

d) Die umgekehrte Betriebsaufspaltung

Schließlich wird die umgekehrte Betriebsaufspaltung[28] unterschieden, die vorliegt, wenn die Ausgangsgesellschaft eine Kapitalgesellschaft ist, aus der eine Einzelfirma oder eine Personengesellschaft ausgegründet wird.[29]

3. Nach der Struktur der Beteiligungsbeziehung

Die Erscheinungsformen der Betriebsaufspaltung lassen sich auch nach der Struktur ihrer Beteiligungsbeziehung gliedern.

---

[24] *Hesselmann/Hüfner/Pinkwart*, S. 61.

[25] *Brandmüller*, Rdnr. A 18 f.

[26] *Brandmüller*, Rdnr. A 13 ff.; *Bentler*, S. 30; *Dehmer*, Rdnr. 19.

[27] *Hesselmann/Hüfner/Pinkwart*, S. 58.

[28] *Brandmüller*, Rdnr. A 10 ff.; *Bentler*, S. 30; *Dehmer*, Rdnr. 21.

[29] A.a.O.

a) Die horizontale Betriebsaufspaltung

Bei der horizontalen Betriebsaufspaltung sind die Beteiligungsverhältnisse in beiden Gesellschaften gleich oder ähnlich.

b) Die vertikale Betriebsaufspaltung

Formen der vertikalen Betriebsaufspaltung[30] sind die sogenannte Einheitsbetriebsaufspaltung,[31] bei der der Besitzunternehmer der alleinige Gesellschafter der Betriebsgesellschaft ist, sowie die mehrgliedrige Betriebsaufspaltung,[32] bei der die Besitzgesellschaft als Holding mehrerer abhängiger Betriebsgesellschaften fungiert.

4. Nach der Ausgestaltung des Gebrauchsüberlassungsverhältnisses

Schließlich werden Modelle der Betriebsaufspaltung nach der Ausgestaltung des Gebrauchsüberlassungsverhältnisses unterschieden.

a) Das Betriebserhaltungsmodell

Danach wird von einem Betriebserhaltungs-, oder von einem Unternehmenspachtmodell gesprochen, wenn der gesamte Betrieb einschließlich des beweglichen und unbeweglichen Anlagevermögens an die Betriebsgesellschaft - meist - verpachtet wird und auch, unabhängig, wer für die Erhaltung und Erneuerung aufkommt, im Eigentum der Besitzgesellschaft verbleibt.[33]

b) Das Schrumpfungsmodell

Hiervon unterscheidet sich das sogenannte Schrumpfungsmodell dadurch, daß die Betriebsgesellschaft die Erhaltungs- und Erneuerungskosten auf eigene

[30] *Ziegler*, S. 106.

[31] *Brandmüller*, S. A 36.

[32] *Ziegler*, S. 106.

[33] *Hesselmann/Hüfner/Pinkwart*, S. 11; noch weiter differenzierend *Dehmer*, Rdnr. 1465.

Rechnung durchführt und damit allmählich Eigentümerin des beweglichen Sachanlagevermögens wird.[34]

c) Das Steuerberatermodell

Beim sogenannten Steuerberatermodell schließlich wird (insbesondere aus Gründen der leichteren bilanziellen Handhabung) das gesamte Umlauf- sowie das bewegliche Anlagevermögen an die Betriebsgesellschaft übertragen, während das unbewegliche Anlagevermögen bei der Besitzgesellschaft verbleibt.[35]

III. Die Motive

Unter den Motiven, die für die Wahl der Betriebsaufspaltung als Unternehmensform ausschlaggebend sind, haben in der Praxis zwei ganz besonderes Gewicht.[36]

1. Die Steuerersparnis

Das erste Motiv ist steuerlicher Natur.[37] Die Betriebsaufspaltung mit ihrer rechtlichen und bilanzierungsmäßigen Aufteilung auf einen körperschaftssteuerlichen und einen ertragssteuerlichen Unternehmensbereich bietet die Möglichkeit, gleichzeitig die jeweiligen steuerlichen Vorteile von Personen- und Kapitalgesellschaft auszunützen.[38] Gegenüber der reinen Personengesellschaft besteht die Möglichkeit, den bei der Betriebs-GmbH gewerbesteuerlich maßgeblichen Gewinn aufgrund von Geschäftsführergehältern sowie durch die Bildung von Pensionsrückstellungen zu mindern.[39]

Zum anderen wird die bei der reinen Kapitalgesellschaft nachteilige doppelte Vermögensteuerbelastung des Betriebsvermögens (bei der Gesellschaft selbst,

---

[34] *Hesselmann/Hüfner/Pinkwart*, S. 11.

[35] A.a.O., S. 11.

[36] A.a.O., S. 52 ff., insbes. S. 53 Welches der beiden Motive dabei letztlich Priorität genießt, läßt sich den Befragungsergebnissen auf S. 53 a.a.O. nicht entnehmen.

[37] Hierzu ausführliche Darstellungen bei *Dehmer*, S. 160, Rdnr. 567 ff; *Brandmüller*, S. 45, Rdnr. A 42 ff; zweifelnd an der Bedeutung dieses Motivs, *Drygala*, S. 14. Unzutreffend *Kittner*, AP Nr. 9 zu § 111 BetrVG 1972, Bl. 866, wonach steuerliche Motive nicht dominierend sind.

[38] *Hesselmann/Hüfner/Pinkwart*, S. 52.

[39] Hierzu ausführlicher *Knobbe-Keuk*, Bilanzsteuerrecht, S. 773 f.; *Bentler*, S. 35 f.

sowie bei den Gesellschaftern)[40] weitgehend vermieden. Das geschieht dadurch, daß sich die besonders wertvollen Teile des Betriebsvermögens im Eigentum der Besitz(personen)gesellschaft befinden und somit nur einmal bei deren Gesellschaftern besteuert werden. Entsprechend gut schneidet die Betriebsaufspaltung als Rechtsform bei steuerlichen Belastungsvergleichen gegenüber anderen Rechtsformen ab.[41]

2. *Die Haftungsreduzierung*

Das zweite entscheidende Motiv ist die mit der Betriebsaufspaltung angestrebte Beschränkung der Haftung.[42] Mit der Aufteilung in eine Besitzpersonen- und eine Betriebskapitalgesellschaft wird erreicht, daß - im Vergleich zum Einheitsunternehmen - nur noch verhältnismäßig geringe Teile des unternehmerischen Vermögens auch dem unternehmerischen Risiko unmittelbar ausgesetzt sind. Aufgrund des bei den Kapitalgesellschaften geltenden Prinzips der Haftungstrennung (§ 13 II GmbHG), ist nur die Gesellschaft mit ihrem Vermögen dem unternehmerischen Risiko ausgesetzt. Somit haften nur die der Betriebsgesellschaft zu Eigentum übertragenen verhältnismäßig geringen Vermögensbestandteile direkt, während das besonders werthaltige Anlagevermögen, das sich im Eigentum der Besitzgesellschaft befindet, dem unmittelbaren Zugriff der Gläubiger entzogen ist. Gleiches gilt für den Fall, daß bestimmte funktio-

---

[40] Hierzu ausführlicher *Bentler*, S. 36 f.

[41] Bei einem 1978 angestellten Belastungsvergleich erwies sich die Betriebsaufspaltung gegenüber GmbH, OHG, KG, sowie GmbH & Co KG als die steuergünstigste Rechtsform, so *Jacobs/Brewi/Schubert*, S. 142; bei der gleichen Untersuchung im Jahr 1988 liegt die Betriebsaufspaltung allerdings knapp hinter der reinen GmbH, aber deutlich vor OHG und GmbH & Co KG, so *Jacobs*, S. 415, beides zitiert nach *Knobbe-Keuk*, Bilanzsteuerrecht, S. 773; dabei ist darauf hinzuweisen, daß die steuerliche Belastung bei der Betriebsaufspaltung im Einzelfall auch noch günstiger als bei der reinen GmbH sein kann, da sie von einer Vielzahl von Faktoren abhängt; vgl. zuletzt den bei *Fichtelmann*, S. 28ff. dargestellten steuerlichen Belastungsvergleich. Aufgrund einer sich in den 80'er Jahren abzeichnenden Tendenz des BFH, an die Annahme insbesondere der sachlichen Tatbestandsvoraussetzung der Betriebsaufspaltung immer höhere Anforderungen zu stellen, wurden Stimmen in der Literatur laut, die das nahe Ende des steuerrechtlichen "Rechtsinstituts" der Betriebsaufspaltung prophezeiten, so etwa *Knobbe-Keuk*, Bilanzsteuerrecht, S. 781; diese Tendenz ist jedoch mit einem Urteil des IU. Senats des BFH Ende 1989 beendet worden, vgl. BFH, Urt. v. 24.8.1989, IU R 135/86 = BStBl. II 1989, 1014 = DStR 1989, 774 Nr. 237. Daher kann davon ausgegangen werden, daß es bei der geschilderten steuerlichen Attraktivität der Betriebsaufspaltung bleibt; in diesem Sinne zuletzt Praxisforum, DStR 1993, 429f.

[42] Dazu *Bentler*, S. 32; *Brandmüller*, S. 37 ff., Rdnr. A 23 ff; *Kaligin*, S. 20 ff; *Hesselmann/Hüfner/Pinkwart* unterscheiden bei diesem Motiv sogar noch in den gezielten Rückzug aus der persönlichen Haftung einerseits und in die allgemeine Reduzierung der Haftungsmittel andererseits, vgl. a.a.O. S. 53 f.

nal abgegrenzte Unternehmensbereiche, die besonders risikobehaftet sind, als Kapitalgesellschaft ausgegliedert werden.[43]

3. Familiäre und erbrechtliche Überlegungen

Aber auch familiäre und erbrechtliche Überlegungen spielen bei der Entscheidung für die Betriebsaufspaltung eine Rolle.[44] In diesem Zusammenhang ist von Bedeutung, daß Betriebsaufspaltungen im wesentlichen im Bereich der mittelständischen Industrie vorkommen.[45] Für die in diesem Bereich typischen Problemkreise, nämlich Nachfolgefrage und Erbauseinandersetzung bietet die Betriebsaufspaltung einen möglichen Ausweg.[46] Die Geschäftsleitung kann einem fremden Management übertragen werden, ohne daß dieses mit Kapitalanteilen in die Einzelfirma oder die Personengesellschaft aufgenommen werden muß. Die Inhaberfamilie kann sich auf die Vermögensverwaltung in der Besitzgesellschaft zurückziehen; zugleich ist damit eine Alters- und Witwenversorgung möglich.

Außerdem können durch Ausgründung der Betriebsgesellschaft etwaige Erbauseinandersetzungen auf die Besitzgesellschaft beschränkt werden. In diesem Zusammenhang ist ein weiteres Motiv zu nennen, nämlich dasjenige der Bewahrung der Unternehmenskontinuität.[47]

4. Sonstige Motive

Unter die sonst noch in Betracht kommenden Motive, die allerdings in der Praxis eine geringe Rolle spielen[48], gehört die mögliche Umgehung von Mitwirkungsrechten der Arbeitnehmer auf Betriebs- und Unternehmensebene.[49]

---

[43] Im Extremfall von der Beratungsliteratur als Möglichkeit, einzelne unrentable Unternehmensbereiche kontrolliert "sterben" zu lassen, empfohlen, so N.N., Die 4 Vorteile der Betriebsaufspaltung, in: Impulse 3/88, S. 91, zitiert nach *Hesselmann/Hüfner/Pinkwart*, S. 14, Fußn. 29. Vgl. auch zur Frage der Haftungsbeschränkungdurch die Betriebsaufspaltung zur Vermeidung der Folgen der Produzentenhaftung, *Oehler*, ZIP 1990, 1445ff.

[44] *Hesselmann/Hüfner/Pinkwart*, S. 53 f.

[45] A.a.O., S. 50 f.

[46] So *Brandmüller*, S. 41, Rdnr. A 31 ff.

[47] *Hesselmann/Hüfner/Pinkwart*, S. 53 f.

[48] Vgl. a.a.O., S. 53.

[49] Dazu *Blank*, u.a., S. 72 f. mit diesbezüglichen Verweisen auf die "Rezeptliteratur" der Unternehmensberater; da im Regelfall der Betriebsaufspaltung der gesamte Betrieb ausgegliedert wird, bleiben die an die Zahl der Arbeitnehmer anknüpfenden betrieblichen Mitwirkungsbefugnisse

Bei Unternehmen mittlerer Größe besteht die Möglichkeit, die Errichtung des Wirtschaftsausschusses (§ 106 I BetrVG) zu verhindern, sofern die einzelnen Unternehmen nach der Aufspaltung weniger als 100 Arbeitnehmer beschäftigen.[50] Entsprechendes gilt für den Bereich der Unternehmensmitbestimmung nach dem MitbestG 1976, sofern die Unternehmen nach der Aufspaltung weniger als 2000 Arbeitnehmer beschäftigen.

Damit verbleiben noch folgende Motive[51]: Erleichterung der Kapitalzufuhr, Vermeidung der Prüfungs- und Publizitätspflichten nach dem Bilanzrichtliniengesetz sowie Durchführung der Betriebsaufspaltung als Sanierungsmaßnahme.[52]

IV. Der rechtstatsächliche Befund

Die Ergebnisse der Untersuchung von *Hesselmann/Hüfner/Pinkwart*[53] ermöglichen einen Überblick über die rechtstatsächliche Ausgestaltung der Betriebsaufspaltung in der Praxis.

---

in diesen Fällen entsprechend unangetastet. Soweit eine Beschränkung dieser Befugnisse mit einer Betriebsaufspaltung dennoch einhergeht, dürfte sie eher einen "angenehmen Nebeneffekt" bilden, als auslösenden Charakter haben, so auch *Zartmann*, S. 45. Die Behauptung von *Blank*, u.a., S. 225, daß "die rastlose juristische Phantasie der Unternehmer die Betriebsaufspaltung und Unternehmensteilung mit Geschick zur Abwehr von Arbeitnehmerinteressen einsetzt", wird durch den rechtstatsächlichen Befund nicht gestützt.

[50] Allerdings wird sich meist der "Vorteil" ergeben, daß jedenfalls bei der Besitzgesellschaft kein Wirtschaftsausschuß errichtet werden muß, da diese in der Regel keine Arbeitnehmer beschäftigen wird. Damit kann auf diese Weise ihr Tätigkeitsbereich, nämlich die Verwaltung des Anlagevermögens den Informationsrechten der Arbeitnehmer entzogen werden.

[51] Ausführlicher zu diesen Motiven *Hesselmann/Hüfner/Pinkwart*, S. 55; *Brandmüller*, S. 43, Rdnr. A 37 und S. 54 f., Rdnr. 68 ff.

[52] Wie *Hesselmann/Hüfner/Pinkwart* auf S. 55 ausführen, hat die Betriebsaufspaltung wegen der Vorschrift des § 613 a BGB als Sanierungsmaßnahme praktisch keine Bedeutung. Dazu *Belling/Collas*, NJW 1991, 1919. Nach dieser Vorschrift darf Arbeitnehmern anläßlich eines Betriebsinhaberwechsels nicht gekündigt werden (§ 613 a IU BGB). Da die Betriebsaufspaltung aber mit einem Betriebsübergang verbunden ist (dazu unten unter B.I.2., steht der so bewirkte Bestandsschutz der Arbeitsplätze einer Betriebsaufspaltung zwecks Sanierung entgegen, da diese in der Regel mit dem Zweck erfolgt, die "gesunden" Unternehmensteile auszugliedern und fortzuführen; eine intendierte Reduzierung der Belegschaft scheitert gerade an § 613 a BGB; die gesamte Belegschaft muß vielmehr übernommen werden. Durch § 16 SpTrUG, dazu oben FN 14, gilt § 613a BGB nicht für Veräußerungen im Gesamtvollstreckungsverfahren, dazu zuletzt BT-Drucks. 12/3684. Deshalb kann der Betriebsaufspaltung als Sanierungsinstrument in den Neuen Bundesländern durchaus Bedeutung zukommen.

[53] Dazu oben, Fußn. 3.

1. Häufigkeit und Verbreitung

Dabei ergibt sich zunächst, daß sich die Gestaltungsform der Betriebsaufspaltung durchschnittlich bei ca. 9,9 % aller Unternehmen findet.[54] Hauptsächlich kommt sie bei mittelständischen Unternehmen in der Größenordnung von 50 bis 250 Beschäftigten, öfters aber auch in der Größenordnung darüber vor.[55]

Am häufigsten kommt die Betriebsaufspaltung bei Industrieunternehmen vor, aber auch bei Handelsunternehmen, im baugewerblichen Bereich sowie im Dienstleistungsbereich.[56]

2. Die beteiligten Rechtsformen

Bei den Einheitsunternehmen handelt es sich vor der Aufspaltung zumeist um GmbH & Co KG's, KG's sowie um Einzelfirmen.[57] Weniger häufig dagegen sind es OHG's, noch seltener reine GmbH's.[58]

Ein noch klareres Bild ergibt sich bei den Rechtsformen der ausgegliederten Gesellschaften; bei diesen wird nahezu ausschließlich die Rechtsform der GmbH gewählt, häufig aber auch die GmbH & Co KG.[59] Daraus wird deutlich, daß die sogenannte typische Betriebsaufspaltung[60] diese Bezeichnung auch verdient, da sie die in der Praxis ganz vorherrschende Form der Betriebsaufspaltung ist.

3. Die personelle und materielle Verflechtung der aufgespaltenen Unternehmen

Bei der Frage der personellen Verzahnung zwischen der Besitz- und der Betriebsgesellschaft ergibt sich, daß in der Praxis regelmäßig die Gesellschafter beider Gesellschaften vollkommen identisch sind, woraus auf eine hohe

---

[54] *Hesselmann/Hüfner/Pinkwart*, S. 49 f.

[55] A.a.O., S. 50 f.

[56] A.a.O., S. 51 f.

[57] A.a.O., S. 57 f.

[58] A.a.O.

[59] A.a.O., S. 58 f.

[60] Siehe oben Fußn. 22.

Verbreitung der sogenannten "Familien"Betriebsaufspaltung geschlossen wird.[61] Seltener ist dagegen die nur unvollkommene Übereinstimmung der Gesellschafterkreise oder die Einheitsbetriebsaufspaltung.[62] Der Blick auf die materielle Seite der Betriebsaufspaltung bestätigt, daß im Normalfall der gesamte Betrieb auf die abgespaltene Gesellschaft übertragen wird. In diesen Fällen verbleibt der Besitzgesellschaft nur die Verwaltung des im Wege der Gebrauchsüberlassung zur Verfügung gestellten Vermögens.[63] Daneben kommt es auch öfters vor, daß entweder die Produktion oder der Vertrieb ausgegliedert werden.[64]

4. *Vermögensverteilung und Finanzierungsstruktur*

Im Regelfall der Betriebsaufspaltung wird das gesamte Umlaufvermögen einschließlich der Vorräte auf die abgespaltene Gesellschaft übertragen. Seltener dagegen werden das gesamte bewegliche Sachanlagevermögen, oder Teile davon übertragen.[65] Daraus ergibt sich, daß im Konkurs der Betriebskapitalgesellschaft nur das Umlaufvermögen des bisherigen Einheitsunternehmens, sowie die Vorräte zur Befriedigung der Gläubiger zur Verfügung stehen.[66] Der Vergleich der Finanzierungsstruktur der Unternehmen vor und nach der Aufspaltung ergibt, daß die Eigenkapitalquote nach der Aufspaltung bei der Besitzgesellschaft steigt, bei der abgespaltenen Gesellschaft dagegen sinkt.[67]

---

[61] A.a.O., S. 59 f.

[62] A.a.O.; zur Einheitsbetriebsaufspaltung siehe oben Fußn. 33.

[63] A.a.O., S. 60 f.

[64] A.a.O.

[65] A.a.O., S. 62.

[66] A.a.O. S. 13 f.

[67] A.a.O., S. 63 ff.; das wird auch durch die Beratungsliteratur bestätigt, der zufolge der steuerliche Vorteil "umso handfester ist, je geringer das Eigenkapital der Betriebs-GmbH ist", so *Felix*, Kölner Handbuch, Rdnr. 10. Andererseits wird in der Praxis aufspaltungswilligen Unternehmen von den Banken geraten, die Betriebsgesellschaft so mit Eigenkapital auszustatten, daß sie ausreichend kreditwürdig ist, so *Hesselmann/Hüfner/Pinkwart*, S. 72.

B. Die Zuordnung der Arbeitsverhältnisse und die Haftungsverteilung

I. Die Regelungen des § 613a BGB

1. Der Normzweck

Bei der Betriebsaufspaltung ist § 613a BGB der "Dreh- und Angelpunkt" sowohl für die Zuordnung der Arbeitsverhältnisse als auch für die Verteilung der Haftung für arbeitsrechtliche Verbindlichkeiten.[68]

Mit dieser Norm sollen die Arbeitnehmer bei einem Betriebsübergang vor dem Verlust ihrer Arbeitsplätze geschützt werden.[69] Dazu stellt § 613a/I 1 BGB den "Gleichlauf"[70] zwischen dem im betrieblichen Bereich angesiedelten Arbeitsplatz und dem Arbeitsverhältnis her. Das wird dadurch bewerkstelligt, daß der Erwerber eines Betriebs zwingend[71] in die Rechte und Pflichten aus den im Zeitpunkt des Übergangs bestehenden Arbeitsverhältnissen eintritt. Ergänzend verbietet § 613a/IV BGB die Kündigung eines Arbeitnehmers wegen des Betriebsübergangs. Der auf diese Weise herbeigeführte Bestandsschutz wirkt aber nur "punktuell",[72] d. h. bezogen auf den Überleitungsakt.

Mit dem so automatisch angeordneten Übergang der Arbeitsverhältnisse wird zugleich die Kontinuität des amtierenden Betriebsrats gewährleistet.[73] Der Betriebsübergang ist deshalb nicht mit nachteiligen Auswirkungen auf die betriebliche Beteiligungsebene verbunden. Schließlich wird durch § 613a/II BGB die Haftung für arbeitsrechtliche Verbindlichkeiten mit zwingender Wirkung zugunsten der Arbeitnehmer[74] zwischen dem alten und dem neuen Arbeitgeber geregelt.

---

[68] um Verhältnis des § 613 a BGB zum künftig möglichen spaltungsrechtlichen Übergang des Arbeitsverhältnisses nach dem neuen UmwG, vgl. *Boecken*, ZIP 1994, 1087 ff.

[69] BAG AP Nr. 18 zu § 613a BGB.

[70] *Willemsen*, Anforderungen, S. 105, 109.

[71] *Erman/Hanau*, § 613a BGB, Rdnr. 3.

[72] BAG AP Nr. 41 zu § 242 BGB.

[73] Vgl. *Erman/Hanau*, § 613a BGB, Rdnr. 3.

[74] *Erman/Hanau*, § 613a BGB, Rdnr. 70.

2. *Die Zuordnung der Arbeitsverhältnisse*

a) Die Überleitung der Arbeitsverhältnisse

Die von § 613a BGB bewirkte Überleitung der Arbeitsverhältnisse setzt den rechtsgeschäftlichen[75] Übergang eines Betriebs- oder Betriebsteils[76] auf einen neuen Betriebsinhaber voraus. Nach der Auffassung der Rechtsprechung[77] und der ganz überwiegenden Literatur[78] fällt darunter auch die Verpachtung des Betriebs, wenn der Pächter das Recht zur Führung des Betriebs im eigenen Namen und für eigene Rechnung erhält und ihm damit eine einem Betriebsinhaber vergleichbare Dispositionsbefugnis zukommt.[79] Bei der typischen Betriebsaufspaltung, bei der der gesamte Betrieb oder Teile davon[80] regelmäßig im Wege der Pacht[81] der Betriebsgesellschaft überlassen werden, sind die tatbestandlichen Voraussetzungen des § 613a/I 1 BGB daher gegeben.[82] Die Anwendbarkeit von § 613a/I 1 BGB scheidet dagegen in den (seltenen) Fällen der umgekehrten Betriebsaufspaltung aus, bei denen aus einer Betriebs(Kapital)Gesellschaft eine Besitz(Personen)Gesellschaft ausgegründet wird, die - soweit sie nur mit der Vermögensverwaltung betraut ist - zumeist keine Arbeit-

---

[75] Zur Auslegung dieses Tatbestandsmerkmals ausführlich *Erman/Hanau*, § 613a BGB, Rdnr. 26ff. Zu der Frage der Geltung von § 613a/I 1 BGB auch bei der Universalsukzession *K. Schmidt*, AcP 191 (1991), 495, 551ff. Zur Diskussion um die Anwendbarkeit des § 613a/I 1 BGB bei der Spaltung nach dem Gesetz über die Spaltung der von der Treuhandanstalt verwalteten Unternehmen (SpTrUG) BGBl. 1991 I, S. 854; ferner *Willemsen*, Anforderungen, S. 105, 115, FN 24.

[76] Hierzu *Erman/Hanau*, § 613a BGB Rdnr. 10ff.; ausführlich zu der normsystematischen Frage, ob hier der allgemeine arbeitsrechtliche Betriebsbegriff, oder nur ein eingeschränkter Betriebsbegriff zugrundezulegen ist, *Pietzko*, S. 3ff.

[77] BAG AP Nr. 2, 3, 4, 14, 24 zu § 613a BGB; BAG AP Nr. 6 zu § 111 BetrVG.

[78] Statt aller: *Seiter*, Betriebsinhaberwechsel, S. 44f.

[79] So *Birk*, ZGR 1984, 23, 30f.; *Loritz*, RdA 1987, 65, 78; *Schiener*, S. 117.

[80] Dazu *Loritz*, RdA 1987, 65, 78. Zur Frage der Betriebs- oder Betriebsteilidentität *Pietzko*, S. 54; *Seiter*, Betriebsinhaberwechsel, S. 53 m.w.N.

[81] Vgl. *Hesselmann/Hüfner/Pinkwart*, S. 60; die Autoren haben allerdings die Rechtsnatur des Überlassungsverhältnisses nicht empirisch untersucht, so daß theoretisch neben der Pacht auch Miete, Leihe, Darlehen und Nießbrauch in Betracht kommen. Dazu ausführlich *Brandmüller*, Betriebsaufspaltung, Rdnr. A 85 ff. Den Anforderungen an die Nutzungsüberlassung bei der Betriebsaufspaltung dürfte aber das Pachtverhältnis am ehesten gerecht werden, dies wird auch von der Beratungsliteratur so empfohlen, vgl. *Brandmüller*, Rechtsform, Gruppe 4, S. 104 f.

[82] Vgl. dzu BAG AP Nr. 9 zu § 111 BetrVG 1972; *Bauer*, S. 39; *Seiter*, Betriebsinhaberwechsel, S. 44f. Die teilweise erörterte Frage, ob auch in der gesellschaftsrechtlichen Durchführung der Aufspaltung, der Einbringung von Betriebsteilen als Sacheinlage bei der Gründung der GmbH, ein rechtsgeschäftlicher Übergang im Sinne von § 613a/I 1 BGB zu sehen ist, ist bei der Betriebsaufspaltung deshalb ohne praktische Relevanz, vgl. dazu *Birk*, ZGR 1984, 23, 30; *Seiter*, Betriebsinhaberwechsel, S. 38f.

nehmer beschäftigt.[83] Im Regelfall der Betriebsaufspaltung kommt es jedoch zu einer Überleitung der Arbeitsverhältnisse nach § 613a/I 1 BGB.[84]

b) Die von der Überleitung betroffenen Arbeitsverhältnisse

In den Fallgestaltungen der Betriebsaufspaltung, in denen funktional abgegrenzte Betriebsteile ausgegliedert werden (Aufspaltung von Produktion und Vertrieb, Abspaltung eines bestimmten Produktionsbereichs) können Zweifelsfragen bei der Zuordnung der Arbeitsverhältnisse auftreten. Das gilt für die Arbeitsverhältnisse, die sich nicht eindeutig einem der aus der Aufspaltung hervorgehenden Betriebsteile zuordnen lassen. Betroffen sind hiervon die Arbeitnehmer, die in verschiedenen Betriebsabteilungen arbeiten ("Springer"), aber auch die sogenannten "Overhead-Funktionen", wie Arbeitnehmer der Buchhaltung, EDV und sonstigen Stabsabteilungen.[85] In solchen Fällen gewinnt die Frage nach der Zuordnung des Arbeitsverhältnisses die Qualität eines ungeschriebenen Tatbestandsmerkmals, da ohne ihre Klärung die Rechtsfolge des § 613a/I 1 BGB nicht eingreifen kann.[86] Für die betroffenen Arbeitnehmer kann die Frage von erheblicher Bedeutung sein, wenn es darum geht, ob ihr Arbeitsverhältnis auf eine ausgegründete "arme" Gesellschaft übergeleitet wird oder nicht.

aa) Die Auffassung von Rechtsprechung und Lehre

Nach der Rechtsprechung des Bundesarbeitsgerichts[87] sowie der überwiegenden Meinung in der Literatur[88] soll in erster Linie der Wille der Beteilig-

---

[83] Ebenso *Hüper*, S. 224, FN 244 und S. 225, FN 251, 252.

[84] Zu dem den Arbeitnehmern dagegen zustehenden Widerspruchsrecht und den Folgen seiner Ausübung, ausführlich unten, Zweites Kapitel, A.II.

[85] Darauf weist *Willemsen*, Anforderungen, S. 105, 119f. hin; *Loritz*, RdA 1987, 65, 79 führt als Beispiele den leitenden Angestellten, aber auch den Hausmeister oder den Nachtwächter an. Bei Fällen, in denen ein Betrieb in viele kleine Einheiten "diversifiziert" wird, kann sich das Problem häufiger stellen, vgl. dazu den "Autokran" - Sachverhalt, BGHZ 95, 330, bei dem sieben GmbH's gegründet wurden, denen jeweils einzelne Autokräne zugeordnet wurden. In diesem Fall lag allerdings keine Betriebsaufspaltung vor, da die Kräne den GmbH's nicht von einem Besitzgesellschafter, sondern von einer außenstehenden Leasinggesellschaft überlassen wurden. Zu dem Problem der Abgrenzung vom Betriebsteilübergang zur Übertragung von einzelnen Gegenständen des Betriebsvermögens ausführlich *Pietzko*, S. 9ff.

[86] So *Kreitner*, NZA 1990, 429.

[87] BAG AP Nr. 31 zu § 613 a BGB; BAG AP Nr. 23 zu § 7 BetrAVG; BAG AP Nr. 8 zu § 1 AÜG.

ten für die Frage der Zugehörigkeit zu einem bestimmten Betriebsteil maßgeblich sein. Das wird damit begründet, daß eine Aufteilung der Belegschaft gegen den Willen der Beteiligten nicht sinnvoll erscheine.[89] Zudem gebiete der Schutzzweck des § 613a BGB nur, daß eine eindeutige Zuordnung erreicht werde, die der Funktion der Betriebsveräußerung genüge, sowie den betroffenen Arbeitnehmern die Arbeitsplätze und die sozialen Besitzstände erhalte.[90]

bb) Die Gegenauffassung

Die Gegenauffassung[91] will in erster Linie eine Zuordnung nach objektiven Kriterien vornehmen. Sie hält dem Bundesarbeitsgericht dogmatische Ungenauigkeit vor, indem es die Frage der Zuordnung der Arbeitnehmer mit der des Übergangs der Arbeitsplätze vermische.[92] Gegen eine Zuordnung der Arbeitsverhältnisse nach dem Willen der Beteiligten sei nichts einzuwenden; diese sei dann jedoch rechtsgeschäftlicher Natur und finde nicht im Rahmen des § 613a BGB statt, andernfalls stünden die Tatbestandsvoraussetzungen dieser Norm zur Disposition der Parteien.[93] Für den Fall, daß sich eine Zuordnung nach objektiven Kriterien nicht erreichen läßt, werden mehrere Lösungen angeboten. Diese reichen von einem Wahlrecht des Arbeitgebers[94], über ein Wahlrecht des Arbeitnehmers[95], bis hin dazu, das Arbeitsverhältnis im Zweifel übergehen zu lassen,[96] bzw. es im Zweifel gerade nicht übergehen zu lassen[97]. Schließlich wird vorgeschlagen, danach zu entscheiden, wo sich nach Vollzug des Betriebsübergangs das Substrat des Arbeitsverhältnisses befindet.[98]

---

[88] *Erman/Hanau,* § 613 a BGB Rdnr. 47; *Groß,* S. 608; *Heinze,* ZFA 1983, 409 (591); *MünchKomm/Schaub,* § 613 a BGB Rdnr. 11; *Stahlhacke* EzA Gruppe 1, S. 364 a.

[89] BAG AP Nr. 31 zu § 613 a BGB Bl. 816 R.

[90] A.a.O.

[91] *Kreitner,* S. 199; derselbe NZA 1990, S. 429 f.; *Loritz,* SAE 1986, 138 (144).

[92] So *Kreitner,* NZA, 429 (430).

[93] A.a.O.

[94] *Bauer,* S. 47.

[95] *Joost,* S. 391, Fußn. 37; *v. Hoyningen-Huene/Windbichler,* RdA 1977, 329 (334).

[96] *Seiter,* Betriebsinhaberwechsel, S. 64.

[97] *Kreitner,* NZA 1990, 429 (432).

[98] *Loritz,* RdA 1987, 65 (80).

cc) Stellungnahme

Zu Recht bemängelt die Gegenauffassung, daß das Bundesarbeitsgericht dogmatisch allzu großzügig verfährt, wenn es in ein und derselben Entscheidung zunächst ausführt, die Beteiligten seien sich einig, daß der Kläger Mitarbeiter der Auffanggesellschaft werden sollte und kurz darauf zu der Feststellung gelangt, der Kläger sei kraft Gesetzes Arbeitnehmer dieser Gesellschaft geworden.[99] Dennoch betrifft der Meinungsstreit mehr die etwas ungenauen Formulierungen des Bundesarbeitsgerichts in dieser Entscheidung als das Grundsätzliche. Denn über die Frage, ob und inwieweit die Rechtsfolgen des § 613a BGB abdingbar sind, herrscht weitgehende Einigkeit. Es steht fest, daß § 613a BGB aufgrund seines Schutzzweckcharakters zwingendes Recht ist.[100] Daraus wird allgemein gefolgert, daß Vereinbarungen zwischen dem Veräußerer und dem Erwerber des Betriebs, die etwa die Anwendbarkeit des § 613a BGB ausschließen sollen, unwirksam sind.[101] Aber auch zwischen dem Arbeitgeber und dem Arbeitnehmer ist § 613a BGB nicht im voraus abdingbar.[102] Zugleich wird es aber allgemein für zulässig erachtet, daß der Veräußerer und der Erwerber des Betriebs sowie der Arbeitnehmer in einem dreiseitigen Vertrag sowohl das Verbleiben des Arbeitnehmers beim Veräußerer trotz Vorliegens des Tatbestands des § 613a BGB, als auch umgekehrt den Übergang des Arbeitsverhältnisses auf den Erwerber trotz Nichtvorliegens seines Tatbestands vereinbaren können.[103] Im Ergebnis kommt das dann der Abbedingung der gesetzlichen Rechtsfolge des § 613a BGB gleich, sofern sich Veräußerer, Erwerber und der Arbeitnehmer hierüber einig werden. Tatsächlich handelt es sich jedoch nicht um die Abbedingung einer gesetzlichen Rechtsfolge, sondern um eine rechtsgeschäftliche Vereinbarung über den Übergang, bzw. den Nichtübergang eines Arbeitsverhältnisses.

Interpretiert man die erwähnten Ausführungen des Bundesarbeitsgerichts im Sinne dieser Unterscheidung, dann decken sich die Positionen von Bundesarbeitsgericht, überwiegender Lehre und Gegenauffassung weitgehend. Das Bundesarbeitsgericht führt nämlich aus, daß grundsätzlich die Zuordnung der Arbeitnehmer nach objektiven Kriterien vorzunehmen ist, läßt dies aber nur deshalb dahingestellt, da die Beteiligten sich ohnehin über den Übergang

---

[99] So *Loritz*, bezugnehmend auf BAG AP Nr. 23 zu § 7 BetrAVG.

[100] Statt aller *Kreitner*, S. 192, Fußn. 86 mit umfangreichen Nachweisen.

[101] Nachweise hierzu bei *Loritz*, S. 80, Fußn. 122 und *Kreitner*, S. 193, Fußn. 87.

[102] So *Kreitner*, S. 193.

[103] *Loritz*, S. 80 m.w.N.

geeinigt hätten, ihn also bereits rechtsgeschäftlich vollzogen haben.[104] Auch die Feststellung des Bundesarbeitsgerichts, in Zweifelsfällen sei es nicht sinnvoll, die Belegschaft nach objektiven Merkmalen gegen den Willen der Beteiligten aufzuteilen, wird keinen Widerspruch hervorrufen, solange damit nur gemeint ist, daß in Fällen, in denen eine objektive Zuordnung kaum vornehmbar ist, eine einvernehmliche rechtsgeschäftliche Lösung vorzugswürdig erscheint.[105] Bislang hatte sich das Bundesarbeitsgericht auch nicht mit der Frage zu beschäftigen, wie zu entscheiden ist, wenn eine einvernehmliche rechtsgeschäftliche Lösung von den Beteiligten nicht erzielt werden kann. Den erwähnten Bundesarbeitsgerichts-Entscheidungen läßt sich aber klar entnehmen, daß auch dann zunächst die Zuordnung nach objektiven Kriterien maßgeblich ist.

Damit bleibt nur noch die Frage offen, wie die "echten" Zweifelsfälle zu lösen sind, also diejenigen, bei denen sich weder eine objektive Zuordnung vornehmen, noch eine rechtsgeschäftliche Lösung durch die Beteiligten erreichen läßt. Diese Fälle dürften allerdings wohl nur selten vorkommen. Der Vorschlag von *Loritz*[106], in derartigen Fällen danach zu entscheiden, wo sich nach Durchführung der Aufspaltung das Substrat des Arbeitsverhältnisses befindet, hilft nicht weiter, da sich diese Fälle gerade dadurch auszeichnen, daß sich schon vor der Aufspaltung kein Tätigkeitsschwerpunkt in einem bestimmten Betriebsteil erkennen läßt.[107] In solchen Fällen ist eher anzunehmen, daß dann jeweils zum Beispiel die Hälfte der Aufgaben des Arbeitnehmers dem einen wie dem anderen Betriebsteil zugeordnet sind. Der von § 613a/I 1 BGB angestrebte Gleichlauf von Arbeitsverhältnis und Arbeitsplatz ist in diesen Fällen nicht vollständig zu erreichen. Da § 613a/I 1 BGB als Hauptziel den Bestand der Arbeitsverhältnisse sichern will und insoweit einseitig zwingend für den Arbeitgeber ausgestaltet ist, sollte in diesen Fällen dem Arbeitnehmer ein Wahlrecht gewährt werden, ob er beim Veräußerer bleiben oder vom Erwerber übernommen werden möchte.[108]

---

[104] BAG AP Nr. 31 zu § 613 a BGB, Bl. 816 R.

[105] BAG a.a.O.

[106] RdA 1987, 65 (80).

[107] Vgl. dazu die oben unter 2. b) angeführten Beispiele.

[108] Damit wird hier der Auffassung von *Joost*, S. 391, FN 37, bzw. von *v. Hoyningen-Huene/ Windbichler*, RdA 1977, 329, 334 gefolgt. Im Ergebnis läuft die Auffassung von *Seiter*, S. 64, auf das Gleiche hinaus, wonach im Zweifel ein Übergang des Arbeitsverhältnisses anzunehmen ist, da der Arbeitnehmer dann die Möglichkeit besitzt, durch Ausübung seines Widerspruchrechts den Übergang seines Arbeitsverhältnisses zu verhindern und beim Veräußerer zu bleiben.

3. Die Haftungsverteilung

a) Die Haftung der Besitzgesellschaft

Die Besitzgesellschaft haftet als alter Arbeitgeber alleine und zeitlich unbeschränkt für alle ausstehenden Forderungen aus Arbeitsverhältnissen, die im Zeitpunkt der Betriebsaufspaltung bzw. des Betriebsübergangs bereits beendet waren.[109] Ihre Forthaftung für diese Ansprüche ergibt sich daraus, daß von § 613a/I 1 BGB nur die im Zeitpunkt des Betriebsübergangs bestehenden Arbeitsverhältnisse erfaßt werden. Deshalb behalten die ausgeschiedenen Arbeitnehmer ihre Ansprüche unverändert gegenüber der Besitzgesellschaft als ihrem früheren Arbeitgeber. Nach ständiger Rechtsprechung des Bundesgerichtshofs[110] sowie der ganz überwiegenden Meinung im Schrifttum[111] gilt das auch für die laufenden Pensionsverbindlichkeiten der Betriebspensionäre, sowie für die unverfallbaren Versorgungsanwartschaften ausgeschiedener Arbeitnehmer. Das wird im wesentlichen damit begründet, daß § 613a BGB ausschließlich den Schutz der bestehenden Arbeitsverhältnisse gewährleisten solle, und deshalb die wirksam beendeten nicht erfasse.[112]

Nach § 613a II 1 BGB haftet die Besitzgesellschaft gesamtschuldnerisch neben der Betriebsgesellschaft für solche Ansprüche, die vor dem Betriebsübergang entstanden sind und vor Ablauf von einem Jahr nach diesem Zeitpunkt fällig werden.[113] Dabei haftet die Besitzgesellschaft nach § 613a II 2 BGB jedoch nur pro rata temporis, soweit also die Ansprüche bis zum Betriebsübergang erdient waren. Damit wird einerseits erreicht, daß die Besitzgesellschaft nicht von ihr eigentlich obliegenden Altverbindlichkeiten befreit wird, andererseits aber auch nicht Vergütungen für Arbeitsleistungen erbringen muß, die bereits dem Betriebserwerber zugeflossen sind.[114]

---

[109] *MünchKomm/Schaub*, § 613a BGB Rdnr. 68. Die insoweit in Betracht kommenden Ansprüche sind a.a.O aufgelistet.

[110] BGH AP Nr. 6, 60, 61 zu § 613a BGB.

[111] *Erman/Hanau*, § 613a BGB, Rdnr. 46; *MünchKomm/Schaub*, § 613a BGB Rdnr. 68; a. A. für die Betriebsaufspaltung *Hennerkes/Binz/Rauser*, BB 1982, 930, 931f.

[112] Dagegen *Säcker/Joost*, DB 1980, 1030, 1035 mit dem Argument, das Ruhestandsverhältnis stelle ein Arbeitsverhältnis mit verändertem Inhalt dar, weshalb es von der Überleitung erfaßt werde; dazu führen die Autoren aus, eine Überleitung des Ruhestandsverhältnisses entspreche dem Interesse des Pensionärs, bzw. des Anwartschaftsberechtigten. Für die Fallgruppe der Betriebsaufspaltung kann dem aber nicht gefolgt werden; anderer Ansicht auch *Reuter*, Anm. zu AP Nr. 4 - 7 zu § 128 HGB, Bl. 73; kritisch dazu *Kapp/Oltmanns/Bezler*, BB 1988, 1897, 1898; zuletzt dazu *Weimar/Alfes*, BB 1993 783, 785.

[113] Zur Bedeutung der Fälligkeit, vgl. *Commandeur*, S. 89.

[114] Zur Anwendung dieser Regelung auf Urlaubsansprüche, *MünchKomm/Schaub*, § 613 a BGB Rdnr. 70.

Im Wege des Erst-Recht-Schlusses ergibt sich aus der Regelung des § 613a II 1 BGB schließlich zugleich, daß die Besitzgesellschaft zeitlich unbeschränkt und gesamtschuldnerisch für solche Ansprüche haftet, die vor dem Betriebsübergang entstanden und auch fällig geworden sind.[115]

b) Die Haftung der Betriebsgesellschaft

Als neuer Betriebsinhaber tritt die Betriebsgesellschaft gem. § 613a/I 1 BGB in die Rechte und Pflichten aus den Arbeitsverhältnissen mit dem bisherigen Betriebsinhaber ein. Haftungsrechtlich bedeutet das zunächst, daß sie für alle nach dem Betriebsübergang entstehenden Ansprüche allein haftet.[116] Das gilt auch für die Versorgungsanwartschaften der aktiven Arbeitnehmer, deren Arbeitsverhältnis übergegangen ist.[117] Für die Besitzgesellschaft ergibt sich damit der Vorteil, von diesen Pensionsverbindlichkeiten enthaftet zu werden.[118]

Aufgrund ihres unbeschränkten Eintritts in die Arbeitgeberstellung,[119] haftet die Betriebsgesellschaft gesamtschuldnerisch neben der Besitzgesellschaft für die Ansprüche der aktiven Arbeitnehmer, die vor dem Betriebsübergang entstanden und fällig geworden sind, bzw. innerhalb eines Jahres nach Betriebsübergang fällig werden.[120]

---

[115] So *Erman/Hanau*, § 613 a BGB Rdnr. 107 m.w.N.

[116] Insbesondere die darin liegende sofortige Enthaftung der veräußernden Gesellschaft, bzw. des früheren Arbeitgebers für diejenigen Ansprüche, die nach dem Unternehmensübergang entstehen, hat *Lieb* zu heftiger Kritik an der Sachrichtigkeit der Regelung des § 613 a BGB veranlasst. Dies deshalb, da nach *Lieb* § 613 a BGB die Rechtsposition der Arbeitnehmer im Vergleich zu allen übrigen Gläubigern aus Dauerschuldverhältnissen erheblich verschlechtere. Während gegenüber letzteren der Veräußerer, bzw. der ausscheidende Gesellschafter nach den Grundsätzen des § 159 HGB für diejenigen Teilansprüche weiterhafteten, die während der nächsten fünf Jahre entstünden, trete gegenüber den Arbeitnehmern eine sofortige Enthaftung ein. Diese Ungleichbehandlung sei durch nichts zu rechtfertigen. Deshalb sei eine entsprechende Anpassung des § 613 a BGB durch den Gesetzgeber vonnöten. Dazu *Lieb*, S. 22, sowie die Anmerkung desselben in EzA Nr. 1 zu § 28 HGB.

[117] BAG NZA 1989, 425.

[118] Vgl. *Willemsen*, Tendenzen, S. 63, 77f.

[119] Eine gewisse Einschränkung besteht allerdings insoweit, als durch § 613 a BGB keine Haftung für rückständige Lohnsteuern und Sozialversicherungsbeiträge begründet wird, da es sich um eine rein arbeitsrechtliche Vorschrift handelt, dazu ausführlich *Commandeur*, S. 87 f.

[120] *MünchKomm/Schaub*, § 613a BGB Rdnr. 72; *Staudinger/Richardi*, § 613a BGB Rdnr. 186.

II. Vollständige Enthaftung der Besitzgesellschaft?

Nach dem dargestellten Haftungssystem des § 613a BGB führt die Betriebsaufspaltung nicht zu einer vollständigen Enthaftung der Besitzgesellschaft. Neben der Betriebsgesellschaft obliegt ihr eine gesamtschuldnerische Haftung für die Ansprüche der aktiven Arbeitnehmer, die vor dem Betriebsübergang entstanden und fällig geworden sind, sowie für die innerhalb eines Jahres danach fällig werdenden Ansprüche. Von erheblicher praktischer Bedeutung ist aber, daß sie alleine und unbeschränkt für die "Altverbindlichkeiten" aus Arbeitsverhältnissen forthaftet, die bei der Durchführung der Spaltung bereits beendet waren. Dazu zählen die laufenden Pensionsverbindlichkeiten der Betriebsrentner, sowie die unverfallbaren Versorgungsanwartschaften der ausgeschiedenen Arbeitnehmer. Da die daraus erwachsenden Verbindlichkeiten erhebliche Volumina erreichen können, wird in der Praxis eine Enthaftung der Besitzgesellschaften von diesen Verpflichtungen häufig angestrebt.[121]

1. Enthaftung nach § 26 HGB

Als Enthaftungsnorm kommt § 26 HGB in Betracht. Nach der Aufspaltung kann die Betriebs-GmbH die bisherige Firma der Besitzgesellschaft fortführen, der Rechtsformzusatz der GmbH steht dem nicht entgegen.[122] Für den nach § 25/I HGB weiter erforderlichen Erwerb eines Handelsgeschäfts genügt die Verpachtung der wesentlichen Unternehmensgrundlagen von der Besitz- an die Betriebsgesellschaft.[123] Nach § 25/I HGB kann die Betriebsgesellschaft somit in die Haftung für die Altverbindlichkeiten der Besitzgesellschaft eintreten. Damit kommt für die Besitzgesellschaft eine Enthaftung von diesen Verbindlichkeiten nach § 26 HGB in Betracht. Da es sich dabei aber um Dauerschuldverhältnisse handelt, beginnt die in § 26/I HGB bestimmte fünfjährige Verjährungsfrist nach § 26/II 2 HGB jeweils erst mit Fälligkeit der einzelnen Ansprüche zu laufen. Bei den Rentenansprüchen verjährt daher nicht das Rentenstammrecht nach fünf Jahren, sondern nur der jeweilige Einzelanspruch.[124]

---

[121] So *Willemsen*, Tendenzen, S. 63, 78.

[122] *Baumbach/Duden/Hopt*, § 25 HGB Anm. 1 D.

[123] *Baumbach/Duden/Hopt*, § 25 HGB, Anm. 1 C.

[124] Nach den dem § 26/I HGB vorrangigen §§ 196/I Nr. 8 , 201 BGB beträgt ihre Verjährungsfrist zwei Jahre.

Nach der bisherigen Rechtslage vor Inkrafttreten des Nachhaftungsbegrenzungsgesetzes[125] setzte hier die entscheidende Frage an, ob die vom Bundesgerichtshof zu § 159 HGB für Dauerschuldverhältnisse entwickelten Grundsätze zur Enthaftung des ausgeschiedenen Gesellschafters[126] auch auf diesen Fall des § 26 HGB erstreckt werden können. Bejahte man sie, ergibt sich als Folge eine Enthaftung der Besitzgesellschaft für die Altverbindlichkeiten nach einem Zeitraum von (spätestens) fünf Jahren. Andernfalls haftete sie "endlos" weiter, da die (Sonderverjährungs)Vorschriften jeweils mit Fälligkeit des einzelnen Betriebsrentenanspruchs erst zu laufen begannen.

Das Bundesarbeitsgericht hatte sich mit seinem Urteil vom 24.03.1987[127], dem eine Fallgestaltung der Betriebsaufspaltung zugrunde lag, gegen die Übernahme der Enthaftungsgrundsätze auf § 26 HGB ausgesprochen. Der dritte Senat führte zur Begründung an, daß § 26 HGB - anders als § 159 HGB - keine durch Rechtsfortbildung zu schließende Gesetzeslücke bezüglich der Dauerschuldverhältnisse aufweise. Ratio legis von § 26 HGB sei es, das Untätigbleiben eines Gläubigers zu sanktionieren, der es fünf Jahre lang unterlasse, seine fälligen Ansprüche gegen den Firmenveräußerer geltend zu machen; davon könne bei laufenden Betriebsrenten vor Fälligkeit der einzelnen Rente keine Rede sein. Außerdem sei eine Enthaftung der Besitzgesellschaft auch nicht mit § 613a BGB vereinbar, denn danach werde ein Übergang der Altverbindlichkeiten gerade nicht vorgesehen.

Allerdings ließ sich auch mit einer unmittelbaren Übernahme der Rechtsprechungsgrundsätze des Bundesgerichtshofs eine Enthaftung der Besitzgesellschaft nicht herbeiführen. Den maßgebenden Grund, der eine Enthaftung rechtfertigt, sieht der Bundesgerichtshof in der Situation des ausgeschiedenen Gesellschafters, trotz seines Ausscheidens aus der Gesellschaft unbegrenzt forthaften zu sollen.[128] Dabei versteht der Bundesgerichtshof unter "Ausscheiden" den Verlust jeglicher Einfluß- und Kontrollmöglichkeiten. Die Begrenzung der Haftung soll demnach nur darauf beruhen, daß der Ausgeschiedene keinen Einfluß mehr auf die Geschicke der Gesellschaft hat. Eine solche Situation ist bei der Betriebsaufspaltung jedoch nicht gegeben, vielmehr behalten die Besitzgesellschafter, soweit sie nicht sowieso zugleich Gesellschafter-Geschäftsführer der Betriebsgesellschaft sind, ihre Einfluß- und Kon-

---

[125] GBl. 1994 I, S. 560.

[126] BGHZ 87, 286 (290 ff.).

[127] BAG AP Nr. 1 zu § 26 HGB ; bestätigt durch BAG, DB 1991, 1330 (1331) unter II 3 a der Gründe.

[128] Vgl. dazu BGZ 87, 286 ff. und BGHZ 78, 11 (119).

trollmöglichkeiten.[129] Nach dieser "ungebrochenen"[130] Rechtsprechung des Bundesarbeitsgerichts sowie des Bundesgerichtshofs kam somit eine Enthaftung der Besitzgesellschaft durch § 26 HGB von den ihr nach § 613a BGB obliegenden Verbindlichkeiten nicht in Betracht.

Im Schrifttum hatte sich hieran heftige Kritik geregt.[131] Eine Nachhaftungsbegrenzung werde nicht nur generell für die Fälle eines haftungsbeschränkenden Formwechsels von Gesellschaften gefordert,[132] sondern gerade auch speziell für die Betriebsaufspaltung.[133]

In dem am 18. 3. 1994 in Kraft getretenen Nachhaftungsbegrenzungsgesetz hat der Gesetzgeber - einer Forderung des Schrifttums folgend[134] - das Konzept der Enthaftung des ausgeschiedenen Gesellschafters nach fünf Jahren (vgl. § 160/I HGB n.F.) auch auf die Veräußerung des Handelsgeschäfts gem. § 26 HGB ausgedehnt. Nach § 26/I HGB n.F. kann damit im Fall der Betriebsaufspaltung eine Enthaftung der Besitzgesellschaft von Altverbindlichkeiten nach einem Zeitablauf von fünf Jahren eintreten.

Freilich fällt bei einer Betrachtung vom Ergebnis her auf, daß die in der Literatur zur Legitimierung der Nachhaftungsbegrenzung vorgetragenen Argumente für die Fallgruppe der Betriebsaufspaltung keine Überzeugungskraft entfalten. Die rechtsethische Berechtigung zu einer Beschränkung der Haftung wurde mit den vom Unternehmer kaum noch zu beeinflußenden Haftungsgefahren aus vielen Bereichen der Gesetzgebung begründet.[135] Sie solle auch für den Fall der Änderung des Haftungsstatus gelten, denn jeder, der aus einer persönlichen Unternehmensträgerschaft ausscheide, wolle nach einem bestimmten Abwicklungszeitraum "seine Ruhe" haben.[136] Es bestehe ein gesamtwirtschaftliches Interesse daran, daß persönlich haftende Unternehmer ihren Be-

---

[129] Der "einheitliche geschäftliche Betätigungswille" ist gerade Voraussetzung für die Anerkennung der steuerlichen Betriebsaufspaltung.

[130] *K. Schmidt,* ZGR 1993, 366, 378.

[131] *Bentler,* S. 72 f., 80; *Bork,* ZIP 1989, 1369 (1372 ff.); *Kapp/Oltmanns/Bezler,* BB 1988, 1897 ff.; *Koch,* NJW 1984, 833 (839); *Priester/K.Schmidt,* ZIP 1984, 1064 (1065); *Reichold,* ZIP 1988, 551 ff.; *Renaud/Markert,* ZIP 1988, 551 ff. und DB 1988, 2358 ff.; *K. Schmidt,* Handelsrecht, S. 210; *Staub/Hüffer,* § 26 Rdnr. 14.

[132] Dazu zuletzt *K. Schmidt,* ZGR 1983, 366, 378ff. m.w.N.

[133] Dazu *Bork,* ZIP 1989, 1369ff.; *Kopp/Oltmanns/Bezler,* BB 1988, 1897ff.; *Reichold,* ZIP 1988, 551ff.; *Renaud/Markert,* BB 1988, 1060ff.; dies., DB 1988, 2358ff.

[134] so etwa *K. Schmidt,* DB 1990, 2357 (2358) ein; ihm folgend auch *Ulmer/Timmann,* ZIP 1992, 1, 8.

[135] So *Priester/K. Schmidt,* ZIP 1984, 1064, 1067.

[136] *Bork,* ZIP 1989, 1369, 1373, 1375.

trieb auf Dritte übertragen könnten, ohne befürchten zu müssen, noch nach Jahrzehnten aufgrund von Fehlern dieser Dritten in Anspruch genommen zu werden.[137] Nach Ablauf von fünf Jahren habe sich die Bedeutung der Rolle des früheren Vollhafters im Unternehmen so weit reduziert, daß ein wirtschaftlicher Mißerfolg kaum noch auf den ursprünglichen Unternehmensveräußerer zurückzuführen sein könne.[138]

Eine Enthaftung der Besitzgesellschaft von den ihr obliegenden Altverbindlichkeiten läßt sich mit diesen Argumenten aber schwerlich rechtfertigen, wenn man bedenkt, daß bei ihr im Regelfall Personenidentität besteht. Die bisherigen Gesellschafter des Einheitsunternehmens behalten als Besitzgesellschafter und Gesellschafter-Geschäftsführer des Betriebsunternehmens ihre bisherige Einflußmöglichkeiten.[139]

Aber auch wenn man für eine Enthaftung nicht verlangt, daß sich der Gesellschafter vom Unternehmen löst, sondern dafür bereits die bloße Änderung des Haftungsstatus genügen läßt,[140] spricht gegen eine Enthaftung der Besitzgesellschaft, daß sich nach der Aufspaltung der wesentliche Haftungsfonds des bisherigen Einheitsunternehmens in ihrem Vermögen befindet.[141] Bleibt als Folge der Aufspaltung aber das eigentliche Haftungssubstrat bei der Besitzgesellschaft, so läßt sich ein Enthaftungsinteresse der Besitzgesellschafter schwerlich rechtfertigen; in diesen Fallkonstellationen liegt der Verdacht nahe, daß eine "gezielte Flucht aus der Haftung für Dauerverbindlichkeiten"[142] angestrebt wird. Dagegen läßt sich zwar anführen, daß die Betriebsrentner für den Fall der Zahlungsunfähigkeit durch den Pensions-Sicherungs-Verein gesichert und deshalb weniger schutzwürdig seien.[143] Es erscheint aber zweifelhaft, ob damit ein Enthaftungsinteresse der Besitzgesellschaft selbst be-

---

[137] So *Renaud/Markert*, DB 1988, 2358, 2361.

[138] So *Bork*, ZIP 1989, 1369, 1375; *Renaud/Markert*, DB 1988, 2358, 2360.

[139] Siehe dazu oben, A.IV.3.

[140] So *Schlegelberger/K. Schmidt*, § 159 HGB Rdnr. 19ff. m.w.N. Zu der Frage der Enthaftung nach der Reform des Umwandlungsrechts bei der Betriebsaufspaltung siehe unten, Fünftes Kapitel B.

[141] Deshalb spricht sich auch Lieb gegen eine Enthaftung der Besitzgesellschaft aus, vgl. *Lieb*, S. 27, 33, "vom Rechtsgefühl her geradezu evident". Dazu hat er ein auf die §§ 25ff. HGB bezogenes Haftungsüberleitungs- und Enthaftungssystem entwickelt, bei dem die Betriebsaufspaltung gesondert berücksichtigt wird. Dazu wird die Betriebsaufspaltung unter den tatbestandlich in zwei Analogieschritten ausgedehnten § 28 HGB subsumiert. Eine Enthaftung der Besitzgesellschaft durch die im Grundsatz auch für § 28 HGB anwendbaren Enthaftungsgrundsätze wird wegen der Anwendung der Haftungsfondstheorie auf § 26 HGB abgelehnt, vgl. dazu ausführlich *Lieb*, S. 5ff.

[142] *K. Schmidt*, ZGR 1993, 366, 379.

[143] Vgl. BGHZ 87, 286, 293f.

gründet werden kann,[144] denn der Pensions-Sicherungs-Verein soll ausschließlich den Interessen des Betriebsrentners dienen, im Insolvenzfall die Rentenzahlungen aufrechtzuerhalten.[145]

Für die Praxis bleibt aber festzuhalten, daß mit dem neuen § 26 HGB inzwischen eine Enthaftung der Besitzgesellschaft von den Altverbindlichkeiten möglich ist.

2. *Die Enthaftung auf rechtsgeschäftlichem Weg*

Als eine andere Möglichkeit der Enthaftung der Besitzgesellschaft von den ihr obliegenden Altverbindlichkeiten kommt eine rechtsgeschäftliche Vereinbarung in Betracht. Das geeignete Instrument dazu ist die privative Schuldübernahme gemäß §§ 414 ff. BGB. Damit könnte die Betriebsgesellschaft die Altverbindlichkeiten der Besitzgesellschaft mit befreiender Wirkung für diese auf vertraglichem Weg übernehmen. Nach § 415 I BGB bedarf es zu dieser Auswechslung des Schuldners allerdings der Zustimmung der Gläubiger, im vorliegenden Fall der Betriebsrentenempfänger. In der Praxis ist diese Zustimmung zur Übernahme der Betriebsrenten durch die Betriebsgesellschaft offenbar auch öfters von den Pensionären erteilt worden.[146]

Das Bundesarbeitsgericht hat jedoch auch diese Möglichkeit der Enthaftung der Besitzgesellschaft nahezu unmöglich gemacht. Es hat nämlich entschieden, daß die Norm des § 4 I BetrAVG auch auf die privative Schuldübernahme hinsichtlich bereits laufender Betriebsrenten zu erstrecken ist.[147] Diese Vorschrift regelt aber nur die aufrechtzuerhaltenden Versorgungsanwartschaften. Diese können nach § 4/I 1 BetrAVG mit Zustimmung des Arbeitnehmers nur von bestimmten, in der Vorschrift enumerativ aufgeführten Versorgungsträgern übernommen werden. Dazu zählen alle Unternehmen, bei dem der ausgeschie-

---

[144] Dies versuchen vorsichtig *Renaud/Markert*, DB 1988, 2358, 2361.

[145] So BGHZ 87, 286, 293f.; *Blomeyer/Otto*, § 7 BetrAVG, Rdnr. 4: "Der PSV ist kein Sanierungsinstrument für die Wirtschaft". Die Aufgabe des PSV besteht darin, die fehlende Beaufsichtigung der Deckungsmittel, die Bestandteil des Eigenkapitals des Unternehmens werden, durch das Bundesaufsichtsamt für das Versicherungswesen zu ersetzen, vgl. Blomeyer/Otto, Vorb. § 7 BetrAVG Rdnr. 1. Dem kann zumindest die gesetzliche Wertung entnommen werden, daß die Pensionsverbindlichkeiten auch primär aus den Deckungsmitteln des Unternehmens - soweit vorhanden - berichtigt werden sollen.

[146] So *Hüper*, S. 243, Fußn. 343. Dabei gibt er als ausschlaggebende Motiv dafür die Verbundenheit der Pensionäre mit ihrem alten Beschäftigungsbetrieb an, sowie den Wunsch, zum Bestandserhalt der dort bestehenden Arbeitsplätze beizutragen.

[147] BAG AP Nr. 1 zu § 4 BetrAVG, unter II. 4 der Gründe; zuletzt bestätigt durch BAG AP Nr. 4 zu § 4 BetrAVG, unter II. 3 b. (1) der Gründe.

dene Arbeitnehmer beschäftigt wird, Pensionskassen, Unternehmen der Lebensversicherung oder öffentlich-rechtliche Versorgungsträger. Zu diesen Übernehmern zählt aber nicht die Betriebsgesellschaft. Diese Rechtsprechung des 3. Senats hat somit zur Konsequenz, daß auch mit Zustimmung der früheren Arbeitnehmer eine privative Übernahme der Betriebsrentenverpflichtungen durch die Betriebsgesellschaft ausscheidet.[148] Zur Begründung hat das Bundesarbeitsgericht angeführt, daß Sinn und Zweck des § 4 BetrAVG in der Sicherung der Haftungsmasse bestünden.[149] Indirekt werde damit der Pensions-Sicherungs-Verein geschützt.[150] Da dieser aber nicht vor sich selbst geschützt zu werden braucht, hat das Bundesarbeitsgericht gleichzeitig die privative Übernahme der Versorgungsverbindlichkeiten durch einen nicht in § 4 I 1 BetrAVG aufgeführten Versorgungsträger unter der Voraussetzung für zulässig erachtet, daß der Pensions-Sicherungs-Verein selbst zustimmt.[151] Eine solche Zustimmung erscheint aber äußerst unwahrscheinlich. In seiner Reaktion auf die Entscheidung des Bundesarbeitsgerichts hat sich der Pensions-Sicherungs-Verein für die Zukunft generell geweigert, eine solche Zustimmung zu erklären, da er selbst auf dem Rechtsstandpunkt steht, dazu gar nicht befugt zu sein.[152] Aber selbst wenn er diesen Standpunkt eines Tages aufgeben sollte, wird er jedenfalls bei Fallgestaltungen der Betriebsaufspaltung schon aus pragmatischen Erwägungen eine Enthaftung der "reichen" Besitzgesellschaft bzw. eine Haftungsüberleitung auf die "arme" Betriebsgesellschaft nicht zulassen.[153] Eine Enthaftung der Besitzgesellschaft von den Altverbindlichkeiten kommt damit auch auf diesem Weg nicht in Betracht.

---

[148] Eine gegen das Urteil des BAG AP Nr. 4 zu § 4 BetrAVG gerichtete Verfassungsbeschwerde ist vom BVerfG wegen unzureichender Aussicht auf Erfolg nicht angenommen worden, vgl. dazu *Höfer/Reiners/Wüst*, § 4 BetrAVG Rdnr. 2236 m.w.N. Kritisch dazu zuletzt Weimar/Alfes, BB 1993, 783, 785. Das von den Autoren angeführte Argument, daß die Versorgung üblicherweise durch den Betriebserwerber besser gesichert sei, als durch den "nunmehr völlig mobilen Veräußerer" trifft für die Betriebsaufspaltung nicht zu.

[149] So in BAG AP Nr. 4 zu § 4 BetrAVG, unter II. 3. b.(2). der Gründe.

[150] BAG a.a.O.

[151] BAG a.a.O. unter II. 3. b. (3) der Gründe. So bereits auch in AP Nr. 1 zu § 4 BetrAVG, unter II. 3. der Gründe.

[152] Dazu ausführlicher *Höfer/Reiners/Wüst*, § 4 BetrAVG Rdnr. 2237 ff. m.w.N.

[153] Darauf weisen *Bork*, ZIP 1989, 1369 (1371) und *Willemsen*, Tendenzen, S. 81, jeweils m.w.N. hin.

C. Die haftungsrechtlichen Risiken

I. Der Gefährdungstatbestand

Ein Hauptmotiv für die Durchführung der Betriebsaufspaltung besteht darin, die unternehmerische Haftung gegenüber den Gläubigern des bisherigen Einheitsunternehmens zu beschränken.[154] Vom Standpunkt der Gläubiger aus betrachtet, erhebt sich somit die Frage, in welchem Ausmaß ihre wirtschaftliche Risikoposition dadurch verändert wird.[155] Die Arbeitsverhältnisse der Arbeitnehmer werden im Regelfall im Zuge der Aufspaltung auf die Betriebsgesellschaft übergeleitet.[156]

Für die Arbeitnehmer rückt damit die Frage nach der Bonität der Betriebsgesellschaft, verglichen zu der des Einheitsunternehmens als bisherigem Arbeitgeber, in den Vordergrund. Bei der Durchführung der Aufspaltung wird der Betriebsgesellschaft üblicherweise nur das Umlaufvermögen einschließlich der Vorräte zu Eigentum übertragen, während das Anlagevermögen als das eigentliche Haftungssubstrat bei der Besitzgesellschaft verbleibt.[157] Nach der Aufspaltung sinkt entsprechend die Eigenkapitalquote der Betriebsgesellschaft, während umgekehrt die der Besitzgesellschaft ansteigt.[158]

Dieser Befund legt die Vermutung nahe, daß die Betriebsgesellschaft nach der Aufspaltung einem höheren Insolvenzrisiko ausgesetzt ist. Für die Arbeitnehmer würde das ein gesteigertes Arbeitsplatzrisiko bedeuten.[159] Tatsächlich wird der ausgegründeten Betriebsgesellschaft in der Praxis bei isolierter Betrachtung eine höhere Konkursanfälligkeit bescheinigt[160]; tritt aber der Insolvenzfall ein, wird die niedrige Eigenkapitalquote der Betriebsgesellschaft als häufigste Insolvenzursache genannt.[161]

Bei dieser Betrachtungsweise wird aber übersehen, daß die aufgespaltenen Unternehmen zwar nicht rechtlich, aber wirtschaftlich eine Einheit bilden. Das

---

[154] Siehe oben unter A.III.2.

[155] Vgl. allgemein zu den Auswirkungen der Unternehmensspaltung auf die Gläubigerrisiken *Heiss*, DZWiR 1993, 12, 13f.

[156] Dazu oben, unter B.I.2.

[157] Dazu oben, unter A.IV.4.

[158] Dazu oben, unter A.IV.4.

[159] So *Hüper*, S. 231, unter Verweis auf eine rechtstatsächliche Untersuchung von *Krüer-Buchholz*.

[160] *Hesselmann/Hüfner/Pinkwart*, S. 67f.

[161] *Hesselmann/Hüfner/Pinkwart*, S. 79f.

erklärt sich daraus, daß die Besitzgesellschaft, die sich auf die Verpachtung des Anlagevermögens beschränkt, ein notwendiges Interesse am Wohlergehen der Betriebsgesellschaft hat, da die von dieser zu entrichtenden Pachtzinsen ihre einzige Einnahmequelle sind. Die Konkursanfälligkeit der Betriebsgesellschaft hängt damit im Einzelfall von den vertraglichen Vereinbarungen mit der Besitzgesellschaft ab, (Beispiel: Verlustübernahme-Vereinbarungen). Vor diesem Hintergrund wird das auf den ersten Blick überraschende Ergebnis verständlich, daß Betriebsgesellschaften im Regelfall keine erhöhte Insolvenzgefahr aufweisen.[162] Üblicherweise wird das schlechtere Kreditwürdigkeitsniveau der Betriebsgesellschaft gegenüber den Banken durch die Sicherheitenstellung seitens der Besitzgesellschaft wieder wettgemacht.[163]

Während ein erhöhtes Insolvenzrisiko der Betriebsgesellschaft somit nicht zu konstatieren ist, bestätigt der rechtstatsächliche Befund aber einen anderen Gefährdungstatbestand, der auch in der Literatur bei der Betriebsaufspaltung vermutet wird.[164] Er besteht darin, daß den Gläubigern in Gestalt der Betriebsgesellschaft ein Schuldner gegenübertritt, der im Vergleich zum bisherigen Einheitsunternehmen wegen seiner geringen Eigenkapitalausstattung weitaus "haftungsärmer" ist. Für die Arbeitnehmer kann damit die Gefahr verbunden sein, daß bei eventuellen Betriebsänderungen ein Sozialplan wegen der geringen Kapitalausstattung nicht mehr realisierbar ist.[165] Wird die Be-

---

[162] So a.a.O., S. 76 f. Nach den Untersuchungsergebnissen liegt die Zahl der Insolvenzen aufgespaltener Unternehmen, gemessen an der aller Unternehmen mit 8,7 % , vgl. a.a.O., S. 76 und S. 152, sogar geringfügig unter der relativen Häufigkeit aufgespaltener Unternehmen mit 9,9 %, a.a.O., S. 49, so daß sich daraus sogar ein etwas geringeres Konkursrisiko der aufgespaltenen gegenüber den nicht aufgespaltenen Unternehmen ergibt.

[163] Dazu *Hesselmann/Hüfner/Pinkwart*, S. 68ff.

[164] Aus arbeitsrechtlicher Sicht *Belling/Collas*, NJW 1991, 1919ff.; *Bork*, BB 1989, 2181ff.; *Salje*, NZA 1988, 449, 450.

[165] So *Belling/Collas*, NJW 1991, 1919, 1926f. Auf einen anderen möglichen Nachteil für Arbeitnehmer, bedingt durch die Haftungswirkung des § 613 a BGB, hat *Hüper* hingewiesen, vgl. *Hüper*, S . 242 ff. Danach sind bei Betriebsaufspaltungen Nachteile der Betriebspensionäre hinsichtlich der Höhe ihrer Versorgungsbezüge zu erwarten. Dies könne einerseits in der Insolvenz der Fall sein, da der dann versorgungspflichtige Pensionssicherungsverein - anders als der Arbeitgeber - nicht zu der sich aus § 16 BetrAVG ergebenden Anpassungsprüfung verpflichtet sei. Bei dieser, alle drei Jahre durch- zuführenden Prüfung ist die Höhe der Versorgungsbezüge nach Abwägung der Bedürfnisse des Versorgungsempfängers einerseits, sowie der wirtschaftlichen Lage des Arbeitgebers ande- rerseits, jeweils neu anzupassen. Nach ständiger Rechtsprechung des BAG, zuletzt AP Nr. 20 zu § 16 BetrAVG ist der Pensions-Sicherungs-Verein hierzu nicht verpflichtet. Da sich aber gezeigt hat, daß Betriebsaufspaltungen keine Erhöhung der Insolvenzgefahr bewirken, ist insoweit kein spezifischer Nachteil bei Betriebsaufspaltungen zu ermitteln. Zum Anderen weist Hüper a.a.O. darauf hin, daß sich bei aufgespaltenen Unternehmen dann ein Nachteil ergeben könne, wenn sich die nach § 16 BetrAVG durchzuführende Anpassungsprüfung nur auf die "arme" Betriebsgesellschaft und nicht auf das aufgespaltene Unternehmen insgesamt bezieht. Zu der Frage der Anpassungsprüfung bei Konzernsachverhalten hat das BAG inzwischen entschieden, daß die wirtschaftliche Lage des Konzerns, je nach Enge der wirtschaftlichen Verflechtung maßgeblich ist,

triebsgesellschaft insolvent, ist das Risiko einer Konkursabweisung mangels Masse, bzw. eines Forderungsausfalls, entsprechend höher als bei nicht aufgespaltenen Unternehmen.[166]

II. Die spezifische Gefährdung der ungesicherten Gläubiger

1. Der Vergleich mit den Gläubigern kapitalschwacher nicht aufgespaltener Unternehmen

An der Richtigkeit der Bewertung, wonach die Betriebsaufspaltung wegen der geringen Kapitalausstattung der Betriebsgesellschaft besondere Gläubigergefahren mit sich bringe, sind aber auch Zweifel geäußert worden.[167] Dagegen wird eingewandt, die Rechtsordnung gestatte das Betreiben von Gesellschaften mit geringer Eigenkapitalausstattung, die ihre Betriebsmittel von dritter Seite mieten, pachten oder leasen. Daher dürfe die Betriebsgesellschaft zur Beurteilung der von ihr ausgehenden Gläubigergefahren nicht mit einer Gesellschaft verglichen werden, der das benötigte Anlagevermögen selbst gehöre, denn es gebe keine Pflicht, die erforderlichen Betriebsmittel zu Eigentum zu erwerben. Der Vergleich müsse vielmehr mit einer Gesellschaft geführt werden, die ebenfalls mit geringem Stammkapital ausgestattet sei und ihre Betriebsmittel im Wege der Nutzungsüberlassung erhalte. Dieser Vergleich ergebe für beide Gesellschaften die gleiche Gläubigergefährdung in Form eines erhöhten Insolvenzrisikos. Das sich daraus ergebende Risiko werde den Gläubigern von der Rechtsordnung auferlegt, weshalb von einer spezifischen Gläubigergefährdung bei der Betriebsaufspaltung keine Rede sein könne.

Dieser in sich plausible Ansatz wird von dem bei der Betriebsaufspaltung festgestellten rechtstatsächlichen Befund jedoch widerlegt. Daraus ergibt sich, daß das eigentliche Gläubigerschutzproblem nicht die Erhöhung der Insolvenzgefahr ist; möglicherweise sind Betriebsgesellschaften, die eine "reiche Besitzgesellschaft im Rücken" haben, sogar weniger insolvenzgefährdet als vergleichbare kapitalarme Gesellschaften, die ihre Betriebsmittel von dritter Seite leasen. Problematisch ist dagegen vielmehr die Verringerung der Haftungs-

AP Nr. 22 zu § 16 BetrAVG; dazu *Höfer/Reiners/Wüst*, § 16 BetrAVG Rdnr. 3585 ff. Vgl. dazu das "Betriebsrenten"- Urteil des BAG, BAG ZIP 1992, 1566. Zur konzernrechtlichen Haftung der Besitzgesellschaft siehe unten, Drittes Kapitel, B.

[166] Dazu im einzelnen *Hesselmann/Hüfner/Pinkwart*, S. 77ff. Für die Arbeitnehmer bietet die Regelung des Konkursausfallgeldes nach § 141b/I AFG, nach der ein Anspruch auf Arbeitsentgelt für die letzten drei Monate vor Konkurseröffnung entsteht, aber eine gewisse "Grundsicherung", hierzu *Baur/Stürner*, § 9, S. 22f.

[167] So *Drygala*, S. 17ff.

masse, die spätestens in der Insolvenz zu entsprechend höheren Ausfällen führt. Dabei zeigt gerade der Vergleich mit einer kapitalschwachen Gesellschaft, die ihre Anlagegüter im Wege der Gebrauchsüberlassung von dritter Seite erhält, die spezifische Gefahrenlage der Betriebsaufspaltung.

Eine Gesellschaft, die Anlagegüter von einem außenstehenden Dritten mieten oder pachten möchte, benötigt eine Bonität, die zumindest erwarten läßt, daß sie den vereinbarten Miet- oder Pachtzins für die vorgesehene Nutzungszeitdauer entrichten kann. Das setzt je nach Geschäftsumfang eine bestimmte Mindestausstattung mit Eigenkapital voraus.[168] Aufgrund dieser Anforderung des Marktes ist den Gläubigern einer solchen Gesellschaft eine gewisse Kapitalausstattung somit garantiert.

Bei einer Betriebsgesellschaft ist das jedoch anders, denn bei ihr kann fehlendes Eigenkapital jederzeit durch Fremdkapitalzufuhren, oder durch Sicherheitenstellungen der Besitzgesellschaft ausgeglichen werden. Schon das indiziert ein potentiell erhöhtes Risiko der ungesicherten Gläubiger. Für ein erhöhtes Risiko spricht auch, daß der ausgegründeten Betriebsgesellschaft in der Praxis ganz überwiegend eine fehlende Kreditwürdigkeit attestiert wird.[169] Daraus läßt sich folgern, daß die Betriebsgesellschaft in der Mehrzahl der Fälle nicht in der Lage wäre, eine vergleichbare Gebrauchsüberlassung, wie sie sie von der Besitzgesellschaft erhält, - zu Marktbedingungen - von dritter Seite zu erhalten.[170] Danach ist an dem gefundenen Ergebnis einer spezifischen Gläubigergefährdung der Betriebsaufspaltung festzuhalten.

2. *Die insolvenzrechtlichen Risiken*

a) Die insolvenzrechtliche Problematik

Die Betriebsaufspaltung weist zusätzlich die Besonderheit auf, daß sich der von ihr ausgehende Gefährdungstatbestand nicht in gleicher Weise auf die unterschiedlichen Gläubigergruppen auswirkt. Stattdessen läßt sich beobachten, daß sich im Zuge der Aufspaltung in erster Linie die Risikopositionen der ungesicherten Gläubiger (zu der die Arbeitnehmer gehören) verschlechtert, wogegen sich die Position der gesicherten Gläubiger teilweise verbessert.[171]

---

[168] Zum Merkmal der "Überlassungsunwürdigkeit" ausführlich unten, Drittes Kapitel, A.III.1.c).

[169] *Hesselmann/Hüfner/Pinkwart*, S. 67ff.

[170] Dazu und zur Unterscheidung der Kreditunwürdigkeit von der Überlassungsunwürdigkeit untern, Drittes Kapitel, A.III.1.c).

[171] *Hesselmann/Hüfner/Pinkwart*, S. 93ff.

Das liegt daran, daß es den Gläubigern mit starker Verhandlungsposition gelingt, ihre Forderungen von der Besitzgesellschaft besichern zu lassen.[172] Für die ungesicherten Gläubiger kann sich daraus zwar im Einzelfall der Vorteil ergeben, daß die Konkursmasse der Betriebsgesellschaft nicht mit Aus- und Absonderungsrechten belastet wird.[173] Dem steht jedoch der generelle Nachteil gegenüber, daß die nach der Verwertung der Sicherheiten übrig bleibenden Vermögensbestandteile, die üblicherweise im Konkurs des einheitlichen Unternehmens in die Masse fließen, bei der Betriebsaufspaltung im Vermögen der Besitzgesellschaft verbleiben;[174] den ungesicherten Gläubigern kommen sie somit nicht zugute.[175] Das allgemeine insolvenzrechtliche Problem der schlechten Befriedigungsaussichten der ungesicherten Gläubiger[176] wird damit bei der Betriebsaufspaltung dadurch verstärkt, daß gegenüber den ungesicherten Gläubigern nur die "arme" Betriebsgesellschaft haftet, während sich die (verhandlungsstarken) gesicherten Gläubiger an die "reiche" Besitzgesellschaft halten können.

b) Exkurs: Abhilfe durch die neue Insolvenzordnung?

Die bisherige Untersuchung zeigt, daß die ungesicherten Gläubiger in der Insolvenz des aufgespaltenen Unternehmens entweder das Risiko eines masselosen Verfahrens, oder aber dasjenige einer niedrigeren Deckungsquote zu tragen haben. Diese Auswirkungen erscheinen noch ernster, wenn man sie vor dem Hintergrund der allgemeinen insolvenzrechtlichen Lage der ungesicherten Gläubiger sieht.

Das sei an einigen Zahlen verdeutlicht: Der Anteil der mangels Masse abgelehnten Konkurse ist gegenwärtig auf circa 80 Prozent gestiegen, im Jahr 1950 lag er dagegen noch bei 27 Prozent.[177] Die nicht bevorrechtigten Kon-

[172] Das gilt bei der Betriebsaufspaltung für die Banken, vgl. dazu *Hesselmann/Hüfner/Pinkwart*, S. 85ff.; die Bankverbindlichkeiten der Betriebsgesellschaften sind dabei im Durchschnitt zu beinahe 80 Prozent durch Sicherheiten des Besitzunternehmens unterlegt; vgl. a.a.O., S. 72f. In der Untersuchung wird auch angedeutet, daß die Banken die Aufspaltung zum Anlaß nehmen, sich stärker als sonst üblich zu besichern, vgl. a.a.O., S. 100.

[173] *Hesselmann/Hüfner/Pinkwart*, S. 78f.

[174] Dazu ausführlich *Hesselmann/Hüfner/Pinkwart*, S. 99ff.

[175] Eine Ausnahme gilt bei den ungesicherten Gläubigern nur für den Fiskus. Aufgrund der Regelung des § 74 AO haften ihm die Besitzgesellschafter für die Steuerschulden der Betriebs(Kapital)Gesellschaft, wenn sie an ihr maßgeblich beteiligt sind und ihr wesentliche Betriebsmittel überlassen haben; dazu Dehmer, Betriebsaufspaltung, Betriebsaufspaltung, Rdnr. 1553ff. In der Praxis sind bei den Haftungsdurchgriffen auf das Besitzunternehmen diejenigen aus umsatzsteuerlicher Organschaft am häufigsten, vgl. *Hesselmann/Hüfner/Pinkwart*, S. 87.

[176] Dazu unten, unter III.

[177] *Baur/Stürner*, § 4 Rdnr. 4.2. m.w.N.; zu den Ursachen dieser Entwicklung, vgl. a.a.O.

kursgläubiger, darunter die Arbeitnehmer, erhielten im Jahr 1965 bei den eröffneten Verfahren noch eine Befriedigungsquote von 43 Prozent; inzwischen ist sie auf circa 25 Prozent abgesunken.[178] Die nicht bevorrechtigten Konkursgläubiger müssen sich dagegen mit Quoten zwischen 3,5 und 7 Prozent abfinden, wohingegen die gesicherten Gläubiger Befriedigungsquoten zwischen 60 und 80 Prozent erlangen. Bei aufgespaltenen Unternehmen dürften die Zahlenrelationen für die ungesicherten Gläubiger tendenziell noch ungünstiger ausfallen. Allein diese Zahlen belegen, daß der Zweck des Konkursverfahrens, nämlich die gleichmäßige Befriedigung aller Gläubiger schon seit längerem in der Praxis nicht mehr erreicht wird.[179] Dieser Mißstand ist Anlaß für eine seit mehr als fünfzehn Jahren geführte Diskussion um die Reform des Insolvenzrechts.[180] Nach den Reformbestrebungen[181] sollte dem Insolvenzrecht wieder die Ordnungsaufgabe zukommen, "einen gerechten Ausgleich" zu schaffen, sowie "den Schwächeren zu schützen"[182]. Daher erscheint es naheliegend, zu untersuchen, ob nach der am 5. 10. 1994 beschlossenen Insolvenzordnung (InsO), die am 1. 1. 1999 in Kraft treten soll künftig eine Verbesserung der Situation der ungesicherten Gläubiger, darunter der Arbeitnehmer, bei der Betriebsaufspaltung zu erwarten ist.[183]

Eine auf spezifisch insolvenzrechtlichem Weg herbeigeführte Verbesserung lag in dem von der Insolvenzrechtskommission vorgeschlagenen Verfahrensbeitrag der Sicherungsgläubiger zu Gunsten der ungesicherten Gläubiger.

Rdnr. 4.3. ff; dazu auch RefE InsO, 2. Teil, Allg. Begr. (A), S. 1; zur Insolvenzstatistik 1990, vgl. ZIP 1991, 410 ff.

[178] *Baur/Stürner,* § 4 Rdnr. 4. 2.

[179] *Baur/Stürner,* § 4 Rdnr. 4.7.

[180] Vgl. dazu bisher: BMJ, Erster Bericht der Kommission für Insolvenzrecht 1985, Zweiter Bericht der Kommission für Insolvenzrecht 1986; BMJ, Diskussionsentwurf, Gesetz zur Reform des Insolvenzrechts, Bd. I 1988, Bd. II Ergänzungen 1989; BMJ Referentenentwurf, Gesetz zur Reform des Insolvenzrechts, (RefE InsO); zuletzt Insolvenzordnung (InsO) vom 5. 10. 1994, BGBl. 1994 I, S. 2866.; kritisch zum Gesetzentwurf Gravenbrucher Kreis, ZIP 1992, 657ff. Zur Geschichte der Insolvenzrechtsreform vgl. *Baur/Stürner,* § 4 Rdnr. 4, 12ff.; sowie *Arnold* in: Gottwald, § 1 Rdnr. 31ff.

[181] Zum schleppenden Fortgang der Reform zuletzt ZIP Aktuell 1993, A 89 m.w.N.

[182] So ReGE InsO, BT-Drucks. 12/2443, S. 75.

[183] Ihre Situation beschreibt der RegE InsO, BT-Drucks. 12/2443, S. 73 folgendermaßen: "Die Arbeitnehmer haben in besonderem Maße unter der Funktionsuntauglichkeit des heutigen Insolvenzrechts zu leiden. Wird ein Verfahren nicht eröffnet, erhalten sie ihren Lohn in der Regel nicht einmal bis zum Ablauf der Kündigungsfrist. Ihr Anspruch auf Konkursausfallgeld ist gefährdet, wenn ihnen nicht ein Konkursverwalter bei der Antragstellung hilft und die Lohnbuchhaltung aufarbeitet. Mit älteren Lohnrückständen fallen die Arbeitnehmer meist ganz aus, auf einen Sozialplan haben sie kaum Aussicht. Wird betriebsnotwendiges Sicherungsgut von gesicherten Gläubigern abgezogen, verlieren die Arbeitnehmer vorzeitig ihren Arbeitsplatz."

Danach sollten die Sicherungsgläubiger 25 Prozent des Verwertungserlöses ihres Sicherungsgutes als Verfahrensbeitrag in die Konkursmasse abführen müssen. Damit sollte zum einen die Konkursmasse von den Kosten der Feststellung und Abwicklung der besitzlosen Mobiliarsicherheiten verschont werden. Außerdem sollte durch diese Masseanreicherung insbesondere den ungesicherten Insolvenzgläubigern ein Ausgleich dafür geboten werden, daß durch die vielen Aus- und Absonderungsrechte der gesicherten Gläubiger ihre Befriedigungsaussichten erheblich vermindert werden.[184]

Aufgrund geänderter ordnungspolitischer Zielsetzungen, nach denen eine Vermögensumverteilung nicht mehr als legitime Aufgabe des Insolvenzverfahrens betrachtet wird,[185] ist der Regierungsentwurf hiervon jedoch abgerückt. Ein Zwangsopfer der gesicherten zu Gunsten der ungesicherten Gläubiger sei nicht mit dem Grundsatz eines marktkonformen Verfahrens zu vereinbaren.[186] Bei einer angemessenen Kostenpauschale sollte es jedoch bleiben: Soweit den gesicherten Gläubigern durch die Arbeit des Insolvenzverwalters Kosten erspart würden, sollten sie diese der Masse zurückerstatten.[187] Entsprechend wurde vom Referentenentwurf 5 Prozent als Verwertungserlös für die Feststellung des Rechts, sowie 5 Prozent als Kostenpauschale für die Verwertung angesetzt. Der Regierungsentwurf ist hierbei geblieben, mit der kleinen Änderung, daß die Kostenpauschale für die Feststellung von 5 auf 6 Prozent erhöht wurde.[188] Nach der InsO wird schließlich in § 171 abweichend hiervon die Kostenpauschale für die Feststellung mit 4 % festgelegt, während es bei der Kostenpauschale für die Verwertung von 5 % geblieben ist.

Es ist jedoch zu bezweifeln, ob von diesen Regeln eine wirksame Anreicherung der Masse zu erwarten ist.[189] Für die Arbeitnehmer ergibt sich zusätz-

---

[184] Vgl. dazu Erster Bericht der Kommission für Insolvenzrecht, Leitsatz 3.3.2., S. 312 ff. Dazu kritisch Dorndorf, ZIP 1984, 523 ff. Nach Berechnungen von Drukarczyk würde dies die Befriedigungsquote der einfachen und ungesicherten Gläubiger tendenziell von von ihm angenommenen 0,74 % auf 12,81 % steigern können, vgl. ZIP 1987, 205 (214).

[185] *Engelhard,* ZIP 1986, 1287 (1288 f.).

[186] Dazu ReGE InsO, BT-Drucks. 12/2443, S. 78ff.

[187] So *Engelhard,* a.a.O., S. 1289.

[188] RegE InsO, BT-Drucks. 12/2443, § 196.

[189] *Hess/Goetsch,* S. 44, verneinen das, weil darin keine wirksame Zurückdrängung der Sicherungsrechte bevorrechtigter Gläubiger zugunsten der ungesicherten Gläubiger liege. Auch die Mitglieder des Gravenbrucher Kreises erwarten hiervon keine wesentliche Anreicherung der Insolvenzmasse, sondern sie befürchten sogar einen Rückschritt gegenüber der bisherigen Rechtslage, vgl. *Gravenbrucher Kreis,* ZIP 1991, 1660ff.

lich der Nachteil, daß jegliche Privilegierungen rückständiger Bezüge, somit auch die für sie bestehenden Konkursvorrechte (§ 59 I Nr. 3, § 61 I Nr. 1 a. KO) entfallen sollen.[190]

Für die Betriebsaufspaltung erweisen sich die mit der Reform angestrebten masseanreichernden Maßnahmen aber als wirkungslos. Durch die Einbeziehung der gesicherten Gläubiger soll nach den Vorstellungen des Gesetzgebers eine vorzeitige Zerschlagung des Schuldnerunternehmens verhindert werden, um auf diese Weise zugunsten der Masse bessere Verwertungsmöglichkeiten zu erreichen.[191] Davon werden die Banken, als die wichtigste Gläubigergruppe, bei der Betriebsaufspaltung jedoch nicht betroffen, da sie ihre Sicherheiten[192] beim Vermögen des Besitzunternehmens unterlegen. Dieses ist jedoch als Eigentümer des Anlagevermögens aussonderungsberechtigt, (§ 47 InsO). Somit können die Banken auch nach diesen Vorschriften weiter ihre Sicherheiten außerhalb der Insolvenzsphäre der Betriebsgesellschaft verwerten.

Daran wird deutlich, daß ein Schutz der ungesicherten Gläubiger mit rein insolvenzrechtlichen Mitteln nicht zu bewerkstelligen ist, denn das Insolvenzverfahren kann nur das Vermögen des Schuldners erfassen, (vgl. § 35 InsO). Das für die Gläubiger der Betriebsgesellschaft als Haftungsmasse interessante

---

[190] RegE, BT-Drucks. 12/2443, S. 90. Nach der Begründung des ReGE stellt die Beseitigung der Konkursvorrechte für die Arbeitnehmer deshalb keine soziale Härte dar, da sie aufgrund der Regelung des § 141 b. I AFG für die letzten drei Monate vor Eröffnung des Insolvenzverfahrens ohnehin Konkursausfallgeld vom Arbeitsamt bekämen; ältere Rückstände seien dabei selten von Bedeutung, so ReGE, BT-Drucks. 12/2443, S. 90. Dies wird durch die rechtssoziologische Untersuchung von *Gessner/Rhode/Strate/Ziegert* aus dem Jahr 1978 bestätigt, vgl. a.a.O., S. 49. Daraus ergibt sich, daß sich zu dieser Zeit die durchschnittlichen Arbeitnehmerforderungen pro eröffneten Konkurs auf ca. 22 000 DM beliefen. Davon wurde etwa 12 000 DM durch das Konkursausfallgeld voll abgedeckt. Etwa 7000 DM davon wurden als Masseschuld geltend gemacht und stammen aus Entgeltansprüchen der Arbeitnehmer, die nach Konkurseröffnung entstanden sind. Den Angaben zufolge, wurde auch dieser Forderungsbetrag in der Regel weitgehend vollständig befriedigt. Somit bleibt ein Restbetrag von 3 000 DM übrig, der als bevorrechtigte Forderung nach § 61 I Nr. 1 KO geltend gemacht wurde und aus rückständigen Lohnforderungen aus dem Zeitraum zwischen 6 und 12 Monaten vor Konkurseröffnung stammte. Diese Forderungen wurden in Höhe von ca. 42 % befriedigt. Bei diesen Durchschnittswerten muß allerdings berücksichtigt werden, daß sie sich nur auf die ca. 20 % aller Konkurse beziehen, die überhaupt eröffnet werden können. Unterstellt man, daß sich die in den angeführten Untersuchungsergebnissen widerspiegelnden Zahlenrelationen seither nicht weitgehend verändert haben, so ist der Schluß erlaubt, daß auch weiterhin ca die Hälfte aller Arbeitnehmerforderungen durch das Konkursausfallgeld abgedeckt werden. Dies bedeutet, daß in den auch künftig häufigeren Fällen der Konkurseinstellung mangels Masse, die Arbeitnehmer somit etwa für die Hälfte ihrer Forderungen keine Befriedigung erlangen.

[191] ReGe InsO, BT-Drucks. 12/2443, S. 86 ff.

[192] Das sind insbesondere Grundpfandrechte, Bürgschaften und Sicherungsübereignungen, so *Hesselmann/Hüfner/Pinkwart*, S. 74ff.

Anlagevermögen zählt dazu aber nicht, weil es sich im Eigentum der Besitzgesellschaft befindet und somit "schuldnerfremd" ist.[193]

D. Ergebnis

Der rechtstatsächliche Befund bestätigt, daß die Betriebsaufspaltung eine - vor allem in der mittelständischen Industrie - beliebte Gestaltungsform ist. In der Praxis weist sie sehr unterschiedliche Erscheinungsformen auf; sie wird im Regelfall so vollzogen, daß aus einem einzelkaufmännischen Unternehmen bzw. einer Personengesellschaft (Besitzgesellschaft) eine Betriebs(Kapital)Gesellschaft ausgegründet wird, an die der gesamte Betrieb verpachtet wird. Dabei werden der Betriebsgesellschaft meist nur das Umlaufvermögen und die Vorräte zu Eigentum übertragen; von dieser Gesellschaft wird der Betrieb fortgeführt, während sich die Besitzgesellschaft auf die Verpachtung der Betriebsgrundlagen beschränkt. Mit dieser Konstruktion werden vorrangig steuerliche und haftungsrechtliche Vorteile angestrebt.

Für die Arbeitnehmer des bisherigen Einheitsunternehmens ist dieser Vorgang mit einer Auswechslung ihres Arbeitgebers verbunden. Nach § 613a/I 1 BGB werden ihre Arbeitsverhältnisse auf die Betriebsgesellschaft übergeleitet. In den Fällen, in denen nur Teile des Betriebs auf einen rechtlich verselbständigten Unternehmensträger übergehen, kann der Übergang einzelner Arbeitsverhältnisse fraglich sein, wenn sie sich nicht einem bestimmten Betriebsteil eindeutig zuordnen lassen. Kommt keine Einigung zustande, steht dem Arbeitnehmer hilfsweise ein Wahlrecht zu.

Die Besitzgesellschaft wird von allen arbeitsrechtlichen Verbindlichkeiten aus übergegangenen Arbeitsverhältnissen enthaftet, die nach der Betriebsaufspaltung entstehen; dagegen haftet sie für die Forderungen der im Aufspaltungszeitpunkt ausgeschiedenen Arbeitnehmer unbeschränkt weiter. Ansätzen zu einer Nachhaftungsbegrenzung für diese Ansprüche (vor allem laufende Betriebspensionen und unverfallbare Versorgungsanwartschaften) durch § 26 HGB oder mittels einer privativen Schuldübernahme hat das Bundesarbeitsgericht - mit einer allerdings nicht unumstrittenen Rechtsprechung - eine eindeutige Absage erteilt. Auf der Grundlage des neugefassten § 26 HGB ist allerdings mittlerweile eine Enthaftung der Besitzgesellschaft möglich.

---

[193] Eine wirksame Massenanreicherung würde allerdings der Vorschlag von *Hesselmann/Hüfner/Pinkwart*, S. 100, bewirken, wonach die einfachen Gläubiger auf die nach der Sicherheitenverwertung am Vermögen der Besitzgesellschaft verbleibenden Vermögensteile zurückgreifen können.

Mit der Durchführung der Betriebsaufspaltung werden diejenigen Arbeitnehmer, deren Arbeitsverhältnisse auf die Betriebsgesellschaft übergehen, spezifischen haftungsrechtlichen Risiken ausgesetzt. Sie bestehen allerdings - entgegen Vermutungen in der Literatur - nicht in einer Erhöhung des Arbeitsplatzrisikos, denn aufgespaltene Unternehmen weisen keine erhöhte Insolvenzanfälligkeit auf. Das Gefahrenpotential für die Gläubiger liegt vielmehr darin, daß ihnen ein Schuldner mit einer erheblich verminderten Haftungsmasse gegenübertritt. Das kann sich negativ auf Sozialplanansprüche der Arbeitnehmer auswirken; beim Zusammenbruch der Betriebsgesellschaft steigt die Wahrscheinlichkeit einer Abweisung des Konkursverfahrens mangels Masse, die Aussichten auf entsprechende Deckungsquoten sinken.

Das Spezifische der bei der Betriebsaufspaltung bewirkten Gläubigergefährdung besteht im Ausmaß des Entzugs von haftendem Eigenkapital. Die Eigenkapitalquote der Betriebsgesellschaft läßt sich auf einem minimalen Stand halten, da der erforderliche Kapitalbedarf jederzeit durch Fremdkapitalzufuhren seitens der Besitzgesellschaft gedeckt werden kann. Die daraus erwachsenden Risiken werden auf die ungesicherten Gläubiger abgewälzt, während die verhandlungsstarken gesicherten Gläubiger ihre Position sogar verbessern können, wenn es ihnen gelingt, eine Besicherung ihrer Forderungen seitens der Besitzgesellschaft durchzusetzen.

Mit rein insolvenzrechtlichen Mitteln läßt sich eine Verbesserung der Lage der ungesicherten Gläubiger nicht erreichen, da dem Insolvenzverfahren insofern ein Rahmen vorgegeben ist, als es nur das beim Schuldner befindliche Vermögen erfaßt. Bei der Betriebsaufspaltung befindet sich das (eigentliche) Haftungssubstrat aber gerade außerhalb dieser Sphäre, im Vermögen der Besitzgesellschaft.

Zweites Kapitel

Der haftungsrechtliche Schutz des Arbeitsrechts

Die mit einer Betriebsaufspaltung einhergehende Verringerung der Haftungsmasse trifft nahezu ausschließlich, den Fiskus ausgenommen, die ungesicherten Gläubiger.[1] Die größte Gruppe davon sind die Arbeitnehmer. Es liegt daher nahe, daß in der arbeitsrechtlichen Literatur Überlegungen angestellt werden, das Arbeitsrecht in seiner traditionellen Funktion als Arbeitnehmerschutzrecht[2] auch für die von Betriebsaufspaltungen ausgehenden haftungsrechtlichen Gefahren nutzbar zu machen. Generell werden dabei für einen spezifisch arbeitsrechtlichen Arbeitnehmerschutz zwei Ansatzpunkte deutlich.

Im Individualarbeitsrecht werden Wertungsgrundlagen erörtert, aufgrund derer sich eine (Mit-) Anbindung der Arbeitsverhältnisse des aufgespaltenen Unternehmens an die "reiche" Besitzgesellschaft erreichen läßt. Behielten die Arbeitnehmer trotz der Unternehmensaufspaltung die Besitzgesellschaft als Schuldner des Arbeitsverhältnisses, könnten sie in der Insolvenz der Betriebsgesellschaft auf das Vermögen der Besitzgesellschaft zurückgreifen, ohne daß es dazu eines Haftungsdurchgriffs bedürfte.

Außerdem wird erörtert, ob den Arbeitnehmern rechtliche Möglichkeiten zustehen, den Vorgang der Aufspaltung zu ihren (haftungsrechtlichen) Gunsten zu verhindern. Der andere, im kollektiven Arbeitsrecht anzusiedelnde Ansatz versucht, eine Kompensation der haftungsrechtlichen Nachteile von Betriebsaufspaltungen durch Sozialpläne zu erreichen, die wiederum die "reiche" Besitzgesellschaft verpflichten.

---

[1] Siehe dazu oben, Erstes Kapitel, C.

[2] Vgl. dazu *Windbichler*, S. 49ff.

A. Der Schutz des Individualarbeitsrechts

I. Ansätze zur "Korrektur" der Normen des § 613a I 1 und des § 613a II BGB

Die von § 613a I 1 BGB angeordnete Überleitung der Arbeitsverhältnisse auf die "arme" Betriebsgesellschaft, sowie die Enthaftung der Besitzgesellschaft nach § 613a II BGB sind aus arbeitsrechtlicher Sicht der "Auslöser" für die haftungsrechtlichen Folgen der Betriebsaufspaltung. Es nimmt daher nicht wunder, daß eine Reihe von arbeitsrechtlichen Autoren versucht, hier den (Schutz-) Hebel anzusetzen.[3]

1. Darstellung des Meinungsstandes

a) Nichtanwendung von § 613a BGB

Die einfachste und auch "radikalste"[4] Lösung besteht darin, die Vorschriften des § 613a BGB in Fallgestaltungen der Betriebsaufspaltung nicht anzuwenden. Eine solche Lösung zieht Birk in Betracht.[5] Zu ihrer Begründung führt er an, daß dies eine Möglichkeit sei, den Schutz aufrechtzuerhalten, den § 613a gewährleisten wolle, nämlich den Erhalt des arbeitsrechtlichen "status quo".[6] Letztlich läßt er die Frage der Nichtanwendbarkeit des § 613a BGB allerdings offen, da sich zur Aufrechterhaltung dieses Schutzes auch eine weniger einschneidende Lösungsmöglichkeit biete.[7]

Mit der Möglichkeit, Fälle der Betriebsaufspaltung durch teleologische Reduktion der Normen des § 613a I 1 BGB und § 613a II BGB von ihrem Anwendungsbereich auszunehmen, hat sich außerdem auch Schaub auseinandergesetzt.[8] Er weist nach, daß aus rechtsmethodischen Gründen bei beiden Vorschriften die Möglichkeit einer teleologischen Reduktion ausscheidet, da es in beiden Fällen an einer entsprechenden Regelungslücke fehle, die eine Eingrenzung des Anwendungsbereiches der Vorschriften gebiete. Auch nach Borks Auffassung ist die Lösung einer Nichtanwendbarkeit des § 613a BGB als

---

[3] Die dazu entwickelten Vorschläge werden meist unmittelbar, sonst im Zusammenhang mit der Norm des § 613a BGB erörtert und deshalb auch hier dargestellt.

[4] *Bork*, BB 1989, 2181, (2182), der diesen Vorschlag von *Birk* offenbar übersehen hat.

[5] *Birk*, ZGR 1984, 23, 31f.

[6] *Birk*, ZGR 1984, 23, 31f.

[7] Dazu unten, unter 2.

[8] *Schaub*, NZA 1989, 5, 6.

übertrieben abzulehnen, zumal der von § 613a BGB verfolgte Normzweck, die Erhaltung der Arbeitsplätze, in den meisten Fällen der Betriebsaufspaltung erreicht werde.[9]

b) Mithaftung der Besitzgesellschaft

Eine Reihe von Auffassungen befürwortet mit verschiedenen Konstruktionen eine Mithaftung der Besitzgesellschaft für die arbeitsrechtlichen Verbindlichkeiten der Betriebsgesellschaft. Birk tritt mit der bereits erwähnten Begründung, der Aufrechterhaltung des von § 613a BGB bezweckten Schutzes, auch bei Betriebsaufspaltungen für eine subsidiäre Haftung der Besitzgesellschaft ein.[10] Diese soll, ähnlich einer gesetzlichen Garantie, dann eintreten, wenn die Betriebsgesellschaft nicht mehr leistungsfähig ist.[11] In eine ähnliche Richtung geht der Vorschlag von Schiener, nach dessen Auffassung die Norm des § 613a I 1 BGB nicht zu einer Überleitung der Arbeitsverhältnisse auf die Betriebsgesellschaft, sondern vielmehr in analoger Anwendung zu einem Vertragsbeitritt der Betriebsgesellschaft neben die Besitzgesellschaft in die Arbeitgeberstellung führt.[12] Zu dieser Lösung gelangt Schiener deshalb, weil er aufgrund der engen wirtschaftlichen Verflechtung der Betriebs- und der Besitzgesellschaft einen Betriebsinhaberwechsel im Sinne von § 613a I 1 BGB verneint.[13] Dieser sei abzulehnen, da die Planungs- und Leitungskompetenzen real sowohl der Besitz- als auch der Betriebsgesellschaft zustünden.

Diese Auffassung erscheint von vornherein nicht überzeugend. Würde man der danach favorisierten "Berücksichtigung der Realitäten"[14] folgen, stünde der Arbeitnehmer eines konzernangehörigen Unternehmens automatisch einer Vielzahl von Arbeitgebern gegenüber; konsequenterweise müßten dann auch kreditgebende Banken aufgrund ihrer "realen" Einflußmöglichkeiten in vielen Fällen als "Betriebsinhaber" im Sinne von § 613a BGB angesehen werden.

---

[9] *Bork*, BB 1989, S. 2181, 2182. Zu der Frage, was geschieht, wenn die Arbeitsverhältnisse trotz Aufspaltung bei der Besitzgesellschaft verbleiben, siehe unten, unter III.

[10] *Birk*, ZGR 1984, 23, 32.

[11] In diese Richtung geht auch ein Vorschlag von *Kittner*, der bei Betriebsaufspaltungen eine Ausfallbürgschaft der Besitzgesellschaft für arbeitsrechtliche Verbindlichkeiten der Betriebsgesellschaft befürwortet. Da er sich dazu auf § 111 BetrVG beruft, wird dieser Vorschlag unter B. erörtert.

[12] *Schiener*, S. 123ff.

[13] *Schiener*, S. 119ff.

[14] A.a.O., S. 121f.

Ein weiterer Vorschlag stammt von Löwisch; er verweist auf eine mögliche Haftung der Besitzgesellschaft aus § 419 BGB.[15] Löwisch räumt allerdings selber ein,[16] daß eine darauf gestützte Haftung der Besitzgesellschaft nur in den seltenen Fällen in Betracht kommt, in denen nicht der Betrieb, sondern das Anlagevermögen oder sonstige erhebliche Vermögenswerte ausgegründet werden.

Für den Fall schließlich, daß unmittelbar nach einer Betriebsaufspaltung die ausgegründete Gesellschaft den Arbeitnehmern, deren Arbeitsverhältnisse auf sie nach § 613a I 1 BGB übergeleitet wurden, die geschuldeten Lohnzahlungen vorenthält, schlägt Salje eine aus § 415 BGB hergeleitete Haftung des bisherigen Arbeitgebers vor.[17] Danach ist in der Nichterfüllung der Lohnforderungen ein besonderer Umstand zu sehen, der die Annahme einer konkludenten Genehmigungserteilung durch den Arbeitnehmer hindert und zugleich entgegen § 415 III BGB ausnahmsweise eine Weiterhaftung des Betriebsübergebers für die Schwebezeit begründet. Diese Lösung kann jedoch auch nach Saljes eigener Einschätzung[18] allenfalls in Ausnahmefällen erwogen werden.

c) Arbeitsrechtliche Durchgriffshaftung

Eine besondere Variante zur Begründung einer Haftung der Besitzgesellschaft ist der Versuch, eine spezifisch arbeitsrechtliche Durchgriffshaftung[19] herzuleiten. Das Bundesarbeitsgericht hat in einer Fallgestaltung einer Betriebsaufspaltung eine Durchgriffshaftung erwogen, jedoch nicht weiter dazu Stellung genommen.[20] Herschel schlägt im Einzelfall der Betriebsaufspaltung eine Durchgriffshaftung aus allgemeinen Gerechtigkeitserwägungen vor. Andere Autoren wollen aus dem arbeitsrechtlichen Schutzprinzip eine Durchgriffshaftung zugunsten der Arbeitnehmer auf das Vermögen der Besitzgesellschaft herleiten.[21]

---

[15] *Löwisch*, SAE 1982, 18, 19.

[16] A.a.O.

[17] *Salje*, NZA 1988, 449, 452.

[18] A.a.O.

[19] Siehe zu den allgemeinen, nicht spezifisch arbeitsrechtlichen Arten der Durchgriffshaftung unten, Drittes Kapitel, C., und Viertes Kapitel.

[20] BAG, AP Nr. 9 zu § 111 BetrVG 1972, unter II.4. der Gründe.

[21] *Blank*, u. a., S. 288, insb. 301f.; *Schmitt*, S. 121ff.

Nach zutreffender Auffassung vermag jedoch ein so unbestimmtes Kriterium wie die Schutzbedürftigkeit der Arbeitnehmer nicht den Ausnahmefall der Durchgriffshaftung zu begründen.[22]

2. *Stellungnahme*

Diese, dem allgemeinen Zivilrecht entnommenen Lösungsvorschläge können einen haftungsrechtlichen Arbeitnehmerschutz nur in Ausnahmekonstellationen bewirken. Der Grundsatz des Zivilrechts, wonach eine Haftung des Übernehmers für Altschulden, nicht aber eine solche des Übergebers für Neuschulden besteht,[23] erweist sich als ein unüberwindliches Hindernis.

Bei der arbeitsrechtlichen Schutznorm des § 613a BGB scheint das anders zu sein. Einige der oben erwähnten Autoren glauben hierin die Wertungsgrundlage gefunden zu haben, aus der ein haftungsrechtlicher Arbeitnehmerschutz bei Betriebsaufspaltungen zu entwickeln ist. Das liegt an einem unpräzisen Verständnis vom Normzweck. Danach wird § 613a BGB ein teilweise pauschaler Schutzcharakter[24] zugeschrieben, der in die leicht mißverständliche Vorstellung mündet, es solle der "arbeitsrechtliche status quo"[25] oder der "soziale Besitzstand"[26] erhalten werden. Dabei wird jedoch ein entscheidender Umstand übersehen. Unter dem "sozialen Besitzstand" sind die sich aus dem Arbeitsverhältnis ergebenden Ansprüche zu verstehen, die dem Arbeitnehmer gegenüber dem bisherigen Arbeitgeber zustanden. Der darauf bezogene Schutz gilt jedoch nur punktuell, d.h. bezogen auf den Überleitungsakt.[27] So kommt es zu der fehlerhaften Vorstellung, § 613a BGB bilde die Wertungsgrundlage für eine Art haftungsrechtlichen Bestandsschutz bezogen auf das Vermögen des bisherigen Arbeitgebers bei Betriebsübergängen. Mit dieser vom Normzweck nicht gedeckten Vorstellung überfrachtet, wird der Norm etwas abverlangt, was sie nicht leisten soll und auch nicht leisten kann. Aus den Gesetzesmaterialien zu § 613a BGB geht hervor, daß der Normzweck den Schutz der Arbeitsplätze umfaßt,[28] nicht jedoch den Erhalt des beim Arbeitgeber befindlichen Vermögens. Darauf, daß § 613a BGB vor dessen Entzug auch gar nicht

---

[22] BVerfGE 65, 182, 193f.; ebenso *Drygala*, S. 30; *Löwisch*, SAE 1982, 18, 19.

[23] *Salje*, NZA 1988, 449, 452.

[24] Vgl. *Schiener*, S. 106; dagegen *Loritz*, RdA 1987, 65, 79.

[25] *Birk*, ZGR 1984, 23, 31, m.w.N.

[26] *Blank*, u.a., S. 226; *Weiß*, S. 41. Ähnlich auch *Däubler*, in: DKKS, § 111 BetrVG, Rdnr. 89.

[27] Vgl. dazu auch oben, 1. Kap., unter B.1.a) (1) aa).

[28] Dazu *Staudinger/Richardi*, § 613a, Rdnr. 9ff; bgl. dazu auch oben, Erstes Kap., B.I.

schützen soll, haben schon andere hingewiesen.[29] Das zeigt ein Blick auf das Kreditsicherungsrecht. Wird den Arbeitnehmern nicht infolge einer Betriebsaufspaltung, sondern durch Grundpfandrechte, Sicherungsübereignungen etc. bislang haftendes Kapital entzogen, kommt § 613a BGB auch nicht zur Anwendung.[30] Insofern gilt die Feststellung, daß die arbeitsrechtlichen Lösungen korrespondieren müssen und nicht davon abhängen können, welche Maßnahme mit haftungsvermindernder Folge der Arbeitgeber gerade wählt.[31] Damit läßt sich schon jetzt festhalten, daß sich ein systematischer haftungsrechtlicher Arbeitnehmerschutz auf der Grundlage der dargestellten Meinungen nicht begründen läßt.

Die dargestellten Vorschläge einer aus § 613a BGB entwickelten Weiter-, Mit- oder Durchgriffshaftung der Besitzgesellschaft entbehren aber nicht nur einer tragfähigen dogmatischen Grundlage. Sie sind auch deshalb abzulehnen, weil sie sich a priori über die Vorgaben des Gesellschaftsrechts hinwegsetzen.[32] Die in einer Unternehmensgruppe verbundenen Unternehmen verlieren nicht ihre rechtliche Selbständigkeit, (§ 15/I AktG). Deshalb begründet eine etwaige wirtschaftliche Abhängigkeit eines Unternehmens auch keine Gesamthaftung der Unternehmensgruppe.[33] Da sich die Unternehmensgruppe mangels eigener Rechtssubjektqualität nicht zum Arbeitgeber eignet, bleibt jedes einzelne Unternehmen Vertragspartner seiner Arbeitnehmer.[34] Insofern besteht Übereinstimmung, daß sich Bindungen des Arbeitgebers an eine Unternehmensgruppe nicht unmittelbar auf das Arbeitsverhältnis auswirken.[35] Für das Arbeitsrecht bleibt daher die rechtliche Selbstständigkeit der einzelnen (verbundenen) Unternehmen verbindlich.[36] Daraus ergibt sich, daß eine etwa bestehende Konzernleitungsmacht die arbeitsrechtliche Haftungsverfassung nicht berührt.[37] Die hier erörterten Vorschläge, die eine - wie auch immer begründete - gemeinsame Haftung der aufgespaltenen Unternehmen einer Betriebsaufspaltung herleiten, setzen sich jedoch über deren rechtliche Selbst-

---

[29] So *Bork*, BB 1989, 2181, 2182; ähnlich *Löwisch*, bezogen auf einen haftungsrechtlichen Schutz durch Sozialpläne, SAE 1982, 18, 19.

[30] *Bork*, a.a.O.

[31] BAG, BB 1081, 1214; hierauf verweist *Bork*, a.a.O.

[32] Vgl. dazu *Konzen*, Arbeitsverhältnisse, S. 566, 567ff.

[33] Vgl. *MünchArb/Richardi*, § 31 Rdnr. 26. Vgl. dazu die auf den Sozialplan bezogenen Ausführungen von *Lutter*, in: *Igl*, (Hrsg.), Diskussionsbericht, S. 149.

[34] Statt aller *Weber*, S. 157, mit umfangreichen Nachweisen.

[35] So *Windbichler*, S. 583.

[36] *Weber*, S. 157.

[37] *MünchArb/Richardi*, a.a.O.

ständigkeit hinweg. Sie sind daher nicht systemgerecht. Solche Lösungen können überhaupt erst dann in Betracht gezogen werden, wenn sich herausstellt, daß alle anderen - von der Rechtsordnung gewollten - haftungsrechtlichen Schutzinstrumente die ermittelten Gläubigerrisiken der Arbeitnehmer nicht einzudämmen vermögen.

II. Das Widerspruchsrecht der Arbeitnehmer aus § 613a I 1 als Schutzinstrument

Dem aus § 613a I 1 BGB resultierenden Widerspruchsrecht der Arbeitnehmer kommt im Zusammenhang mit der Erörterung des haftungsrechtlichen Arbeitnehmerschutzes des Arbeitsrechts besondere Bedeutung zu. Es gewährt dem Arbeitnehmer die Möglichkeit, der von § 613a I 1 BGB angeordneten Rechtsfolge der Überleitung des Arbeitsverhältnisses sowie der Auswechslung des Arbeitsgebers zu widersprechen.[38] Das Arbeitsverhältnis bleibt dann mit dem alten Arbeitgeber bestehen.

Das Bundesarbeitsgericht hat dieses Rechtsfolgenverweigerungsrecht im Wege einer teleologischen Reduktion des § 613a I 1 BGB als negatives Tatbestandsmerkmal[39] entwickelt und hält daran in ständiger Rechtsprechung fest.[40] Für die Ergänzung des § 613a I 1 BGB um ein Widerspruchsrecht war für das Bundesarbeitsgericht in erster Linie eine verfassungsrechtliche Wertentscheidung ausschlaggebend. Es sei mit der vor allem durch Art. 12/I GG verfassungsrechtlich gewährleisteten Vertragsfreiheit des Arbeitnehmers nicht vereinbar, ihm gegen seinen Willen einen Arbeitgeber aufzuoktroyieren und ihn zur Kündigung zu zwingen, falls er das Arbeitsverhältnis nicht mit dem neuen Arbeitgeber fortsetzen wolle.[41]

In der Literatur ist diese vom Bundesarbeitsgericht entwickelte Korrektur des § 613a I 1 BGB teilweise auf Zustimmung,[42] überwiegend aber auf Ab-

---

[38] Zum Widerspruchsrecht beim Übergang des Arbeitsverhältnisses bei einer Spaltung nach dem neuen Umwandlungsrecht, *Boecken*, ZIP 1994, 1087, 1091 ff.

[39] *Erman/Hanau*, § 613a Rdnr. 49.

[40] BAG AP Nr. 1, 8, 10, 21, 37, zu § 613a BGB; BAG ZIP 1987, 529, = EWiR 1987, 355, (*Tschöpe*), = AP Nr. 55 zu § 613a BGB mit Anm. *Herschel*; BAG ZIP 1990, 120 = EWiR 1989. 1189, (*Joost*) = AP Nr. 81 zu § 613a BGB; zuletzt dazu BAG ZIP 1991, 334 = EWiR § 613a BGB 1991, 253, (*Joost*).

[41] AG AP Nr. 1 zu § 613a BGB.

[42] Umfangreiche Nachweise bei *Pietzko*, S. 230., FN 6.

lehnung gestoßen.[43] Das Bundesarbeitsgericht hält jedoch ungeachtet dieser Kritik weiterhin an dem Widerspruchsrecht fest.[44]

In jüngster Zeit ist dieses Widerspruchsrecht auch "einigen luxemburgischen Erschütterungen"[45] ausgesetzt gewesen. In der arbeitsrechtlichen Literatur war umstritten, ob das Widerspruchsrecht des Arbeitnehmers nach der Rechtsprechung des EuGH noch mit der dem § 613a BGB zugrundeliegenden Richtlinie 77/187/EWG[46] vereinbar ist.[47] Diesem Streit hat der EuGH mit dem Urteil vom 16.12.1992 ein Ende bereitet.[48] Danach ist die Rechtsprechung des Bundesarbeitsgerichts zum Widerspruchsrecht des Arbeitnehmers mit dem europäischen Recht vereinbar.[49]

Für die arbeitsrechtliche Praxis ist damit auch künftig von der Existenz eines Rechts des Arbeitnehmers auf Widerspruch gegen den Übergang seines Arbeitsverhältnisses auf den Betriebserwerber auszugehen.

1. Das individuell ausgeübte Widerspruchsrecht

Kommt es bei der Betriebsaufspaltung zu einem Übergang des Betriebs nach § 613a I 1 BGB,[50] kann der einzelne Arbeitnehmer dagegen sein Widerspruchsrecht ausüben.[51] Sein Arbeitsverhältnis bleibt damit bei dem bisherigen Arbeitgeber, der veräußernden Besitzgesellschaft, bestehen. Nur in selte-

---

[43] Umfangreiche Nachweise bei *Pietzko*, S. 230, FN 7. *Pietzko* selbst lehnt nach einer ausführlichen Untersuchung die Zulässigkeit des Widerspruchsrechts ab, vgl. S. 229ff. und 271.

[44] Vgl. zuletzt BAG ZIP 1991, 334 = EWiR § 613a BGB 1991, 253, (*Joost*).

[45] *Joost*, ZIP 1993, 178.

[46] Dazu *MünchKomm/Schaub*, § 613a Rdnr. 1.

[47] Dieser Streit entbrannte nach dem Urteil des EuGH Slg. 1988, 2559, Rz. 14 - Berg/Besselsen. Ausführlich dazu *v. Alvensleben*, S. 235ff. und S. 264ff. Für die Vereinbarkeit der Widerspruchsfrist mit Art. 7 der Richtlinie 77/187 EWG: BAG AP Nr. 21 zu § 613a BGB unter II 2 a der Gründe; *Däubler*, NZA 1991, 134; *Heither*, NZA 1991, 136; *Hitzfeld*, BB 1991, 199; *Jaeger*, DB 1990, 137; *Joost*, ZIP 1991, 220; *Löw*, DB 1991, 546; *Oetker*, NZA 1991, 137; *Seiter*, Betriebsinhaberwechsel, S. 66f. A.A.: *Bauer*, NZA 1990, 881; ders., NZA 1991, 139; *Meilicke*, DB 1990, 1770; ders., DB 1991, 1326.

[48] EuGH, DB 1993, 230 = ZIP 1993, 221 = EWiR Art. 3 RL 77/187/EWG 1/93 mit Anm. v. *Blomeyer*.

[49] Zu diesem Urteil des EuGH, vor allem dem danach gemeinschaftsweit anerkannten Grundrecht des Arbeitnehmers auf freie Wahl des Arbeitgebers, *Joost*, ZIP 1993, 178. Vgl. auch *Blomeyer*, EWiR, Art. 3 RL 77/187/EWG 1/93; *Birk*, EuZW 1993, 156ff.; *Elrich*, NZA 1993, 635ff.; *Oetker*, DZWiR 1993, 136ff.

[50] Siehe dazu oben, 1. Kap. B. I. 2.

[51] Zu den Rechtsproblemen im einzelnen im Zusammenhang mit dem Widerspruchsrecht, vgl. *Pottmeyer*, ZFA 1989, 239ff., und *Gaul*, ZFA 1990, 87ff.

neren Ausnahmefällen verfügt diese jedoch über Weiterbeschäftigungsmöglichkeiten, da sich ihr Aufgabenbereich zumeist nur auf die Verwaltung des Anlagevermögens beschränkt, während der gesamte betriebliche Bereich auf die Betriebsgesellschaft übergegangen ist. Mangels einer anderweitigen Weiterbeschäftigungsmöglichkeit steht der Besitzgesellschaft dann nach § 1 II 1 KSchG die Möglichkeit einer betriebsbedingten Kündigung offen. Daran ändert auch die Tatsache nichts, daß die Weiterbeschäftigungsmöglichkeit unternehmensbezogen zu prüfen ist,[52] da die Besitzgesellschaft nach der Aufspaltung ein rechtlich selbstständiges Unternehmen ist.[53] Für die danach zu kündigenden Arbeitnehmer, die dem Übergang ihres Arbeitsverhältnisses widersprochen haben, sind zudem Sozialplanleistungen nach § 112 V Nr. 2 S. 2 BetrVG ausgeschlossen. Der Ausschluß von Sozialplanleistungen erfolgt hier deshalb, weil die Arbeitnehmer die von § 613a I 1 BGB gewährte Möglichkeit der Weiterbeschäftigung in einem zumutbaren Arbeitsverhältnis im Sinne von § 112 V Nr. 2 S. 2 BetrVG (auf dem bisherigen Arbeitsplatz) durch die Ausübung des Widerspruchsrechts vereitelt haben.[54]

Das individuell ausgeübte Widerspruchsrecht bringt dem Arbeitnehmer somit keine (haftungsrechtlichen) Vorteile, sondern birgt vielmehr umgekehrt die Gefahr des Arbeitsplatzverlusts in sich.[55] Als Hilfsinstrument gegen die haftungsrechtlichen Nachteile der Betriebsaufspaltung ist es somit für den einzelnen Arbeitnehmer ein "recht stumpfes Schwert".[56]

---

[52] *Hueck/v. Hoyningen-Huene*, § 1 KSchG Rdnr. 391.

[53] Zu den Ansätzen, hier einen "konzerndimensionalen" Kündigungsschutz zu befürworten, unten unter III.

[54] Ebenso *Belling/Collas*, NJW 1991, 1919, 1921; *Jaeger*, BB 1988, 1036, 1040 m.w.N. Dazu *Däubler*, in DKKS, § 112, 112a BetrVG Rdnr. 64ff., und *Hess/Schlochauer/Glaubitz*, § 112 BetrVG Rdnr. 153ff.

[55] Dies ist allenfalls bei solchen Arbeitnehmern anders, die über wichtige Spezialkenntnisse verfügen, oder an deren Verbleib der Arbeitgeber ein sonstiges besonderes Interesse hat. Dazu *Gaul*, ZFA 1990, 87, 91, und *Borngräber*, S. 112.

[56] *Willemsen*, Tendenzen, S. 74; *Bork*, BB 1989, 2181, 2183. Ebenso im Ergebnis *Belling/Collas*, NJW 1991, 1919, 1920; *Salje*, NZA 1988, 449, 451. Um dieses Ergebnis zu verdeutlichen, schlägt *Wendeling-Schröder*, S. 367, 374 folgende Ergänzung der bisherigen Rechtslage vor. Danach soll der Arbeitnehmer nach der Ausübung des Widerspruchsrechts die Möglichkeiten erhalten, beim bisherigen Arbeitgeber zu verbleiben und zugleich im Betrieb des Betriebserwerbers arbeiten zu können, ohne daß zu diesem ein Beschäftigungsverhältnis entsteht. Dies wird als "effektiviertes" Widerspruchsrecht verstanden.

2. *Das kollektiv ausgeübte Widerspruchsrecht*

a) Problemstellung

Zu einer weitaus wirkungsvolleren Waffe kann das Widerspruchsrecht jedoch werden, wenn es kollektiv, zum Beispiel von der gesamten Belegschaft ausgeübt wird. Das hätte zur Folge, daß die Arbeitsverhältnisse der widersprechenden Belegschaft bei der Besitzgesellschaft verbleiben, während die Betriebsgesellschaft arbeitnehmerlos bleibt. Die Besitzgesellschaft ist dann vor die Wahl gestellt, der gesamten Belegschaft durch eine (dann häufig) sozialplanpflichtige Massenentlassung[57] zu kündigen. Ansonsten kann sie nur noch die Durchführung der Betriebsaufspaltung verschieben oder ganz davon Abstand nehmen. Ein kollektiv ausgeübter Widerspruch durch die Arbeitnehmer erscheint damit in jedem Fall als Druckmittel geeignet, um im Fall einer Betriebsaufspaltung Vergünstigungen vielerlei Arten vom Arbeitgeber zu erzwingen.[58] Zugleich liegt der große Vorteil für die Arbeitnehmer bei diesem Vorgehen darin, daß sie, anders als bei der individuellen Ausübung des Widerspruchsrechts, nicht den Verlust ihres Arbeitsplatzes riskieren.[59] Denn für eine plötzliche sozialplanpflichtige Entlassung der gesamten oder überwiegenden Belegschaft wird sich kaum ein Arbeitgeber entscheiden. Jedes andere Ergebnis kann folglich nur darin bestehen, daß die Betriebsaufspaltung ganz unterbleibt, womit eine betriebsbedingte Kündigung der widersprechenden Arbeitnehmer ausscheidet, oder aber unter entsprechenden Vergünstigungen für die Arbeitnehmerseite erfolgt.[60] Es verwundert daher auch nicht, daß ein solches Vorgehen von einigen Autoren nachdrücklich empfohlen wird.[61]

Vor diesem Hintergrund gewinnt die Frage nach der Zulässigkeit des Einsatzes des Widerspruchsrechts als kollektives Druckmittel der Arbeitnehmer an Bedeutung.

b) Der Meinungsstand in der Literatur

Während es bisher an Stellungnahmen der Rechtsprechung zu dieser Frage gänzlich mangelt, finden sich in der Literatur einige, wenn auch zumeist

---

[57] Dazu *Willemsen*, Tendenzen, S. 75.

[58] Zu den möglichen Auswirkungen, *Pietzko*, S. 319f.

[59] Ebenso *Weiß*, S. 38f., mit dem Argument, eine eingespielte Belegschaft könne kurzfristig nicht ausgewechselt werden.

[60] So *Pietzko*, S. 233.

[61] So von *Blank*, u.a., S. 253f.

spärliche Ausführungen hierzu. Ausführlich hat sich als einziger *Pietzko* mit diesem Problem befaßt.[62] Die übrigen Literaturmeinungen lassen sich in zwei Gruppen einteilen.

Nach einer Auffassung ist die gemeinsame Ausübung des Widerspruchsrechts durch die Arbeitnehmer grundsätzlich möglich, allerdings dann rechtsmißbräuchlich, wenn bestimmte Grenzen überschritten werden.[63] *Seiter*[64] möchte die allgemeinen Kampfgrenzen heranziehen, *Gaul*[65] hingegen sucht in § 242 BGB eine Schranke für den Rechtsmißbrauch. Die innerhalb dieser Grenzen vertretene grundsätzliche Zulässigkeit der kollektiven Ausübung des Widerspruchsrechts beruht auf der Überzeugung, daß das dem einzelnen Arbeitnehmer zustehende Widerspruchsrecht ebensogut von mehreren Arbeitnehmern als Summe der Einzelindividuen geltend gemacht werden könne.

Nach der anderen Auffassung ist - mit derselben Begründung - die schrankenlose Zulässigkeit der kollektiven Ausübung des Widerspruchsrechts zu bejahen.[66] Das wird zum einen auf den Vergleich mit der grundsätzlich zulässigen gemeinsamen Ausübung des vertraglichen Zurückbehaltungsrechts gestützt, zum andern mit dem "rein defensiven Charakter"[67] des kollektiven Widerspruchs, der nur auf die Aufrechterhaltung des "status quo"[68] ziele.[69]

c) Der Lösungsvorschlag von *Pietzko*

Pietzko hat einen Lösungsvorschlag vorgelegt,[70] der sich von allen anderen Standpunkten zu dieser Frage grundlegend unterscheidet. Er enthält ein systematisches Konzept, aus dem sich deduktiv für verschiedene Fallkonstellationen

---

[62] *Pietzko*, S. 232f., und insbesondere S. 316ff. Dazu unten, unter c).

[63] *Bauer*, S. 58f; *Gaul*, ZFA 1990, 87, 91; *Seiter*, S. 74f.

[64] A.a.O.

[65] A.a.O.

[66] *Blank*, u.a., S. 253ff.; *Hüper*, S. 93f., 168f. und für die Betriebsaufspaltung S. 255ff.; *Simon*, ZFA 1987, 311, 334f.; *Weiß*, S. 38ff., mit zweifelhaften Argumenten gegen die Rechtsmißbrauchsschranke, S. 40ff.

[67] *Blank*, u.a., S. 254.

[68] *Simon*, a.a.O., S. 335.

[69] Eine Reihe von weiteren Stimmen in der Literatur erwähnt die Möglichkeit der Ausübung des kollektiven Widerspruchsrechts, ohne jedoch näher darauf einzugehen. Dies ist allerdings konsequent, da diese Autoren das Widerspruchsrecht des Arbeitnehmers bei § 613a I 1 BGB ohnehin ablehnen, so *Bracker*, S. 42; *Borngräber*, S. 112; *Wendling*, S. 148f.

[70] Vgl. dazu *Pietzko*, S. 316ff.; dem folgend *Erman/Hanau*, § 613a BGB Rdnr. 60.

der Ausübung des kollektiven Widerspruchsrechts jeweils die Frage seiner Zulässigkeit relativ eindeutig entscheiden läßt. So unterscheidet *Pietzko* die Fallgruppen nach den möglichen Zielsetzungen eines kollektiv ausgeübten Widerspruchsrechts, sowie nach dessen möglichen Auswirkungen. Dabei differenziert er gemäß den folgenden Zielsetzungen des kollektiv ausgeübte Widerspruchs: Erstens dessen Einsatz als Druckmittel für materielle Vergünstigungen, zweitens als Mittel zur Verhinderung des Betriebsübergangs, und drittens als Mittel zur Vermeidung des konkreten Arbeitgeberwechsels.

Um über die Frage der Zulässigkeit der so gebildeten Fallgruppen entscheiden zu können, schlägt *Pietzko* als Methode den Vergleich mit ähnlichen kollektiven Druckmitteln vor. Dazu zieht er die kollektive Änderungskündigung sowie das kollektive Zurückbehaltungsrecht heran. Bei der Zulässigkeitsprüfung folgt er dem Grundsatz, "daß kollektiv unzulässig bleibt, was bereits individualrechtlich unrechtmäßig ist."[71] Das führt für ihn zu folgendem Ergebnis: Die Ausübung des kollektiven Widerspruchsrechts zur Durchsetzung zusätzlicher Vergünstigungen, wie auch zur Vereitelung des Betriebsübergangs sei schon deshalb rechtsmißbräuchlich, weil es für die Durchsetzung beider Ziele bereits an einem individualrechtlichen Anspruch der Arbeitnehmer fehle, der dies rechtfertigen könnte. Für zulässig erachtet *Pietzko* hingegen einen kollektiven Widerspruch als Mittel zur Ablehnung eines neuen konkreten Arbeitgebers, da die Rechtsprechung um dieser Zwecksetzung willen dem Arbeitnehmer ein individuelles Widerspruchsrecht eingeräumt habe. Allerdings schränkt er auch bei dieser Fallgruppe die Zuläsigkeit des kollektiven Widerspruchs angesichts seiner möglicherweise erheblichen Auswirkungen ein. Zur Durchführung dieser Einschränkung zieht *Pietzko* den Verhältnismäßigkeitsgrundsatz heran. Danach soll die Ablehnung des konkreten neuen Arbeitgebers durch die Belegschaft nur dann zulässig sein, wenn sie auf einem sachlich gerechtfertigten Grund beruht. Eine derart sachlich gerechtfertigte Ablehnung kommt für ihn in drei Fällen in Betracht. Zum einen, wenn der neue Arbeitgeber die Absicht einer baldigen Betriebsstillegung hat, zum zweiten, wenn er die Haftungsgrundlage erheblich vermindern will, und zum dritten, wenn er die Tendenzrichtung des bisherigen Tendenzbetriebs wesentlich ändern will. In diesen Fällen soll die kollektive Ausübung des Widerspruchsrechts grundsätzlich zulässig sein, es sei denn, der Arbeitgeber kann nachweisen, daß dies als unmittelbare Folge eine Betriebsstillegung nach sich zöge.[72]

---

[71] A.a.O., S. 322.

[72] Vgl. dazu die von *Pietzko* gebildete Fallgruppe der Betriebsaufspaltung, bei der es zu einem kollektiven Widerspruch der Belegschaft gegen den Arbeitgeberwechsel und als Folge daraus zur Vereinbarung einer vergütungspflichtigen Arbeitnehmerüberlassung der Besitz- an die Betriebsgesellschaft kommt, S. 107 und 111ff.

d) Stellungnahme

Die angeführten Auffassungen einschließlich des Lösungsvorschlags von *Pietzko* übersehen, daß einem kollektiv ausgeübten Widerspruchsrecht der Arbeitnehmer materiell-rechtliche Bestimmungen entgegenstehen, so daß dieses nicht nur, wie *Pietzko* annimmt, begrenzt wird, sondern gänzlich ausgeschlossen wird.

Üben die Arbeitnehmer in bewußtem und gewolltem Zusammenwirken das ihnen individualrechtlich zustehende Widerspruchsrecht aus, um zur Erreichung eines bestimmten Zieles Druck auf den Arbeitgeber auszuüben, so handelt es sich um eine eigenständige Form des Arbeitskampfes.[73] Da ein "Massenwiderspruch" jedoch ebenso wie die Massenkündigung keine Durchbrechung bestehender arbeitsvertraglicher Verpflichtungen zur Folge hat, bedarf er keiner besonderen Rechtfertigungsgründe.[74] Zu untersuchen ist jedoch, ob sich aus einzelnen Rechtsvorschriften generell oder speziell für bestimmte Fallkonstellationen die Unzulässigkeit des kollektiven Widerspruchs ergibt.[75] Soweit das zu bejahen ist, muß eine Abgrenzung zu der individualrechtlich rechtmäßigen Ausübung des Widerspruchsrechts gefunden werden.

Anhaltspunkte für eine von vornherein festzustellende generelle Unzulässigkeit des kollektiv ausgeübten Widerspruchsrechts sind nicht erkennbar. Eine solche könnte sich allenfalls aus Art. 9 III Grundgesetz, beziehungsweise aus § 74 II 1 BetrVG ergeben. Wie sich bei der Prüfung der insoweit parallel zu beurteilenden Problematik der Zulässigkeit der Massenänderungskündigung bereits ergeben hat, sind beiden Normen generelle Verbote diesbezüglich nicht zu entnehmen. Weder enthält Art. 9/III GG eine Beschränkung der Arbeitskampfmittel auf Streik und Aussperrung, noch läßt sich aus § 74 II 1 BetrVG pauschal ein Kampfverbot für die Arbeitnehmer folgern.[76]

---

[73] Mit dieser Einordnung in einen weit verstandenen Arbeitskampfbegriff, vgl. dazu *Brox/Rüthers*, § 2 Rdnr. 17ff., ist noch nichts über die Zulässigkeit dieser Maßnahme ausgesagt. Für die Einordnung des kollektiven Widerspruchs als Arbeitskampfmaßnahme spricht insbesondere, daß auch die kollektive Ausübung des Kündigungsrechts der Arbeitnehmer, das ebenso wie das Widerspruchsrecht ein individualrechtliches Gestaltungsrecht ist, ganz überwiegend als arbeitskampfrechtliche Maßnahme betrachtet wird, vgl. *Brox/Rüthers*, § 15 Rdnr. 548; *Seiter*, Streikrecht, S. 387ff. Andere Auffassung *Löwisch*, Schlichtungsrecht, Rdnr. 457, *Weiß*, S. 42ff., der von "koordiniertem Widerspruch" spricht.

[74] So *Brox/Rüthers*, § 15 Rdnr. 550 für die Massenkündigung.

[75] Insoweit ist die Methode von *Pietzko* zu kritisieren, die Rechtmäßigkeitsgrenzen des kollektiven Widerspruchs durch einen Vergleich mit ähnlichen kollektiven Druckmitteln abstecken zu wollen, vgl. Pietzko, S. 320. Richtiger erscheint es vielmehr, die Rechtmäßigkeitsgrenzen bei jeder Arbeitskampfform gesondert anhand der generellen und speziellen Kampfverbote zu ermitteln.

Damit stellt sich die Frage nach speziellen Kampfverboten, die einem kollektiv ausgeübten Widerspruchsrecht entgegenstehen könnten. Während Gaul[77] und Seiter[78] als Rechtmäßigkeitsschranken lediglich die im Arbeitskampfrecht entwickelten allgemeinen Kampfgrenzen[79] heranziehen wollen, hat bereits *Pietzko* insoweit das Feld zulässiger kampfweiser Betätigung der Arbeitnehmer erheblich verkleinert. Er hat zutreffend zwei gesetzliche Schranken ermittelt, die die Einsatzmöglichkeiten des kollektiven Widerspruchsrechts durch die Belegschaft drastisch mindern. Die eine Schranke ergibt sich aus der Rechtsnatur des Widerspruchsrechts selbst. Dieses ist als Gestaltungsrecht[80] bedingungsfeindlich[81] und kann daher nicht mit einem Widerrufsvorbehalt verbunden werden.[82] Daraus hat sich bereits ergeben, daß der kollektiv ausgeübte Widerruf als Druckmittel zur Durchsetzung irgendwelcher materieller Vergünstigungen nicht eingesetzt werden kann.[83] Vielmehr ist der widersprechende Arbeitnehmer an den erklärten Widerspruch gebunden.[84] Die vor allem von gewerkschaftlich orientierten Autoren empfohlene Vorgehensweise, mit dem kollektiven Widerspruch zu drohen, wenn nicht bestimmte Bedingungen erfüllt würden, um auf diese Weise den Arbeitgeber zu zwingen, "sich mit dem Betriebsrat über die Modalitäten des Betriebsinhaberwechsels zu verständigen"[85], ist schon von daher als rechtsmißbräuchlich zu qualifizieren.

Die andere materiellrechtliche Schranke hat *Pietzko* den Gesetzesmaterialien zu § 613a BGB entnommen. Daraus ergibt sich, daß der Gesetzgeber dem Betriebsinhaberwechsel bewußt nicht als sozialplanpflichtige Maßnahme ausgestalten wollte;[86] ebensowenig wollte er den Übergang des Betriebs von einem Mitbestimmungsrecht des Betriebsrats abhängig machen.[87] Ein kollektiv ausgeübtes Widerspruchsrecht und damit ein faktisches Mitbestimmungs-

---

[76] So *Brox/Rüthers*, § 15 Rdnr. 551 m.w.N.

[77] Siehe oben, unter b).

[78] Siehe oben, unter b).

[79] Dazu *Seiter*, Streikrecht, S. 513ff.

[80] Zur Rechtsnatur des Widerspruchsrechts zuletzt *Gaul*, ZFA 1990, 87, 90.

[81] Dazu *Pietzko*, S. 286f.

[82] A.a.O., S. 292f.

[83] So *Pietzko*, S. 321f.

[84] *Staudinger/Richardi*, § 613a BGB Rdnr. 135.

[85] *Blank*, u.a., S. 255.

[86] Nachweis bei *Pietzko*, S. 322, FN 463.

[87] Dazu Nachweis bei *Pietzko*, S. 323, FN 466. Ein derartiges Mitbestimmungsrecht wäre auch

recht der Belegschaft zur Verhinderung des Betriebsübergangs wäre damit schwerlich vereinbar.[88]

Innerhalb dieser Schranken bleibt nach der Auffassung von *Pietzko* jedoch ein Bereich zulässiger Ausübung des kollektiven Widerspruchrechts übrig. Dieser wird durch das individualrechtlich legitime Anspruchsziel der Verhinderung des neuen konkreten Arbeitgebers beschrieben. Dessen faktische Ablehnung durch die Arbeitnehmer mittels des kollektiven Widerspruchs soll dann gerechtfertigt sein, wenn der Arbeitgeber die Absicht einer baldigen Betriebsstillegung hat, wenn er die Haftungsgrundlage vermindern will, oder wenn er die Tendenzrichtung des Tendenzbetriebs ändern möchte. Davon verdient der zweite Grund, die Ablehnung des Betriebsübergangs wegen einer wesentlichen Verminderung der Haftungsgrundlagen, im vorliegenden Zusammenhang besondere Aufmerksamkeit. Denn hierdurch wird der Regelfall der Betriebsaufspaltung beschrieben.

Auch insoweit existiert jedoch eine materiell-rechtliche Schranke für die Ausübung des kollektiven Widerspruchsrechts, die diesem keinen Raum läßt. Hier wird der Arbeitskampf als Konfliktlösungsmittel in einem Bereich ermöglicht, in dem die Rechtsordnung die jeweiligen Entscheidungsbefugnisse der Betriebspartner bereits abschließend normiert hat. Der Betriebsübergang nach § 613a BGB mit seinen Modalitäten ist ein Unterfall der wirtschaftlichen Angelegenheiten im Sinne des § 106 III Nr. 10 BetrVG.[89] Bei diesen sind den Arbeitnehmern lediglich auf Beratung und Unterrichtung durch den Unternehmer bezogene Rechte eingeräumt, nicht jedoch echte Mitbestimmungsrechte.[90] Bei Anerkennung eines kollektiven Widerspruchsrechts wäre der Betriebsübergang jedoch faktisch von der Mitwirkung durch die Arbeitnehmer abhängig.[91] Abgestufte Mitwirkungs- und Mitbestimmungsrechte der Arbeitnehmer sieht das Betriebsverfassungsgesetz mit den Instrumenten des Interessenausgleichs und des Sozialplans aber nur für die Fälle der Betriebsänderung vor (§§ 111 ff.BetrVG). Die dazu vom Betriebsverfassungsgesetz getrof-

---

mit Art. 1 I und 3 I der Richtlinie 77/187 EWG nicht vereinbar, die dem § 613a BGB zugrundeliegt. Vgl. dazu *v. Alvensleben*, S. 112 und S. 237.

[88] So *Pietzko*, S. 323.

[89] *Hess/Schlochauer/Glaubitz*, § 106 BetrVG, Rdnr. 49. Eine geplante Betriebsaufspaltung bezieht *Wlotzke*, BetrVG § 106 BetrVG 4. j) ausdrücklich ein.

[90] *Dietz/Richardi*, Vorbem. zu § 106 BetrVG, Rdnr. 4.

[91] Dagegen spricht auch das historische Argument, das aus den Gesetzesmaterialien zu § 613a BGB hervorgeht, wonach der Betriebsübergang ausdrücklich nicht der Mitbestimmung des Betriebsrats unterworfen werden sollte. Vgl. BT-Drucks. VI/1786, S. 59.

fenen Regelungen bezwecken aber gerade einen Ausgleich zwischen den schutzwürdigen Belangen der Arbeitnehmer auf der einen Seite und der dem Unternehmer verfassungsrechtlich garantierten Entscheidungsfreiheit auf wirtschaftlichem Gebiet auf der anderen Seite.[92] Ein Recht der Arbeitnehmer auf kampfweise Betätigung - gestützt auf den wirtschaftlichen Grund der beabsichtigten Verminderung der Haftungsmasse - ist mit den Regelungen des Betriebsverfassungsrechts über die wirtschaftlichen Angelegenheiten nicht in Einklang zu bringen.[93]

Keine andere Beurteilung ergibt sich für die beiden anderen Gründe, auf die nach Auffassung von *Pietzko* eine Ablehnung eines neuen, konkreten Arbeitgebers durch die Belegschaft gestützt werden kann. Für eine (vom Betriebserwerber) beabsichtigte Betriebsstillegung enthalten die §§ 111 ff. BetrVG detaillierte Regelungen zur Lösung des Interessenkonfliktes zwischen dem Arbeitgeber und den Arbeitnehmern. Diese können durch die Anerkennung eines Kollektivwiderspruches der Belegschaft nicht umgangen werden. Gleiches gilt schließlich auch für die geplante Änderung der Tendenzrichtung eines Tendenzbetriebs, dem dritten Grund, der nach *Pietzko* ein kollektives Widerspruchsrecht rechtfertigt. Der Gesetzgeber hat in § 118 I BetrVG bestimmt, daß die Verwirklichung grundrechtsgeschützter Tendenzbetriebe durch etwaige Mitbestimmungsrechte nicht beschränkt werden darf.[94] Damit soll gerade die Möglichkeit gewährleistet werden, die Tendenzrichtung zu ändern. Auch diese gesetzliche Regelung darf durch einen kollektiven Widerspruch der Arbeitnehmer nicht umgangen werden. Es zeigt sich somit, daß die angeführten speziellen Zulässigkeitsschranken den Anwendungsbereich eines kollektiv ausgeübten Widerspruchsrechts der Arbeitnehmer nicht nur beschränken, sondern sogar gänzlich ausschließen.

Damit stellt sich allerdings die Frage, wie sich dieses Ergebnis mit der an sich zulässigen individuellen Ausübung des Widerspruchsrechts durch den einzelnen Arbeitnehmer vereinbaren läßt. Es ist offensichtlich, daß sich diese Abgrenzung nicht rein quantitativ durchführen läßt, zumal die bloße Ausübung des Widerspruchsrechts durch mehrere Arbeitnehmer allein nicht bereits einen Rechtsmißbrauch signalisieren kann. Für die Abgrenzung muß folglich ein qualitativer Unterschied maßgeblich sein. Tatsächlich beruht der erhebliche Druck, der von einem in bewußtem und gewolltem Zusammenwirken der Arbeitnehmer ausgeübten Widerspruch ausgeht, nicht allein auf der bloßen

---

[92] Vgl. *Hess/Schlochauer/Glaubitz*, § 112 BetrVG, Rdnr. 6.

[93] A.a. *Weiß*, S. 44f., der auf § 106 III Nr. 10 BetrVG jedoch gar nicht eingeht.

[94] Vgl. *Wlotzke*, § 118 BetrVG, I.

Addition der Zahl der Widersprechenden.[95] Die besondere unzulässige Druckentfaltung kommt erst dadurch zustande, daß zu dem objektiven Element der gemeinsamen Ausübung des Widerspruchsrechts auch ein subjektives hinzukommt. Das ist das bewußte Ausnützen des gemeinsam erzeugten DruCkes.[96] Liegt bei einer Ausübung des Widerspruchsrechts durch mehrere Arbeitnehmer neben der objektiven Komponente (gemeinsame Ausübung des Widerspruchsrechts) auch die subjektive Komponente vor (bewußtes Ausnützen des erzeugten Drucks), ist ein qualitatives "Umschlagen" in eine Kampfmaßnahme anzunehmen. Damit ist auch der Begriff des "kollektiv" ausgeübten Widerspruchsrechts im Gegensatz zur individuellen Ausübung des Widerspruchsrechts durch mehrere umschrieben. Indizien für das Vorliegen eines kollektiv ausgeübten Widerspruchs sind die Vertretung[97] oder auch die Organisation[98] der Arbeitnehmer sowohl durch die Gewerkschaft, als auch durch den Betriebsrat. Liegt danach ein kollektiv ausgeübtes Widerspruchsrecht der Arbeitnehmer vor, ist dieses aufgrund der dargestellten Kampfverbote rechtsmißbräuchlich, (§ 242 BGB). Die Arbeitsverhältnisse gehen in diesem Falle auf den neuen Betriebsinhaber über. Handelt es sich hingegen um eine rechtmäßige Ausübung des Widerspruchsrechts durch mehrere, ist sie in jedem Einzelfall als wirksam zu behandeln.[99]

Das kollektive Widerspruchsrecht der Belegschaft kommt somit als zulässiges Schutzinstrument gegen die haftungsrechtlichen Nachteile der Betriebsaufspaltung nicht in Betracht.

---

[95] In diesem Sinne auch *Willemsen*, Tendenzen, S. 75.

[96] Insofern ähnlich zu der Frage, wann bei einer Massenänderungskündigung eine kollektive Maßnahme vorliegt, *Knevels*, BB 1968, 1249f.

[97] Dies wird von *Blank*, u.a., S. 255, vorgeschlagen.

[98] Eine Organisation des kollektiv ausgeübten Widerspruchsrechts durch die Gewerkschaft hält *Pietzko* für zulässig, a.a.O., S. 327; ebenso *Weiß*, S. 42. Dies steht jedoch im Widerspruch zu § 74 II 1 BetrVG. Vgl. dazu auch *Löwisch*, Schlichtungsrecht, Rdnr. 734ff., insb. 736.

[99] Sollte sich in solch einem Fall die unwahrscheinliche Konsequenz ergeben, daß ein Betriebsübergang deshalb scheitert, erscheint eine Lösung des Konflikts zwischen den Interessen der übergangswilligen Arbeitnehmer und des Arbeitgebers, sowie den widersprechenden Arbeitnehmern anhand des Verhältnismäßigkeitsgrundsatzes denkbar. *Pietzko* folgend, vgl. a.a.O, S. 324f., müßte dann je nach den sachlichen Gründen für die Ausübung des Widerspruchsrechts im Einzelfall, sowie den Auswirkungen insgesamt eine Interessenabwägung vorgenommen werden.

III. Haftungsrechtlicher Schutz als Reflex des Kündigungsschutzes

1. Problemstellung

Der Vorgang der typischen Betriebsaufspaltung stellt die Arbeitnehmer vor die Alternative, entweder über § 613a/I 1 BGB einem neuen "armen" Arbeitgeber zugeordnet zu werden, oder aber ihr Widerspruchsrecht auszuüben mit der Folge, daß ihr Arbeitsverhältnis unverändert mit der Besitzgesellschaft als dem bisherigen Arbeitgeber aufrechterhalten bleibt. Allerdings besteht dann das Risiko einer betriebsbedingten Kündigung nach § 1 II 1 KSchG. Dieses Risiko realisiert sich, wenn der bisherige Arbeitgeber keine Möglichkeit mehr hat, den widersprechenden Arbeitnehmer anderweitig zu beschäftigen (§ 1 II 1 KSchG).

Die enge personelle und wirtschaftliche Verflechtung der Unternehmen einer Betriebsaufspaltung legt freilich die Überlegung nahe, auch die Weiterbeschäftigungsmöglichkeiten im jeweils anderen aufgespaltenen Unternehmen mitzuberücksichtigen. Für die eingangs beschriebene Situation hätte das zur Folge, daß die Besitzgesellschaft einem widersprechenden Arbeitnehmer mangels eigener Weiterbeschäftigungsmöglichkeiten so lange nicht kündigen kann, als noch bei der Betriebsgesellschaft Weiterbeschäftigungsmöglichkeiten bestehen.

Für die Ausdehnung des Kündigungsschutzes über die Grenze des einzelnen Unternehmens hinaus auf die Gruppe der aufgespaltenen Unternehmen kommen zwei Ansatzpunkte in Betracht. Der nach dem Kündigungsschutzgesetz ausgestaltete Schutz des Arbeitnehmers vor einer betriebsbedingten Kündigung ist nach dem Wortlaut des § 1 II 1 KSchG betriebsbezogen und darüberhinaus seit der Neufassung des § 1 II 2, 3 KSchG durch das BetrVG 1972 auch unternehmensbezogen. Ließe sich begründen, daß die aufgespaltenen Unternehmen gemeinsam einen einheitlichen Betrieb im Sinne des KSchG bildeten, wäre das eine Möglichkeit, den Kündigungsschutz über die Grenze des einzelnen Unternehmens auszudehnen.[100] Die andere Möglichkeit besteht darin, die aufgespaltenen Unternehmen insgesamt als ein einheitliches Unternehmen im kündigungsschutzrechtlichen Sinne zu betrachten.[101]

Auf diese Weise kommt aber nicht nur ein erweiterter Kündigungsschutz bei den Unternehmen einer Betriebsaufspaltung in Betracht. Vielmehr ergibt sich dann auch die Möglichkeit einer haftungsrechtlichen Besserstellung der Arbeit-

---

[100] Dazu unten, unter 2.

[101] Dazu unten, unter 3.

nehmer.[102] Dieser sieht dann folgendermaßen aus: Der Arbeitnehmer widerspricht der Überleitung seines Arbeitsverhältnisses auf die Betriebsgesellschaft. Diese bleibt weiterhin in der Arbeitgeberstellung; die Möglichkeit der betriebsbedingten Kündigung ist ihr jedoch verwehrt, da sie in der Lage ist, den Arbeitnehmer im Unternehmen der Betriebsgesellschaft weiterzubeschäftigen. Für die Arbeitnehmer wäre damit eine Art haftungsrechtlicher "Königsweg" in Fallgestaltungen der Betriebsaufspaltung geebnet. Mit der Ausübung des Widerspruchsrechts könnten sie verhindern, die "arme" Betriebsgesellschaft als neuen Arbeitgeber zu erhalten. Stattdessen behielten sie die Besitzgesellschaft als Arbeitgeber, (und damit auch das bei ihr befindliche Vermögen als Zugriffsobjekt), zugleich aber auch ihre Arbeitsplätze bei der Betriebsgesellschaft.

Der weiteren Untersuchung sind damit zwei Fragen aufgegeben. Zum einen ist die Reichweite des Kündigungsschutzes bei der Betriebsaufspaltung zu ermitteln. Anschließend wird untersucht, ob sich mit der Ausdehnung des Kündigungsschutzes eine haftungsrechtliche Besserstellung der Arbeitnehmer verbinden kann.

2. *Die aufgespaltenen Unternehmen als einheitlicher Betrieb im Sinne des Kündigungsschutzgesetzes*

Die unternehmensübergreifende Rechtsfigur des einheitlichen Betriebs mehrerer Rechtsträger ist sowohl im Betriebsverfassungsrecht[103], als auch im Kündigungsschutzrecht[104] anerkannt. Während dort die Schaffung einer überbetrieblichen Arbeitnehmervertretung im Vordergrund steht, geht es hier darum, den Kündigungsschutz über die Unternehmensgrenzen auszudehnen. Hier ist von Interesse, inwieweit das auch für die Unternehmen der Betriebsaufspaltung gilt.

---

[102] Statt aller *Bork*, BB 1989, 2181, 2183.

[103] Ständige Rechtsprechung des BAG seit BAGE 27, 359; BAG AP Nr. 10 zu § 3 BetrVG; BAG AP Nr. 1, 2, 5, 6, 9 zu § 1 BetrVG 1972; *Trümmer*, in: *Däubler/Kittner/Klebe/Schneider*, § 1 BetrVG, Rdnr. 73ff.; *Dietz/Richardi*, § 1 BetrVG, Rdnr. 85; *Fitting/Auffarth/Kaiser*, § 1 BetrVG, Rdnr. 49ff.; *Hess/Schlochauer/Glaubitz*, § 1 BetrVG, Rdnr. 7; *Wlotzke*, § 1 II 1.b). Zuletzt *Wiese*, in: Festschrift Gaul, S. 553ff., und *Sick*, BB 1992, 1129ff. A.A. *Gamillscheg*, ZFA 1975, 360ff.; ebenso *Joost*, Betrieb, S. 257ff., der sich mit seinem eigenen Betriebsbegriff, vgl. S. 241ff., 361ff., allerdings gänzlich von demjenigen der h.M. entfernt. Kritisch *Kohte*, RdA 1992, 302ff.; zuletzt dazu *Zöllner*, Betriebsnutzung, S. 995ff.

[104] Ständige Rechtsprechung des BAG seit BAGE 203; BAGE 45, 259; BAGE AP Nr. 10 zu § KSchG 1969. *Hueck/v. Hoyningen-Huene*, § 25 KSchG, Rdnr. 10ff. m.w.N.

a) Die Voraussetzungen des einheitlichen Betriebs

Nach der Rechtsprechung des Bundesarbeitsgerichts können mehrere Unternehmen einen einheitlichen Betrieb bilden, wenn sie mit ihren Arbeitnehmern arbeitstechnische Zwecke innerhalb einer organisatorischen Einheit fortgesetzt verfolgen.[105] Maßgebend ist danach vor allem die Einheit der Organisation,[106] die wiederum eine einheitliche Leitung voraussetzt. Für das Vorliegen einer solchen einheitlichen betrieblichen Leitung verlangt das Bundesarbeitsgericht eine ausdrückliche oder wenigstens stillschweigende rechtliche Leitungsvereinbarung, die sich aber auch aus den tatsächlichen Umständen des Einzelfalls konkludent ergeben kann.[107] Haben sich die Unternehmen in dieser Weise zur Führung des gemeinsamen Betriebs zusammengeschlossen, wird darin zugleich der Zusammenschluß zu einer BGB-Gesellschaft (§ 705 BGB) mit dem Zweck des Betreibens eines einheitlichen Betriebs vermutet.[108]

Verschiedentlich wird die Notwendigkeit des Vorliegens einer rechtlichen Vereinbarung zur Führung des gemeinsamen Betriebs in Zweifel gezogen[109] Dabei wird unter anderem bemängelt, es sei widersprüchlich, einerseits eine Vereinbarung zu verlangen, andererseits doch auf die tatsächlichen Umstände abzustellen.[110] Dem wird wiederum entgegengehalten, die rechtliche Leitungsvereinbarung ergebe sich schon daraus, daß die tatsächliche Zusammenarbeit rechtlich als BGB-Gesellschaft zu bewerten sei.[111] Das Bundesarbeitsgericht stellt außerdem auch deshalb auf tatsächliche Umstände ab, um dem Arbeitnehmer, der eine Weiterbeschäftigung im gemeinsamen Betrieb begehrt und deshalb für das Vorliegen einer rechtlichen Leitungsvereinbarung darlegungs- und beweispflichtig ist, prozessual entgegenzukommen.[112]

Die Notwendigkeit, an das Vorliegen eines gemeinsamen Betriebs hohe Anforderungen zu stellen, wird deutlich, wenn man sich die Folgen seiner

---

[105] So BAG AP Nr. 10 zu § 1 KSchG 1969.

[106] Ausführlich hierzu mit Beispielen aus der Rechtsprechung *Sick*, BB 1992, 1129, 1130ff.

[107] BAG AP Nr. 4 zu § 23 KSchG 1969; BAG AP Nr. 10 KSchG 1969; BAG AP Nr. 30 zu § 15 KSchG 1969; BAG AP Nr. 9 zu § 23 KSchG 1969.

[108] So BAG AP Nr. 1 zu § 47 BetrVG und BAG AP Nr. 1 zu § 1 BetrVG 1972; dazu *Schaub*, § 18 II 1; *MünchArbR/Richardi*, § 30 Rdnr. 40.

[109] LAG Hamm, BB 1985, 1792 = EWiR § 1 BetrVG 1/85 mit Anm. *v. Hoyningen-Huene; Blank*, u.a., S. 138ff.; *Joost*, Betrieb, S. 259f. und 349f.; *Konzen*, Unternehmensaufspaltung, S. 29f. und 114ff.; *Kothe*, RdA 1992, 302, 307, 309; *Wendeling-Schröder*, NZA 1984, 247.

[110] So *Joost*, S. 259.

[111] *Hueck/v. Hoyningen-Huene*, § 23 KSchG, Rdnr. 11 m.w.N.

[112] So *Bork*, BB 1989, 2181, 2184.

Anerkennung im Kündigungsschutzrecht vergegenwärtigt. Die Anwendbarkeit des Kündigungsschutzgesetzes nach § 23 I 2 KSchG richtet sich dann nach der Gesamtzahl der im gemeinsamen Betrieb beschäftigten Arbeitnehmer, ebenso ist die Suche nach Weiterbeschäftigungsmöglichkeiten nach § 1 II 2 Nr. 1 b) KSchG auf den gesamten Gemeinschaftsbetrieb zu erstrecken. Von entscheidender Bedeutung ist aber, daß auch die nach § 1/III KSchG vorzunehmende Sozialauswahl auf den gesamten (einheitlichen) Betrieb zu erstrecken ist. Das kann dazu führen, daß ein sozial weniger schutzbedürftiger Arbeitnehmer des Gemeinschaftsbetriebs, der einem anderen Arbeitgeber zugeordnet ist, zu entlassen ist, damit ein anderer Arbeitnehmer seinen Arbeitsplatz behalten kann. Es ergibt sich also die Notwendigkeit, daß innerhalb des Gemeinschaftsbetriebs Versetzungen oder Kündigungen von Arbeitnehmern, die bei verschiedenen Arbeitgebern beschäftigt sind, auch rechtlich durchsetzbar sein müssen. Nach Auffassung des Bundesarbeitsgerichts ist das der entscheidende Grund, warum die einheitliche Leitung auf einer rechtlichen Grundlage beruhen müsse.[113] Bislang findet sich in der veröffentlichten Rechtsprechung des Bundesarbeitsgerichts kein einziger Fall, in dem die beteiligten Unternehmen eine ausdrückliche Vereinbarung über die gemeinsame Betriebsführung getroffen haben.[114] Letztlich geht es somit immer darum, die tatsächlichen Umstände der Zusammenarbeit mehrerer Unternehmen danach zu bewerten, ob sie den Schluß auf das Vorliegen eines einheitlichen Leitungsapparates zulassen, der die genannten Voraussetzungen für die Anforderungen des Kündigungsschutzes erfüllt. Soweit das zu bejahen ist, wird regelmäßig auch eine rechtliche Grundlage in Gestalt einer BGB-Gesellschaft vorhanden sein. Der Streit, ob eine solche notwendig ist oder nicht, hat damit nur deklaratorische Bedeutung.

Als "Faustregel" läßt sich festhalten, daß ein einheitlicher kündigungsschutzrechtlicher Betrieb umso eher angenommen werden kann, je mehr Gemeinsamkeiten und Organverflechtungen bestehen, aus denen auf eine einheitliche betriebliche Leitung und damit auf die Einheit der Organisation geschlossen werden kann, und umso weniger, je mehr Trennungselemente bestehen.[115]

b) Der einheitliche Betrieb in Fallgestaltungen der Betriebsaufspaltung

Überträgt man dieses Ergebnis auf den Regelfall der Betriebsaufspaltung, so wird sehr schnell deutlich, daß hier nur selten vom Bestehen eines einheitli-

---

[113] So BAG AP Nr. 30 zu § 15 KSchG 1969 unter B.II.2.b) der Gründe.

[114] So *Sick*, BB 1992, 129, 1132.

[115] Ähnlich *Hueck/v. Hoyningen-Huene*, § 23 KSchG, Rdnr. 13.

chen Betriebs, der die Betriebs- und die Besitzgesellschaft umfaßt, ausgegangen werden kann. Da die Besitzgesellschaft sich üblicherweise darauf beschränkt, Vermögensverwaltung zu betreiben, fehlt es an einer einheitlichen arbeitstechnischen Organisation. Es kann zwar wegen der engen personellen Verflechtungen davon ausgegangen werden, daß die unternehmerische Zusammenarbeit von einem einheitlichen Leitungsapparat gesteuert wird. Für die Annahme eines einheitlichen Betriebs genügt das jedoch nicht.[116] Es wird vielmehr verlangt, daß die für die verfolgten arbeitstechnischen Zwecke notwendigen Maßnahmen von einem einheitlichen Leitungsapparat wahrgenommen werden. Das gilt vor allem für die Arbeitgeberfunktionen im Bereich der sozialen und personellen Angelegenheiten (§§ 87ff. und §§ 92 ff. BetrVG).[117] Daran fehlt es im Regelfall der Betriebsaufspaltung jedoch bereits deshalb, weil die Besitzgesellschaft, die nur Vermögensverwaltung betreibt, kaum je Arbeitnehmer beschäftigen wird.

Bei den sogenannten Funktionsaufspaltungen hingegen, bei denen Teile eines Betriebs ausgegründet und rechtlich verselbständigt werden, zeichnet sich ein anderes Ergebnis ab. Die rechtliche Verselbständigung bestimmter Betriebsteile erfolgt in diesen Fällen häufig in erster Linie deshalb, um Haftungsrisiken zu begegnen, während die betrieblichen Abläufe unangetastet bleiben, Daher können in diesen Fällen die technischen oder organisatorischen Verknüpfungen beibehalten werden. Die einheitliche arbeitstechnische Organisation wird daher häufig gewahrt bleiben.[118]

Als Ergebnis ist damit festzuhalten, daß ein einheitlicher Betrieb im kündigungsschutzrechtlichen Sinne im Regelfall der Betriebsaufspaltung nur selten, weitaus häufiger hingegen in den Fallgestaltungen der Funktionsaufspaltung vorzufinden ist.[119]

---

[116] So BAG AP Nr. 10 zu § 1 KSchG 1969 unter A.II.2.b)bb), und BAG AP Nr. 30 zu § 15 KSchG 1969 unter B.II.2.a) der Gründe.

[117] BAG AP Nr. 10 zu § 1 KSchG 1969 und BAG AP Nr. 30 zu § 15 KSchG 1969 a.a.O. Nach BAG AP Nr. 6 zu § 1 BetrVG 1972 liegt die verlangte konkludente rechtliche Vereinbarung schon dann vor, wenn die Arbeitgeberfunktionen im Bereich der sozialen und personellen Angelegenheiten von einem einheitlichen Leitungsapparat wahrgenommen werden, nicht aber die unternehmerischen Funktionen im Bereich der wirtschaftlichen Angelegenheiten.

[118] Vergleiche hierzu BAG AP Nr. 5 zu § 1 BetrVG 1972, dem eine Funktionsaufspaltung zugrundeliegt. In diesem Fall geht es allerdings um einen einheitilchen Betrieb im betriebsverfassungsrechtlichen Sinn.

[119] Ebenso im Ergebnis *Bork*, BB 1989, 2181, 2184.

c) Überleitung der Arbeitsverhältnisse?

In den Fällen, in denen die aufgespaltenen Unternehmen einen gemeinsamen Betrieb bilden, stellt sich die haftungsrechtliche Frage nach der Zuordnung der Arbeitsverhältnisse.

Die gemeinsame Führung des einheitlichen Betriebs durch ein aufgespaltenes Unternehmen könnte auf eine gemeinschaftliche Arbeitgeberstellung dieser Unternehmen schließen lassen.[120] Arbeitgeber der in dem gemeinsamen Betrieb beschäftigten Arbeitnehmer wäre dann die zwischen den aufgespaltenen Unternehmen zur gemeinsamen Führung des Betriebs bestehende BGB-Gesellschaft.[121] Zu einer Überleitung der Arbeitsverhältnisse auf diese Gesellschaft kann es jedoch nur dann kommen, wenn dementsprechende vertragliche Vereinbarungen bestehen. Auch nach der Auffassung des Bundesarbeitsgerichts gibt es im Regelfall jedoch keinerlei Anhaltspunkte für das Vorliegen dahingehender stillschweigender Vereinbarungen. Es entspreche weder den Interessen der Arbeitnehmer, die zumeist vermögenslose BGB-Gesellschaft als neuen Arbeitgeber zu erhalten, noch sei der konkludenten Vereinbarung der Unternehmen über die einheitliche Leitung des Betriebs (BGB-Gesellschaft) ein Wille zu entnehmen, diese zum Arbeitgeber der im aufgespaltenen Unternehmen beschäftigten Arbeitnehmer zu machen.[122] Zu einer gemeinsamen Arbeitgeberstellung der aufgespaltenen Unternehmen wegen der Führung des Gemeinschaftsbetriebs kommt es somit also nicht.[123]

Für die Zuordnung der Arbeitsverhältnisse in den aufgespaltenen Unternehmen ist damit entscheidend, auf welche Weise die Überleitungsnorm des § 613a I 1 BGB auch in dem Fall Anwendung findet, in dem trotz der Unternehmensaufspaltung ein einheitlicher Betrieb fortbesteht. Nach einer Reihe von Auffassungen[124] werden die Rechtsfolgen des § 613a I 1 BGB in den Fällen der Betriebsaufspaltung, in denen ein Gemeinschaftsbetrieb entsteht, nicht ausgelöst. Das wird damit begründet, die Norm des § 613a I 1 BGB setze den

---

[120] Dies hatte das LAG Düsseldorf in einem vergleichbaren Fall angenommen, Urt. v. 14.5.1985, 11 Sa 39/84, nicht veröffentlicht. Dazu BAG AP Nr. 30 zu § 15 KSchG 1969 unter B.III. der Gründe.

[121] Dazu oben unter III.2.a)(1). Zur BGB-Gesellschaft als Unternehmen im betriebsverfassungsrechtlichen Sinn Konzen, S. 94ff. Für eine Übertragung der Arbeitsverhältnisse auf die BGB-Gesellschaft *Kraft*, in: Festschrift für Hilger/Stumpf, S. 395, 404f.

[122] BAG AP Nr. 30 zu § 15 KSchG 1969 unter B.III.3. der Gründe.

[123] Vgl. dazu ausführlich BAG a.a.O. unter B.III.3. - 5. Ebenso *Konzen*, SAE 1988, 94, 96; *Sowka*, DB 1988, 1318. Einen Fall, in dem es zur Überleitung der Arbeitsverhältnisse nach § 613a I 1 BGB auf die BGB-Gesellschaft kommt, beschreibt *Windbichler*, S. 289, FN 15.

[124] *Belling/Collas*, NJW 1991, 1919, 1920; *Peter*, DB 1990, 424, 428; *Schaub*, NZA 1989, 5.

vollständigen Übergang des Betriebs voraus, woran es fehle, wenn der Betrieb nach der Aufspaltung von beiden Unternehmen gemeinsam fortgeführt werde.[125] Die bei dem bisherigen Einheitsunternehmen bestehenden Arbeitsverhältnisse bleiben nach dieser Auffassung bei dem ausgründenden Unternehmen und werden nicht auf das abgespaltene Unternehmen übertragen. Allerdings beziehen sich diese Auffassungen auf den Fall, bei dem eine typische Betriebsaufspaltung zur Bildung eines gemeinsamen Betriebs führt, in dem somit Besitz- und Betriebsgesellschaft den einheitlichen Betrieb bilden.[126]

Ob dem auch für die sogenannten Funktionsaufspaltungen gefolgt werden kann, erscheint zweifelhaft. Bedenken ergeben sich deshalb, weil in diesen Fällen die tatbestandlichen Voraussetzungen des § 613a I 1 BGB, bezogen auf den ausgegliederten Betriebsteil, zumeist vorliegen. Werden beispielsweise aus einem Unternehmen die Produktion und der Vertrieb einer bestimmten (risikobehafteten) Produktgruppe auf einen neuen Rechtsträger übertragen,[127] erlangt dieser nicht nur die dinglichen oder schuldrechtlichen Verfügungsbefugnisse über das diesem Betriebsteil zugehörige Betriebsvermögen. Aus der Tatsache, daß beide Rechtsträger den bisherigen Betrieb weiter als einen Betrieb im kündigungsschutzrechtlichen und betriebsverfassungsrechtlichen Sinn gemeinsam führen, läßt sich auch folgern, daß das ausgegründete Unternehmen auch die arbeitstechnische Organisations- und Leitungsmacht über den ihm übertragenen Betriebsteil erhält.[128] Bezogen auf diese arbeitstechnische Organisationseinheit ist dann von einem Betriebsinhaberwechsel im Sinne des § 613a I 1 BGB auszugehen. Dagegen läßt sich umgekehrt (mit den erwähnten Auffassungen) argumentieren, die auf den ausgegründeten Betriebsteil bezogene Betriebsinhaberstellung gehe nicht im Sinne von § 613a I 1 BGB über, da sie von beiden Unternehmen gemeinsam ausgeübt werde, und daher zumindest teilweise beim alten Unternehmen verbleibe. Daß dennoch der Normzweck des § 613a I 1 BGB auch in diesen Fällen eine Überleitung der in dem ausgegründeten Betriebsteil angesiedelten Arbeitsplätze gebietet, läßt sich durch die folgende Überlegung zeigen. Zweck dieser Norm ist es, den "Gleichlauf" zwischen Arbeitsplatz und Arbeitsverhältnis sicherzustellen.[129] Nimmt man im Falle des Gemeinschaftsbetriebs an, daß die Arbeitsverhältnisse nicht übergehen, wird dieser "Gleichlauf" nicht hergestellt. Daraus resultieren Gefahren, wenn die Voraussetzungen des Gemeinschaftsbetriebs wieder weg-

---

[125] So *Peter*, a.a.O.

[126] Dies wird allerdings nur äußerst selten der Fall sein, vgl. oben III.2.a)(2).

[127] So ist die Fallgestaltung von BAG AP Nr. 30 zu § 15 KSchG 1969.

[128] Dies ist die wesentliche Voraussetzung für den Betriebsinhaberwechsel nach § 613a I 1 BGB, vgl. dazu *Erman/Hanau*, § 613a Rdnr. 24. Ausführlich oben 1. Kap. B.I.1.

[129] Siehe oben, Erstes Kapitel, unter B.I.1.

fallen, dieser also wieder in zwei Betriebe im kündigungsschutzrechtlichen Sinn zerfällt (Aufspaltung des einheitlichen Leitungsapparats[130]). Sind in diesem Fall die Arbeitsverhältnisse beim bisherigen Einheitsunternehmen der ausgegründeten Gesellschaft verblieben, kann diese diejenigen Arbeitnehmer mangels eigener Weiterbeschäftigungsmöglichkeiten betriebsbedingt kündigen, deren Arbeitsplätze sich in dem nunmehr eigenständigen Betrieb der ausgegründeten Gesellschaft befinden. Die Arbeitnehmer sind dann darauf angewiesen, von dieser Gesellschaft übernommen zu werden. Zweck des § 613a/I 1 BGB ist es jedoch gerade, zu verhindern, daß es zu einer solchen Situation kommt, in der Arbeitsplatz und Arbeitsverhältnis "auseinanderdividiert" werden. Deshalb ist auch in den Fällen, in denen mit der Unternehmensaufspaltung die Entstehung eines Gemeinschaftsbetriebs einhergeht, ein Übergang der Arbeitsverhältnisse, die in der ausgegründeten Funktion angesiedelt sind, kraft Gesetzes anzunehmen.[131]

d) Haftungsrechtliche Besserstellung durch die Ausübung des Widerspruchsrechts?

Nach den bisherigen Feststellungen kommt es auch bei den Fallgestaltungen der Betriebsaufspaltung, in denen ein einheitlicher Betrieb fortbesteht, zu einer Überleitung der Arbeitsverhältnisse nach § 613a/I 1 BGB, deren Arbeitsplätze in dem von der ausgegründeten Gesellschaft übernommenen Betriebsteil angesiedelt sind. Hierbei stellt sich die Frage, ob die davon betroffenen Arbeitnehmer durch die Ausübung des Widerspruchsrechts haftungsrechtliche Vorteile erzielen. Dafür spricht, daß in diesen Fällen eine betriebsbedingte Kündigung durch den alten Arbeitgeber fortfällt, da die widersprechenden Arbeitnehmer im gemeinsamen Betrieb weiterbeschäftigt werden können (§ 1/II 1 KSchG). Die Weiterbeschäftigungsmöglichkeit kann dadurch realisiert werden, daß der widersprechende Arbeitnehmer in das eine Betriebsabteilung des gemeinsamen Betriebs bildende andere Unternehmen (auf ihren dahin übergegangenen Arbeitsplatz) "übernommen", bzw. "versetzt" wird.[132]

---

[130] Genau diese Fallgestaltung liegt der Entscheidung von BAG AP Nr. 30 zu § 15 KSchG 1969 zugrunde. Siehe dort auch zur Beendigung der BGB-Gesellschaft im Konkurs.

[131] Ebenso BAG AP Nr. 19 zu § 111 BetrVG 1972 unter II.1. der Gründe, und andeutungsweise BAG AP Nr. 30 zu § 15 KSchG 1969 unter B.VI.1. der Gründe; *Kreßel*, DB 1989, 1623, 1624; *Sowka*, DB 1988, 1318, 1319. Zu den Arbeitsverhältnissen, die sich eindeutig dem einen oder dem anderen Betrieb zuordnen lassen, vgl. oben 1. Kap. B.I.2.b)dd).

[132] Das Bundesarbeitsgericht verwendet beide Begriffe synomym, vgl. dazu BAG AP Nr. 30 zu § 15 KSchG 1969 unter B.II.2.b) und BAG AP Nr. 10 zu § 1 KSchG 1969 unter A.II.2.b)cc) der Gründe.

Für die Frage nach der haftungsrechtlichen Besserstellung ist entscheidend, wie diese "Übernahme" geregelt wird. Führt die Versetzung in das andere Unternehmen zu einem Arbeitgeberwechsel, träte gerade das Ergebnis ein, das der Arbeitnehmer durch die Ausübung seines Widerspruchsrechts verhindern wollte. Wird die Übernahme hingegen dadurch bewerkstelligt, daß das Arbeitsverhältnis, ähnlich wie beim Leiharbeitsverhältnis,[133] aufgespalten wird, wäre ein Schutz vor den haftungsrechtlichen Nachteilen gewährleistet. Der widersprechende Arbeitnehmer wird dann auf seinem (bisherigen) Arbeitsplatz bei der ausgegründeten Gesellschaft weiterbeschäftigt; zugleich behält er aber auch sein Arbeitsverhältnis mit seinem bisherigen Arbeitgeber und damit die "reiche" ausgegründete Gesellschaft weiterhin als Schuldner.

Nach der Rechtsprechung des Bundesarbeitsgerichts sind für die nach den betrieblichen Verhältnissen erforderlichen personellen Maßnahmen die Vereinbarungen zwischen den Unternehmen entscheidend, die den gemeinsamen Betrieb führen.[134] Da ausdrückliche Vereinbarungen meist fehlen, kommt es auf die tatsächlichen Umstände der Zusammenarbeit an. Es spricht vieles dafür, im Falle der Übernahme, beziehungsweise Versetzung eines Arbeitnehmers üblicherweise von einem Arbeitgeberwechsel auszugehen. Das Kündigungsschutzgesetz sieht zwar eigentlich nicht vor, daß der Schutz des Arbeitsverhältnisses in seiner konkreten Ausprägung durch die Begründung eines neuen Arbeitsverhältnisses gewährleistet wird;[135] die Zweckmäßigkeit dieser Konstruktion ergibt sich aber aus dem Umstand, daß der Betrieb von zwei Unternehmern und damit zwei Arbeitgebern geführt wird. Da das Arbeitsrecht typischerweise von einer Zweierbeziehung zwischen Arbeitnehmer und Arbeitgeber ausgeht, liegt jedenfalls bei dauerhaften Übernahmen beziehungsweise Versetzungen von Arbeitnehmern zwischen den aufgespaltenen Unternehmen die Annahme eines Arbeitgeberwechsels näher.[136] Eine Aufspaltung des Arbeitsverhältnisses kommt dann in Betracht, wenn die praktische Handhabung des Arbeitsverhältnisses das erfordert.[137] Für die Annahme eines Arbeitgeberwechsels spricht auch die Wertung des Art. 1 § 10 AÜG, wonach bei dauerhafter Erbringung der Arbeitsleistung bei einem anderen Unternehmen ein Arbeitsverhältnis mit diesem kraft Gesetzes zustande kommt.[138]

---

[133] Dazu *Weber*, S. 46ff.

[134] BAG AP Nr. 10 zu § 1 KSchG 1969.

[135] Vgl. dazu *Windbichler*, S. 259ff., insb. S. 260.

[136] Davon geht auch das BAG in seinem Urteil vom 14.10.1982, SAE 1984, 139, 143f. aus; ebenso *Martens*, Festschrift 25 Jahre Bundesarbeitsgericht, S. 367, 376.

[137] Zum Drittbezug des Arbeitsverhältnisses im Konzern, *Weber*, S. 125ff.; ausführlicher *Windbichler*, S. 67ff. und 166ff.

[138] Vgl. *MünchArb/Richardi*, § 31 Rdnr. 21.

Damit ergibt sich, daß die Ausübung des Widerspruchsrechts den Arbeitnehmern auch in den Fällen der Betriebsaufspaltung, in denen ein gemeinsamer Betrieb besteht, keine haftungsrechtlichen Vorteile eröffnet. Im Regelfall ist bei einer Versetzung in eine andere Betriebsabteilung, die einem der aufgespaltenen Unternehmen zugeordnet ist, ein Arbeitgeberwechsel anzunehmen. Damit tritt das Ergebnis wieder ein, das der Arbeitnehmer durch die Ausübung des Widerspruchsrechts gerade verhindern wollte. In Ausnahmefällen kann es zu einer (haftungsrechtlich) erwünschten Aufspaltung des Arbeitsverhältnisses kommen. Das ist dann der Fall, wenn der Arbeitnehmer im gemeinsamen Betrieb unternehmensübergreifend beschäftigt wird, sein Arbeitsbereich also über den Betriebsteil des den gemeinsamen Betrieb mitführenden Unternehmers hinausreicht.[139]

3. Die aufgespaltenen Unternehmen als einheitliches Unternehmen im Sinne des Kündigungsschutzgesetzes

a) "Betriebsaufspaltungs-dimensionaler" Kündigungsschutz

Eine andere Möglichkeit zur Ausdehnung des Kündigungsschutzes auf die Gesamtheit der aufgespaltenen Unternehmen besteht darin, die Grundsätze des "konzerndimensionalen" Kündigungsschutzes[140] heranzuziehen und auf die Betriebsaufspaltung anzuwenden. In der Diskussion um einen konzernbezogenen Arbeitsplatzschutz konnten sich die Befürworter[141] allerdings nicht durchsetzen. Die nach dem Kündigungsschutzgesetz vorzunehmende Prüfung nach dem Vorhandensein von Weiterbeschäftigungsmöglichkeiten erfolgt bezogen auf den jeweiligen (kündigenden) Arbeitgeber. Eine grundsätzliche Ausdehnung dieser Prüfung über die Unternehmensgrenzen hinaus auf andere Unternehmen scheitert an deren rechtlicher Selbständigkeit.[142]

---

[139] Ebenso *MünchArb/Richardi*, § 30 Rdnr. 41. Zu den vertraglichen Gestaltungsmöglichkeiten in derartigen Fällen, *Weber*, S. 127ff. und *Windbichler*, S. 68ff.; zu den Rechtswirkungen eines nur tatsächlich bestehenden Drittbezugs, *Weber*, S. 136ff. und *Windbichler*, S. 166ff.

[140] Dargestellt bei *Wiedemann*, Unternehmensgruppe, S. 100ff.

[141] Dafür *Abbrent*, BB 1988, 756, 759f.; *Becker*, § 1 KSchG, Rdnr. 65, 85, 91; *Cuen*, RdA 1983, 351; *Henssler*, S. 125ff.; *Konzen*, RdA 1984, 65, 75; *Martens*, Arbeitsverhältnis, S. 367, 376ff.; *Säcker*, in *Birk:* Landesbericht Deutschland, S. 127, 141; zuletzt *Wendeling/Schröder*, FS Gnade, S. 367, 370.

[142] BAG AP Nr. 1 zu § 1 KSchG 1969 Konzern mit Anm. *Wiedemann;* BAG AP Nr. 4 zu § 1 KSchG 1969 Konzern; zuletzt BAG DB 1992, 1247; *Hanau*, ZGR 1984, 468, 488; *Hueck/ v. Hoyningen-Huene*, § 1 KSchG, Rdnr. 151 und 392 m.w.N.; *MünchArb/Richardi*, § 31, Rdnr. 29; *Wiedemann*, Unternehmensgruppe, S. 100ff; *Windbichler*, S. 259f. Vgl. dazu auch die Untersuchungen von *Erdmann*, S. 163ff.; *Helle*, S. 49ff.; *Kiel*, S. 138ff.

Das Bundesarbeitsgericht hat aber Ausnahmetatbestände anerkannt, bei deren Vorliegen eine unternehmensübergreifende Betrachtungsweise möglich und geboten ist.[143] Eine solche kommt in Betracht, wenn entsprechende arbeitsvertragliche Vereinbarungen getroffen wurden oder aber der Arbeitgeber einen dahingehenden Vertrauenstatbestand gesetzt hat. Dieser kann durch formlose Zusagen indiziert werden oder beispielsweise durch die Tatsache, daß ein Arbeitnehmer faktisch in mehreren konzernangehörigen Unternehmen beschäftigt wird.[144]

Von verschiedenen Seiten wird die Auffassung vertreten, die Betriebsaufspaltung stelle einen derartigen Ausnahmetatbestand dar, der eine konzerndimensionale Betrachtungsweise beim Kündigungsschutz gebiete. So plädieren Wiedemann[145] und *Zöllner/Loritz*[146] dafür, die bei einer Betriebsaufspaltung entstehenden Unternehmen Besitz- und Betriebsgesellschaft als ein einheitliches Unternehmen im Sinne des Kündigungsschutzrechts zu behandeln. Aufgrund der engen wirtschaftlichen Verflechtung beziehungsweise der nur künstlichen Verteilung der Unternehmensfunktionen sei es den aufgespaltenen Unternehmen zu verwehren, sich beim Kündigungsschutz auf ihre rechtliche Selbständigkeit zu berufen. Die die Betriebsaufspaltung kennzeichnende wirtschaftliche Einheit soll danach auch für den kündigungsschutzrechtlichen Organisationsrahmen maßgebend sein, innerhalb dessen eine Weiterbeschäftigung des von einer betriebsbedingten Kündigung bedrohten Arbeitnehmers zu versuchen ist (§ 1 II 2 Nr. 1 b) KSchG).

Die Annahme eines einheitlichen Unternehmens im kündigungsschutzrechtlichen Sinn[147] weist gegenüber der Rechtsfigur des einheitlichen Betriebs den Unterschied auf, daß die daran zu stellenden Anforderungen nicht so hoch geschraubt werden müssen. Die für die Anerkennung des einheitlichen Betriebs zu verlangende rechtliche Leitungsvereinbarung ist nicht auch für die Anerkennung eines einheitlichen Unternehmens im kündigungsschutzrechtlichen Sinn erforderlich. Das liegt daran, daß die nach § 1 III KSchG bei der betriebsbedingten Kündigung vorzunehmende soziale Auswahl ausschließlich

---

[143] BAG AP Nr. 1 zu § 1 KSchG 1969 Konzern. Dazu *Hueck/v. Hoyningen-Huene*, § 1 KSchG, Rdnr. 393 m.w.N.

[144] *Wiedemann*, Anm. zu BAG AP Nr. 1 zu § 1 KSchG 1969 Konzern mit Hinweis auf BAG AP Nr. 2. zu § 13 GmbHG.

[145] *Wiedemann*, Unternehmensgruppe, S. 107. Zustimmend *Windbichler*, S. 261f. Ähnlich *Blank*, u.a., S. 264; *Hüper*, S. 249ff.; *Simon*, S. 311, 336f. Ausführlich zu diesen Auffassungen, die mehr die haftungsrechtlichen Aspekte im Auge haben, unten unter b)aa).

[146] *Zöllner/Loritz*, S. 265f. Zumindest für die Arbeitnehmer, deren Arbeitsverhältnisse schon vor der Aufspaltung begründet waren.

[147] Zum einheitlichen Unternehmen im betriebsverfassungsrechtlichen Sinn, *Konzen*, S. 118ff.

betriebsbezogen, nicht aber unternehmensbezogen zu prüfen ist.[148] Das beim Gemeinschaftsbetrieb mehrerer Unternehmen auftretende Problem, wie die Kündigung eines bei einem anderen Arbeitgeber desselben Betriebs beschäftigten (sozial weniger schützenswerten) Arbeitnehmers rechtlich ausgestaltet werden kann, stellt sich daher bei dem an den wirtschaftlichen Unternehmensbegriff angelehnten Kündigungsschutz nicht. Durch die Anerkennung eines "betriebsaufspaltungsdimensionalen" Kündigungsschutzes ergeben sich allerdings im Regelfall der Betriebsaufspaltung keine kündigungsrechtlichen Vorteile, da das "Teil"- Unternehmen Besitzgesellschaft im Normalfall über keine Arbeitsplätze verfügt. Die Anzahl der Weiterbeschäftigungsmöglichkeiten vergrößert sich somit nicht, wenn die beiden aufgespaltenen Unternehmen gemeinsam den für § 1 II KSchG maßgeblichen Bezugsrahmen bilden.[149]

b) Haftungsrechtliche Besserstellung durch die Ausübung des Widerspruchsrechts?

Ebenso zweifelhaft erscheinen die Aussichten für eine haftungsrechtliche Besserstellung durch die Ausübung des Widerspruchsrechts aufgrund der Annahme, die aufgespaltenen Unternehmen bildeten ein einheitliches Unternehmen im kündigungsschutzrechtlichen Sinn. Nicht anders als beim Vorliegen eines Gemeinschaftsbetriebs kann auch hier der Arbeitnehmer der Überleitung seines Arbeitsverhältnisses von der Besitz- auf die Betriebsgesellschaft nach § 613a I 1 BGB widersprechen und sich zugleich auf die bei der Betriebsgesellschaft bestehenden Weiterbeschäftigungsmöglichkeiten des Gesamtunternehmens berufen. Kommt es dann für die Weiterbeschäftigung bei der Betriebsgesellschaft zu einem Arbeitgeberwechsel, tritt wieder das Ergebnis ein, das der Arbeitnehmer durch die Ausübung des Widerspruchs gerade verhindern wollte.[150] Daß es in einem solchen Fall zu einem Arbeitgeberwechsel, das heißt, zur Überleitung des Arbeitsverhältnisses auf die haftungsarme Betriebsgesellschaft kommt, wird allerdings teilweise bestritten.

---

[148] *Hueck/v. Hoyningen-Huene*, § 1 KSchG, Rdnr. 434ff. mit umfangreichen Nachweisen.

[149] Dies verkennt *Wiedemann*, Unternehmensgruppe, S. 107, der davon ausgeht, in beiden Gesellschaften würden normalerweise Arbeitnehmer beschäftigt.

[150] Vgl. beim Gemeinschaftsbetrieb oben unter III.2.d).

aa) Die Auffassung von Blank u.a.

Blank u.a.[151] treten beim Kündigungsschutz bei der Betriebsaufspaltung für eine konzerndimensionale Betrachtungsweise ein. Widersprechen die Arbeitnehmer bei der Betriebsaufspaltung dem Arbeitgeberwechsel, kommt es nach Auffassung dieser Autoren zu einer arbeitsrechtlichen Dreiecksbeziehung.[152] Entweder werde die Besitzgesellschaft mit den widersprechenden Arbeitnehmern aufgrund eines Dienstverschaffungs- oder Werkvertrags bei der Betriebsgesellschaft mit den widersprechenden Arbeitnehmern tätig oder aber die Betriebsgesellschaft trete als (Neben-) Arbeitgeber dem weiterbestehenden Arbeitsverhältnis mit der Besitzgesellschaft bei, so daß es zu einer "Verdoppelung des Arbeitgebers"[153] komme. Begründet wird dieses Ergebnis mit einer Analyse mehrerer Entscheidungen des Bundesarbeitsgerichts, in denen Möglichkeiten der Aufteilung und Abgrenzung von Arbeitgeberfunktionen erörtert werden.[154] Soweit es in Einzelfällen zu Kollisionen mit dem Arbeitnehmerüberlassungsgesetz kommt, soll dieses mit Rücksicht auf seinen Schutzzweck für nicht anwendbar erklärt werden.[155]

bb) Die Auffassung von Hüper

Hüper[156] tritt für eine Verpflichtung der Besitzgesellschaft zur Weiterbeschäftigung widersprechender Arbeitnehmer aufgrund der "faktischen Gegebenheiten" bei der Betriebsaufspaltung ein. Die enge personelle und wirtschaftliche Verbindung der aufgespaltenen Gesellschaften ermögliche der Besitzgesellschaft eine Weiterbeschäftigung der widersprechenden Arbeitnehmer bei der Betriebsgesellschaft. Diese Weiterbeschäftigung könne im Pacht- und Betriebsüberlassungsvertrag zwischen beiden Gesellschaften geregelt werden und solle durch die Begründung von Leiharbeitsverhältnissen gestaltet werden. Der Rechtsgrund für diese Konstruktion ergebe sich einerseits aus der Fürsorgepflicht des Arbeitgebers, andererseits aus der Verpflichtung des abgebenden Betriebsinhabers zur Vertragserfüllung. Soweit die Fortführung der Arbeitsverhältnisse für den bisherigen Arbeitgeber praktisch oder rechtlich unzumut-

---

[151] *Blank*, u.a., S. 261ff. Zustimmend *Simon*, S. 311, 336f.

[152] A.a.O., S. 272ff.

[153] A.a.O., S. 272.

[154] A.a.O., S. 265ff.

[155] A.a.O., S. 276. Ebenso *Simon*, a.a.O.

[156] *Hüper*, S. 249ff.

bar sei, sei die Verpflichtung zur Weiterbeschäftigung als eingeschränkt aufzufassen.[157]

cc) Stellungnahme

Beiden Auffassungen kann nicht gefolgt werden. Die Annahme von *Hüper*, die Verpflichtung der Besitzgesellschaft zur Weiterbeschäftigung widersprechender Arbeitnehmer ergebe sich aus der faktischen Möglichkeit, eine solche Weiterbeschäftigung bei der Betriebsgesellschaft durchzusetzen,[158] ist nicht der richtige Ansatzpunkt. Die tatsächliche Machtposition, einen anderen Arbeitgeber zur Übernahme von Arbeitnehmern zu zwingen, läßt noch nicht auf eine dahingehende rechtliche Verpflichtung schließen.[159] Die Ausdehnung des Kündigungsschutzes bei Betriebsaufspaltungen läßt sich richtigerweise nur aus der Besonderheit dieser Gestaltungsform entwickeln, die darin besteht, daß die Unternehmen auch nach der rechtlichen Aufspaltung weiterhin eine wirtschaftliche Einheit bilden.[160]

Vor allem aber vermögen die dargestellten Auffassungen keine überzeugende Wertungsgrundlage anzuführen, aufgrund derer sich eine der dargestellten haftungsrechtlichen Schutzmöglichkeiten rechtfertigen läßt. Zweifellos sind eine Reihe von Gestaltungsmöglichkeiten vorstellbar, bei deren Realisierung die Arbeitnehmer ihren Arbeitsplatz trotz der Betriebsaufspaltung beibehalten können, ohne den bisherigen Arbeitgeber als Vertragspartner verlieren zu müssen. Bei entsprechenden vertraglichen Vereinbarungen ist es durchaus denkbar, daß die bei der Besitzgesellschaft verbliebenen Arbeitnehmer ihre Arbeitsleistung aufgrund von Dienstverschaffungs- und Werkverträgen oder aber im Wege der Arbeitnehmerleihe[161] bei der Betriebsgesellschaft erbrin-

---

[157] Zustimmend *Simon*, S. 311, 337.

[158] *Hüper*, S. 250. Soweit er sich dort auf *Seiter*, S. 75, beruft, ist dies ungerechtfertigt, da Seiter nur auf Weiterbeschäftigungsmöglichkeiten desselben Arbeitgebers abstellt.

[159] Ebenso *Windbichler*, S. 261 mit Verweis auf BAG vom 17.5.1984, AP Nr. 21 zu § 1 KSchG 1969 Betriebsbedingte Kündigung, und vom 22.5.1986, AP Nr. 4 zu § 1 KSchG 1969 Konzern.

[160] So *Wiedemann*, Unternehmensgruppe, S. 107, und *Zöllner/Loritz*, S. 265f. Vgl. dazu oben, unter 3.a). Auch der Ansatz von *Blank*, u.a., erscheint insofern nicht ganz zweifelsfrei. Danach wird ein konzernbezogener Kündigungsschutz auch nicht aus der Besonderheit der Betriebsaufspaltung als wirtschaftlicher Einheit abgeleitet; vielmehr gehen die Anderen davon aus, daß sich der konzernbezogene Kündigungsschutz bei der Betriebsaufspaltung aus den Arbeitsverträgen ergebe, vgl. *Blank*, u.a., S. 264.

[161] Für die Zulässigkeit der Begründung von Leiharbeitsverhältnissen bei Betriebsaufspaltungen *Dehmer*, Rdnr. 1567f. Dagegen *Bork*, BB 1989, 2181, 2183, der ein dauerhaftes Leiharbeitsverhältnis mit der Wertung des § 3 I Nr. 6 AÜG für unvereinbar hält. Ähnlich *Birk*, ZGR 1984, 23, 33f. *MünchArb/Richardi*, § 31 Rdnr. 21 geht davon aus, daß bei dauerhafter konzerninterner

gen. Es ist aber keine Wertungsgrundlage erkennbar, aus der ein Anspruch der Arbeitnehmer auf eine solche Vertragskonstruktion gestützt werden kann. Als einziger hat *Hüper* auf eine Rechtsgrundlage hingewiesen, aus der sich die Notwendigkeit einer solchen Konstruktion ergeben soll: Nach seiner Auffassung ist das die Fürsorgepflicht des bisherigen Arbeitgebers.[162] Dieser Ansatz kann jedoch nicht überzeugen. Es ist bereits verschiedentlich darauf hingewiesen worden, daß die Fürsorgepflicht, die nur Integritätsinteressen an sonstigen Rechtsgütern des Arbeitnehmers schützt, zur Verschaffung von vertraglichen Erfüllungsansprüchen nicht taugt.[163] Ein Anspruch der Arbeitnehmer auf Beibehaltung eines Vertragsverhältnisses mit der Besitzgesellschaft trotz der Weiterbeschäftigung in einem anderen Unternehmen läßt sich daraus somit nicht herleiten. Dem Arbeitsrecht ist eine dahingehende Wertungsgrundlage nicht zu entnehmen. Der Grund dafür liegt darin, daß der wirtschaftliche Status des Arbeitgebers weder unmittelbarer, noch mittelbarer Inhalt der Arbeitsverträge ist.[164] Ansprüche der Arbeitnehmer, die auf eine Art Bestandsschutz dieses Status zielen, kann es daher nicht geben. Das deckt sich auch mit dem Ergebnis der Untersuchung von *Windbichler*, wonach enge wirtschaftliche Bindungen des Arbeitgebers keine unmittelbaren rechtlichen Auswirkungen auf die Arbeitsverhältnisse mit den einzelnen Arbeitnehmern haben.[165] Soweit keine abweichenden Regelungen der Arbeitsvertragsparteien vorliegen, ist daher ein haftungsrechtlicher Schutz der Arbeitnehmer auch nicht über die Rechtsfigur des einheitlichen Unternehmens im kündigungsschutzrechtlichen Sinne möglich.

Arbeitnehmerleihe aufgrund der Wertung des Art. 1 § 10 I AÜG kraft Gesetzes ein Arbeitsverhältnis mit dem entleihenden Unternehmen zustande kommt. Das schließt nicht aus, daß das Arbeitsverhältnis mit dem bisherigen Arbeitgeber aufrechterhalten wird. Allgemein zur Arbeitnehmerüberlassung im Konzern *Weber*, S. 141ff. und *Windbichler*, S. 78ff. Vgl. auch *Rüthers/Bakker*, ZFA 1990, 245, 273ff., und *Pietzko*, S. 111ff.

[162] *Hüper*, S. 250.

[163] So *Hanau*, ZGR 1984, 468, 475; *Helle*, S. 101; *Konzen*, RdA 1984, 65, 73f.; *Windbichler*, S. 205f. Ausführlich zur arbeitsrechtlichen Fürsorgepflicht im aufgespaltenen Arbeitsrechtsverhältnis *Weber*, S. 346ff. Die anderen Autoren beziehen sich dabei auf einen Ansatz von *Henssler*, vgl. *Henssler*, S. 73ff. Danach wird auf der Grundlage der arbeitsrechtlichen Fürsorgepflicht eine spezifisch arbeitsrechtliche Haftung der Konzernspitze zugunsten der Arbeitnehmer abhängiger Gesellschaften entwickelt. Diese Haftung umfaßt Einstandspflicht für Lohnansprüche, wie auch einen konzerndimensionalen Kündigungsschutz. Dieser Ansatz ist jedoch auf einhellige Ablehnung gestoßen, vgl. dazu die oben genannten Autoren.

[164] So *Martens*, Festschrift 25 Jahre BAG, S. 367, 372.

[165] *Windbichler*, S. 583.

B. Der Schutz des kollektiven Arbeitsrechts

I. Argumente für einen haftungsrechtlichen Schutz durch Sozialpläne

Auch im kollektiven Arbeitsrecht bieten sich Ansatzpunkte für einen Schutz vor den haftungsrechtlichen Nachteilen der Betriebsaufspaltung an. Als Instrument zur Abfederung dieser Nachteile kommt der Sozialplan in Betracht (§ 112 I 2 BetrVG). Voraussetzung ist hierfür, daß die Betriebsaufspaltung eine sozialplanpflichtige Betriebsänderung darstellt (§ 111 BetrVG). Nach der Auffassung des Landesarbeitsgerichts Baden-Württemberg[166] und einem Teil der Literatur[167] ist das üblicherweise der Fall. Die "finanzielle Austrocknung" der Betriebsgesellschaft im Aufspaltungszeitpunkt führe dazu, daß die Arbeitnehmer bei einer etwaigen späteren Stillegung des ausgegliederten Betriebsteils ihre Ansprüche aus einem erst dann zu erstellenden Sozialplan nicht verwirklichen könnten.[168] Daher sei in der mit einer Betriebsaufspaltung einhergehenden wesentlichen Reduzierung der Haftungsmasse bereits ein nach § 112 I 2 BetrVG auszugleichender Nachteil zu sehen.

Zu der Annahme, die Betriebsaufspaltung stelle eine Betriebsänderung im Sinne des § 111 BetrVG dar, gelangen die Vertreter dieser Auffassung folgendermaßen: Die von der Norm vorausgesetzte Betriebsänderung wird als formaler Begriff verstanden. Sie wird daher bereits dann bejaht, wenn es zu bloßen Abweichungen vom bisherigen Erscheinungsbild des Betriebs kommt. Eine Betriebsaufspaltung ist danach ohne weiteres eine Betriebsänderung nach § 111 BetrVG, da sie mit einem Wechsel des Betriebsinhabers einhergeht.[169]

Das auf diese Weise gewonnene Ergebnis wird aber auch auf das Wechselspiel von § 111 BetrVG mit der Norm des § 613a BGB gestützt. Die Bestandsschutznorm des § 613a BGB könne bei Betriebsaufspaltungen selbst nicht vor dem Verlust von Haftungsmasse schützen. Da § 613a BGB jedoch nicht den Sinn habe, den durch andere Vorschriften gewährten Arbeitnehmerschutz einzuschränken, müsse dieser Schutz durch § 111 BetrVG gewährleistet wer-

---

[166] DB 1979, 114f., aufgehoben durch BAG AP Nr. 9 zu § 111 BetrVG 1972.

[167] *Blank*, u.a., S. 115ff.; *Engels*, DB 1979, 2227ff.; *Däubler*, in: *Däubler/Kittner/Klebe/Schneider*, § 111 BetrVG, Rdnr. 89 und 94; *GK-Fabricius*, § 111 BetrVG, Rdnr. 312; *Herschel*, AuR 1981, 387, 388; *Hüper*, S. 264; *Kittner*, Anm. zu BAG AP Nr. 9 zu § 111 BetrVG 1972, der davon ausgeht, der Betriebsübergang bedeute hier Betriebsstillegung bei der Altgesellschaft und Neueröffnung bei der neuen Gesellschaft; *Pottmeyer*, S. 234f.; *Salje*, NZA 1988, 449, 452f.; *Simon*, ZFA 1987, 311, 323f.; *Teichmüller*, S. 54.

[168] So *Engels*, DB 1979, 2227, 2232.

[169] So LAG Baden-Württemberg, DB 1979, 114, 115; zustimmend *Engels*, DB 1979, 2227, 2228ff.

den.[170] Aus diesen Gründen wird eine Art "konzernrechtsähnliche" Sicherung[171] vorgeschlagen: Danach ist vor der geplanten Unternehmensaufspaltung ein Sozialplan aufzustellen, in dem die Besitzgesellschaft Bürgschafts- oder Garantieerklärungen für den Fall abgibt, daß den Arbeitnehmern der Betriebsgesellschaft Nachteile durch Betriebseinschränkungen, Stillegungen, etc., entstehen.[172] Haftungsrechtlich wird auf diese Weise erreicht, daß die Arbeitnehmer der Betriebsgesellschaft im Falle der Insolvenz oder der Stillegung gesichert sind. Zudem wird sichergestellt, daß die Durchführung der Betriebsaufspaltung entsprechend den §§ 111 ff. BetrVG dem Mitbestimmungsrecht des Betriebsrats unterliegt.

II. Die Rechtsprechung des Bundesarbeitsgerichts

Diesen Argumenten ist das Bundesarbeitsgericht in seinen Entscheidungen vom 17.02.1981[173] (der eine typische Betriebsaufspaltung zugrundelag) und vom 16.06.1987[174] (der eine Funktionsaufspaltung zugrundelag) entgegengetreten. Danach ist ein Schutz vor den haftungsrechtlichen Folgen einer Betriebsaufspaltung auf Grund eines Sozialplans weder von den tatbestandlichen Voraussetzungen, noch von den Rechtsfolgen des § 111 BetrVG her gedeckt. Zu diesem Ergebnis gelangt das Bundesarbeitsgericht deshalb, weil es - dem Wortlaut des § 111 BetrVG folgenden materiellen Betriebsbegriff zum Bezugspunkt für die Bestimmung des Vorliegens der von der Norm verlangten "Betriebsänderung", als auch der daraus folgenden "wesentlichen Nachteile" macht. Nach dem von der Rechtsprechung[175] und Literatur[176] entwickelten Betriebsbegriff liegt eine Betriebsänderung dann vor, wenn entweder die organisatorische Einheit, die Betriebsmittel, der Betriebszweck oder die Belegschaft eine Änderung in quantitativer oder qualitativer Hinsicht erfahren.[177] Die hierdurch entstehenden Nachteile seien durch einen Sozialplan auszugleichen oder zumindest abzumildern.

---

[170] So *Kittner*, Anm. zu BAG AP Nr. 9 zu § 111 BetrVG 1972, und zuletzt *Däubler*, in: *Däubler/Kittner/Klebe/Schneider*, § 111 BetrVG, Rdnr. 89. Zu diesem fehlerhaften Verständnis des Normzweckes von § 613a BGB, vgl. oben unter A.I.2.

[171] *Willemsen*, Tendenzen, S. 69.

[172] *Engels*, DB 1979, 2227, 2232.

[173] BAG AP Nr. 9 zu § 111 BetrVG 1972 = DB 1981, 1190 m. Anm. von *Gutbrod*, 1244, = AuR 1981, 220, m.Anm. von *Herschel*, 386. Dargestellt bei *Willemsen*, Tendenzen, S. 65ff.

[174] BAG AP Nr. 19 zu § 111 BetrVG 1972. Dargestellt bei *Willemsen*, a.a.O., S. 67ff.

[175] So zuletzt BAG AP Nr. 9 zu § 23 KSchG 1969.

[176] Statt aller *Hess/Schlochauer/Glaubitz*, § 1 BetrVG, Rdnr. 2ff., mit umfangr. Nachweisen.

[177] BAG AP Nr. 9 zu § 111 BetrVG 1972 unter II.2.b) der Gründe.

Von diesem Normverständnis ausgehend gelangt das Bundesarbeitsgericht zu dem Ergebnis, daß eine typische Betriebsaufspaltung für sich genommen keine Betriebsänderung im Sinne von § 111 BetrVG darstellt. Zwar könne eine solche Betriebsaufspaltung mit Maßnahmen einhergehen, die eine Betriebsänderung nach § 111 BetrVG darstellten, jedoch liege diese bei einem bloßen Betriebsübergang nach § 613a BGB nicht vor.[178] Die Änderung der sachenrechtlichen Verfügungsbefugnis des Betriebsinhabers an den Betriebsmitteln bedinge weder eine Änderung des Betriebs selbst, noch eine Änderung des Betriebszwecks. Es ändere sich lediglich der Unternehmenszweck, der aber den Betriebszweck nicht berühre, und daher keine Betriebsänderung darstelle.[179] Das Gericht betont, daß es bei der Betriebsaufspaltung zu Nachteilen für die Arbeitnehmer kommen könne; diesen zu begegnen sei aber nicht Aufgabe des Mitbestimmungsrechts des Betriebsrats. Ausweislich der Vorschriften der Konkursordnung und des Anfechtungsgesetzes über die Gläubigeranfechtung, §§ 419 BGB und 916ff. ZPO, sei der Gläubiger eines Anspruchs nur in geringem Umfang gegen eine Verminderung der Haftungsmasse seines Schuldners geschützt. Die Zuerkennung eines Mitbestimmungsrechts des Betriebsrats bei unternehmerischen Maßnahmen der vorliegenden Art würde im Ergebnis bedeuten, daß die Arbeitnehmer eines Betriebs als Gläubiger nur möglicher künftiger Ansprüche über einen erzwingbaren Sozialplan Sicherheiten erlangen könnten, die anderen Gläubigergruppen verwehrt wären.[180]

Bei der zu beurteilenden Funktionsaufspaltung hat das Bundesarbeitsgericht hingegen entschieden, daß der Tatbestand der Betriebsänderung im Sinne von § 111 S. 1 BetrVG gegeben ist.[181] In diesem Fall, in dem mit der Unternehmensaufspaltung auch eine Aufspaltung des bisher einheitlichen Betriebs in zwei neue, selbständige Betriebe vollzogen wurde, sieht das Bundesarbeitsgericht eine Betriebsänderung nach § 111 S. 2 Nr. 4 BetrVG als gegeben an. Diese Form der Aufspaltung erschöpfe sich nicht in einem bloßen Betriebsinhaberwechsel, sondern sei vielmehr mit einer grundlegenden Änderung der Betriebsorganisation und des Betriebszwecks verbunden (§ 111 S. 2 Nr. 4 BetrVG).[182]

---

[178] BAG AP Nr. 9 zu § 111 BetrVG 1972 unter III.3. und 5. der Gründe. Bestätigt in BAG AP Nr. 19 zu § 111 BetrVG 1972 unter II.1. der Gründe.

[179] BAG AP Nr. 9 zu § 111 BetrVG 1972 unter III.B. der Gründe.

[180] BAG AP Nr. 9 zu § 111 BetrVG 1972 unter II.4. der Gründe.

[181] BAG AP Nr. 19 zu § 111 BetrVG 1972 unter II.2. der Gründe.

[182] In diesem Fall wurden aus dem bislang einheitlichen Betrieb die mit der Produktion, Entwicklung und Konstruktion befaßten Abteilungen ausgegliedert, während die Abteilungen Verwaltung, Vertrieb und Service bei der bisherigen Gesellschaft verblieben; die so entstandenen Betriebe wurden als selbständige Betriebe mit den jeweiligen Zwecksetzungen fortgeführt, der

In derselben Entscheidung geht das Bundesarbeitsgericht auch auf das Verhältnis von § 613a BGB und § 111 BetrVG ein. Beide Vorschriften dienten verschiedenen Zwecken; während § 613a I 1 BGB den Arbeitnehmer vor dem Verlust des Arbeitsplatzes schütze, solle der Sozialplan nach einer Betriebsänderung die wirtschaftlichen Nachteile ausgleichen, die infolge der geplanten Betriebsänderung entstünden.[183] Als Beispiele für derartige Nachteile bei einer Verminderung der Betriebsgröße führt das Bundesarbeitsgericht den Wegfall von innerbetrieblichen Aus- und Fortbildungsmöglichkeiten, Aufstiegschancen, oder der Bildung von Fahrgemeinschaften etc. an.[184] Art und Umfang derartiger Nachteile seien von Arbeitgeber und Betriebsrat, nötigenfalls von der Einigungsstelle, zu prüfen.

III. Folgerungen

Nach der Rechtsprechung des Bundesarbeitsgerichts besteht demnach keine Aussicht, daß bei der Betriebsaufspaltung ein haftungsrechtlicher Arbeitnehmerschutz mit dem Instrument des Sozialplans (§ 112 I 2 BetrVG)[185] erreicht werden kann. Dieser Rechtsprechung hat sich die ganz herrschende Meinung angeschlossen.[186]

Über die sich daraus ergebenden Einschränkungen hinaus wird auch bei den Funktionsaufspaltungen eine Betriebsänderung im Sinne der § 111ff. BetrVG nur in den Fällen anzunehmen sein, in denen die aufgespaltenen Unternehmen

---

bisherige Betrieb blieb somit nicht in seiner organisatorischen Einheit erhalten, vgl. oben den Sachverhalt der BAG-Entscheidung, a.a.O.

[183] BAG AP Nr. 19 zu § 111 BetrVG 1972, unter II.1. der Gründe. Der 1. Senat widerspricht sich allerdings, wenn er a.a.O. ausführt, § 613a BGB und § 111 BetrVG schlössen sich nur aus, "wenn sich die Betriebsänderung i.S. des § 111 BetrVG im Betriebsübergang nach § 613a I 1 BGB erschöpft". Nach der Rechtsprechung des Bundesarbeitsgerichts fehlt es gerade am Vorliegen einer Betriebsänderung im Sinne von § 111 BetrVG, wenn die Betriebsaufspaltung nur durch einen Betriebsübergang nach § 613a I 1 BGB stattfindet.

[184] BAG AP Nr. 19 zu § 111 BetrVG 1972, unter II.2.c) der Gründe.

[185] Zur Bedeutung des § 112 a I BetrVG, wonach neu gegründete Unternehmen von der Sozialplanpflicht ausgenommen sind, und der Ausnahme hiervon in § 112 a II BetrVG bei Betriebsaufspaltungen, *Willemsen*, DB 1990, 1405, 1407f., 1409f.

[186] *Hess/Schlochauer/Glaubitz*, § 111 BetrVG, Rdnr. 58; *Galperin/Löwisch*, § 111 BetrVG, Rdnr. 19 b) ff.; *Fitting/Auffahrth/Kaiser/Heither*, § 111 BetrVG, Rdnr. 14 a - d; *Dietz/Richardi*, § 111 BetrVG, Rdnr. 59; *Wlotzke*, § 111 4.c); *Belling/Collas*, NJW 1991, 1919, 1921; weitgehend *Birk*, ZGR 1984, 23, 37ff.; *Bork*, BB 1989, 2181, 2185f.; *Gutbrod*, DB 1981, 1244; *Jaeger*, BB 1988, 1036ff.; *Konzen*, Unternehmensaufspaltungen, S. 136ff. *Löwisch*, SAE 1982, 17, 18f.; *Peter*, DB 1990, 424, 427f.; *Schwanda*, S. 280ff.; *Sick*, BB 1992, 1129, 1133; *Sowka*, DB 1988, 1318, 1319; *Wiedemann*, ZGR 1988, 447, 463; *Willemsen*, Tendenzen, S. 65ff.; ebenso jetzt *Ingenfeld*, S. 113ff.

keinen gemeinsamen Betrieb bilden.[187] In diesen Fällen werden zwar Teile des Betriebs verschiedenen Unternehmensträgern zugeordnet, die Weiterführung dieser Betriebsteile als gemeinsamer Betrieb stellt aber sicher, daß der bisherige Betrieb als arbeitstechnische Einheit erhalten bleibt. Daher kommt es auch in diesen Fällen der Funktionsaufspaltung nur zu einem (Teil-) Betriebsinhaberwechsel, der für sich genommen keine Betriebsänderung darstellt.[188]

Da der Sozialplan nach § 112 I 2 BetrVG nur den Ausgleich der wirtschaftlichen Nachteile beinhaltet, die aus der geplanten Betriebsänderung resultieren, muß ein durch ihn bewirkter haftungsrechtlicher Schutz selbst in den mit einer Betriebsänderung verbundenen Mißbrauchsfällen der Betriebsaufspaltung ausscheiden, etwa wenn die ausgegründete Gesellschaft von vornherein nicht lebensfähig ist.[189] Die Tatsache, daß die nach § 613a I 1 BGB übergehenden Ansprüche wegen der Vermögenslosigkeit der ausgegründeten Gesellschaft unter Umständen sofort wertlos werden, wäre kein durch einen Sozialplan nach § 112 I 2 BetrVG auszugleichender Nachteil, denn sie wäre nicht Folge der Betriebsänderung (§ 111 BetrVG), sondern der mangelnden Kapitalausstattung des neuen Unternehmensträgers.[190]

Dessen finanzielle Ausstattung, beziehungsweise eine darauf bezogene konzernähnliche Haftung kann auch nicht der Disposition der betrieblichen Einigungsstelle unterstellt werden.[191] Dies ließe sich mit der Konzeption des Betriebsverfassungsgesetzes schwerlich vereinbaren, derzufolge in wirtschaftlichen Angelegenheiten keine Mitbestimmungsrechte der Arbeitnehmer, sondern nur Unterrichtungspflichten des Unternehmers bestehen, (§ 106ff. BetrVG).[192]

C. Ergebnis

In der arbeitsrechtlichen Literatur wird mit unterschiedlichen Begründungsansätzen versucht, gegen die mit der Betriebsaufspaltung verbundenen Gläubi-

---

[187] Vgl. dazu oben, A.II.2.b).

[188] Ebenso *Sowka*, DB 1988, 1318, 1319, und dem folgend *Bork*, BB 1989, 2181, 2185. Vgl. zuletzt *Däubler*, in *Däubler/Kittner/Klebe/Schneider*, § 111 BetrVG, Rdnr. 95.

[189] Dies erwägt *Willemsen*, Tendenzen, S. 71. Vgl. dazu den bei *Salje*, NZA 1988, 449f. erörterten Fall, der allerdings keine Betriebsaufspaltung darstellt.

[190] Ebenso *Belling/Collas*, NJW 1991, 1919, 1921; *Bork*, BB 1989, 2181, 2185f. Unklar *Birk*, ZGR 1984, 23, 41.

[191] So auch *Willemsen*, Tendenzen, S. 70, und im Ergebnis, S. 72.

[192] Vgl dazu schon oben unter 2. Kap. A. II. 2. d).

gerrisiken das Arbeitsrecht in seiner Funktion als Arbeitnehmerschutzrecht nutzbar zu machen. Ein umfassender Schutz vor den haftungsrechtlichen Risiken der Betriebsaufspaltung ist dem Arbeitsrecht jedoch nicht zu entnehmen.

Teilweise wird bei § 613a/I 1 BGB angesetzt, um die Überleitung der Arbeitsverhältnisse auf die haftungsarme Betriebsgesellschaft zu verhindern. Die Vorschläge reichen von der Nichtanwendung des § 613a/I 1 BGB über die Mithaftung der Besitzgesellschaft für die nach der Aufspaltung entstehenden arbeitsrechtlichen Verbindlichkeiten, bis hin zu einer speziell arbeitsrechtlichen Durchgriffshaftung. Für solche Konstruktionen findet sich aber keine tragfähige arbeitsrechtliche Wertungsgrundlage; § 613a BGB taugt dazu nicht, da danach der Bestand der Arbeitsverhältnisse nur bezogen auf den Überleitungsakt geschützt, nicht jedoch der wirtschaftliche status quo für die Zukunft garantiert wird. Zudem wird bei diesen Vorschlägen die rechtliche Selbständigkeit der aufgespaltenen Unternehmen nicht ausreichend berücksichtigt.

Als ein Schutzinstrument des Arbeitnehmers wird das Widerspruchsrecht erörtert, das ihm die Rechtsprechung des Bundesarbeitsgerichts zubilligt; dieses gewährt ihm das Recht, die durch § 613a/I 1 BGB bewirkte Auswechslung des Arbeitgebers zu verhindern. Individuell ausgeübt, bringt es dem Arbeitnehmer aber keine Vorteile, da sein Arbeitsverhältnis dann bei der Besitzgesellschaft verbleibt, die ihm - mangels eigener Weiterbeschäftigungsmöglichkeiten - betriebsbedingt kündigen kann.

Wird das Widerspruchsrecht kollektiv ausgeübt, kann es jedoch zu einer wirksamen "Waffe" der Arbeitnehmer werden, mit der haftungsrechtliche Nachteile der Betriebsaufspaltung vermieden werden könnten. In der Literatur wird es für zulässig erachtet, wenn es zur Verhinderung eines neuen konkreten Arbeitgebers eingesetzt wird, der die Haftungsmasse verringern möchte. Einem dagegen ausgeübten Widerspruchsrecht stehen aber die Regelungen des Betriebsverfassungsrechts entgegen, die die Beteiligung der Arbeitnehmer in wirtschaftlichen Angelegenheiten regeln. Für den Betriebsübergang ist ein Mitbestimmungsrecht der Arbeitnehmer ausdrücklich nicht vorgesehen. Damit läßt sich die Anerkennung eines kollektiven Widerspruchsrechts nicht vereinbaren, das den Betriebsübergang faktisch von der Mitwirkung der Arbeitnehmer abhängig machen würde. Das kollektiv unzulässige Widerspruchsrecht unterscheidet sich von dem durch mehrere individuell zulässig ausgeübten Widerspruchsrecht dadurch, daß zu der Ausübung des Rechts durch mehrere eine bewußte Ausnützung des dadurch erzeugten Drucks hinzukommt.

Im Individualarbeitsrecht wird weiterhin erörtert, ob die Ausübung des Widerspruchsrechts in den Fällen haftungsrechtliche Vorteile eröffnet, in denen die aufgespaltenen Unternehmen einen gemeinsamen Betrieb bzw. ein gemeinsames Unternehmen im kündigungsschutzrechtlichen Sinn darstellen. Soweit das der Fall ist, ist der Besitzgesellschaft wegen der fortbestehenden Weiterbeschäftigungsmöglichkeiten die Möglichkeit verwehrt, dem widersprechenden Arbeitnehmer betriebsbedingt zu kündigen. Auch auf diesem Weg ist eine haftungsrechtliche Besserstellung aber nicht zu erreichen. Im Regelfall der Betriebsaufspaltung besteht kein gemeinsamer Betrieb, da die Besitzgesellschaft zumeist keine Arbeitnehmer beschäftigt. Bleibt bei der Funktionsaufspaltung der einheitliche Betrieb fortbestehen, werden die Arbeitsverhältnisse nach § 613a/I 1 BGB in die dem jeweiligen Unternehmen zugeordneten Betriebsabteilungen übergeleitet, in dem ihre Arbeitsplätze angesiedelt sind. Übt der Arbeitnehmer dagegen sein Widerspruchsrecht aus, behält er zwar sein Arbeitsverhältnis mit der ausgegründeten Gesellschaft; die zur Realisierung der Weiterbeschäftigungsmöglichkeit dann erforderliche (dauerhafte) "Übernahme" oder "Versetzung" in die Betriebsabteilung, in der sich der Arbeitsplatz befindet, erfolgt aber im Regelfall wiederum durch die Überleitung des Arbeitsverhältnisses auf den jeweiligen Unternehmensträger. Damit wird wieder das Ergebnis erreicht, das der Arbeitnehmer durch die Ausübung des Widerspruchsrechts verhindern wollte. Zu keinem anderen Ergebnis führt die Ausübung des Widerspruchsrechts bei Anerkennung eines unternehmensübergreifenden Kündigungsschutzes, der die aufgespaltenen Unternehmen insgesamt umfaßt. Für einen Anspruch des widersprechenden Arbeitnehmers auf Beibehaltung seines Arbeitsverhältnisses mit dem bisherigen Arbeitgeber (gespaltener Arbeitgeber) bzw. auf Weiterbeschäftigung durch dieses, fehlt es wiederum an einer tragfähigen Wertungsgrundlage.

Nach der Rechtsprechung des Bundesarbeitsgerichts kommt auch ein haftungsrechtlicher Schutz durch das Instrument des Sozialplans nicht in Betracht. Denn damit können nur die wirtschaftlichen Nachteile ausgeglichen werden, die aus einer Betriebsänderung resultieren. Die arbeitsrechtliche Organisationseinheit Betrieb bleibt im Regelfall der Betriebsaufspaltung aber unverändert; außerdem sind die wirtschaftlichen Gläubigerrisiken nicht Folge einer Betriebsänderung, sondern der Reduzierung des dem Unternehmen zugeordneten Eigenkapitals.

Drittes Kapitel

Der haftungsrechtliche Schutz des Gesellschaftsrechts

Die haftungsrechtlichen Nachteile, die mit einer Betriebsaufspaltung regelmäßig für die Arbeitnehmer einhergehen, lassen sich - wie sich gezeigt hat[1] - nur sehr bedingt mit arbeitsrechtlichen Mitteln bewältigen. Deshalb kommt hier dem Gläubigerschutz, den das Gesellschaftsrecht zur Verfügung stellt, besondere Bedeutung zu.[2]

Die Interessenlage der Arbeitnehmer unterscheidet sich gewöhnlich von derjenigen der "normalen" Gläubiger, die Adressaten des gesellschaftsrechtlichen Schutzes sind. Während diesen an einer angemessenen Finanzausstattung der Gesellschaft gelegen ist, interessiert die Arbeitnehmer der Erhalt ihres Arbeitsplatzes - sichergestellt durch die Fortexistenz des Arbeitgeberunternehmens.[3]

In der typischen Gefährdungssituation der Betriebsaufspaltung deckt sich ihr Interesse jedoch mit dem aller anderen ungesicherten Gläubiger: Das ist die Auffüllung der zumeist äußerst geringen Haftungsmasse.

In nahezu allen Fällen der Betriebsaufspaltung handelt es sich bei den Schuldnergesellschaften um eine GmbH, oder um eine GmbH u.Co.KG.[4] Daher richtet sich das Hauptaugenmerk auf den gesellschaftsrechtlichen Schutz zugunsten der Gläubiger der GmbH. Im Rahmen der Betriebsaufspaltung kommen dabei das Eigenkapitalersatzrecht der GmbH, die Haftung im faktischen Konzern sowie die Durchgriffshaftung wegen Unterkapitalisierung in Betracht.

---

[1] Siehe oben, Zweites Kapitel.

[2] So auch *Belling/Collas*, NJW 1991, 1919, 1921; *Bork*, BB 1989, 2186f.; *Schaub*, NZA 1989, 5, 6ff.; zurückhaltender *Simon*, ZfA 1987, 311, 339ff.

[3] Zu den Besonderheiten des Arbeitnehmer-(Gläubiger-)interesses ausführlich *Windbichler*, S. 29ff. Dazu auch *Konzen*, ZHR 151 (1987), 566, 567ff.

[4] Vgl. oben, Erstes Kapitel, unter A.IV.2.

A. Die Haftung nach § 32a III GmbHG

I. Einführung

Einen wichtigen Beitrag zur Auffüllung der den Gläubigern zur Verfügung stehenden Haftungsmasse leisten die Eigenkapitalersatzregeln der GmbH. Ihre Bedeutung ist groß, da die Fremdfinanzierung insbesondere durch Gesellschafterdarlehen sich zu einem beliebten Finanzierungsinstrument in der GmbH entwickelt hat.[5] Das sind Darlehen, die der Gesellschafter an die GmbH ausreicht, anstelle ihr das eigentlich benötigte Eigenkapital zuzuführen. Die Vorteile für den Gesellschafter bestehen darin, daß das Darlehen als Fremdfinanzierungsmaßnahme weitaus beweglicher und unkomplizierter,[6] zudem steuerlich vorteilhafter ist,[7] als eine Eigenfinanzierung durch Kapitalerhöhung (§ 55 GmbHG) oder Nachschußkapital (§ 26-28 GmbHG). Im Konkurs der Gesellschaft vergrößern sich die Vorteile einer Fremdfinanzierungsmaßnahme: Während Eigenkapital aus Gesellschafterhand als Haftungsmasse für die Gläubiger dient und somit verloren ist, kann sich der Gesellschafter, der ein Darlehen gewährt hat, in die Schar der Gläubiger einreihen und als solcher seine Forderung zur Konkurstabelle anmelden. Die Beurteilung solcher Finanzierungsinstrumente bewegt sich somit in dem Spannungsfeld zwischen der grundsätzlich bestehenden Finanzierungsfreiheit des Gesellschafters auf der einen Seite und dem Bedürfnis nach einem angemessenen Gläubigerschutz auf der anderen Seite.[8] Der Bundesgerichtshof[9] hat hierfür die Verantwortung des Gesellschafters der GmbH für eine ordnungsgemäße Unternehmensfinanzierung als allgemeines Prinzip statuiert. Danach ist der Gesellschafter nicht verpflichtet, der Gesellschaft in der Krise Kapital zuzuführen, falls er sich jedoch dazu entschließt, muß er (haftendes) Eigenkapital, nicht aber Fremdkapital zuführen.[10]

Auf dieser Legitimationsgrundlage ist inzwischen ein ausdifferenziertes zweistufig funktionierendes Schutzsystem entwickelt worden, das hier nur kurz zu skizzieren ist. Es beruht zum einen auf den Rechtsprechungsregeln des Bundesgerichtshofs.[11] Sie unterstellen eigenkapitalersetzende Gesellschafterdarle-

---

[5] Dazu *Hommelhoff/Kleindiek*, S. 421f.

[6] *Lutter/Hommelhoff*, § 32a/b GmbHG, Rdnr. 1.

[7] *Mayer*, DStR 1993, 206.

[8] Zu den Wertungsgrundlagen *Scholz/K. Schmidt*, §§ 32a, 32b GmbHG Rdnr. 4.

[9] BGHZ 90, 381, 389. Ausführlich hierzu *v. Gerkan/Hommelhoff*, S. 36ff.

[10] BGHZ 90, 381, 389.

[11] Übersichten bei *Lutter/Hommelhoff*, §§ 32a/b Rdnr. 5f.; *Hommelhoff/Kleindiek*, S. 421,

hen unabhängig vom Eintritt des Konkurses den Kapitalerhaltungsregeln der §§ 30, 31 GmbHG. Die Bindung gilt bis zum Erhalt der Stammkapitalziffer. Zum anderen gelten die Regeln der GmbH-Novelle von 1980 (§§ 32a, 32b GmbHG, 32a KO, 3b AnfG); sie sollten die Rechtsprechungsregeln eigentlich ablösen, wurden aber allgemein eher als Rückschritt betrachtet, weshalb sie nicht alternativ, sondern kumulativ mit den Rechtsprechungsregeln Geltung erlangt haben.[12] Danach tritt ein Schutz der Gläubiger erst mit der Eröffnung des Konkurs- oder Vergleichsverfahrens ein, eigenkapitalersetzende Darlehen sind dann in voller Höhe verstrickt.[13]

Schon dieser kurze Überblick genügt, um festzustellen, daß der Ersatzkapitalschutz für die Gläubiger einer Betriebs-GmbH von vornherein mit gewissen Schwächen belastet ist. Die Rechtsprechungsregeln greifen zwar auch außerhalb des Gesellschaftskonkurses, schützen allerdings nur das bei Betriebsaufspaltungen ohnehin bereits niedrig gehaltene Stammkapital. Die Novellenregeln reichen zwar in ihrer Bindungswirkung weiter, können aber nur zum Zuge kommen, wenn überhaupt ein Konkurs- oder Vergleichsverfahren eröffnet wird.[14] Soweit das der Fall ist, kommen bei der Betriebsaufspaltung unter dem Gesichtspunkt des Eigenkapitalersatzes mehrere Möglichkeiten zur Auffüllung der Haftungsmasse in Betracht. Neben der Regelung in § 32 a I GmbHG über die eigenkapitalersetzenden Gesellschafterdarlehen selbst ist auch § 32 a II GmbHG von Bedeutung. Danach muß sich der außenstehende Kreditgeber eines gesellschafterbesicherten Darlehens im Konkurs oder Vergleich der Gesellschaft vorrangig an den sicherungsgebenden Gesellschafter halten.[15] Aufgrund der Vermögensarmut der Betriebsgesellschaft bringt das ihren Gläubigern keine große Entlastung, während sich umgekehrt die besicherten Gläubiger ohnehin an die "reiche" Besitzgesellschaft halten.[16]

Eine Auffüllung der Haftungsmasse der Betriebsgesellschaft mit der Folge einer Erhöhung auch der Befriedigungsquoten der ungesicherten Gläubiger kommt bei der Betriebsaufspaltung aber dann in Betracht, wenn die Verpach-

---

429ff.; *Timm*, JuS 1991, 652ff. und 738ff.; *Hachenburg/Ulmer*, § 32a, b, Rdnr. 158ff.; zuletzt *Mayer*, DStZ 1993, 206, 207ff.

[12] Ständige Rechtsprechung seit BGHZ 90, 370, 376ff. und h. M., statt aller dazu *Hommelhoff/Kleindiek*, S. 421, 432 m.w.N. Zum Nebeneinander der beiden Regelungen *Lutter/Hommelhoff*, §§ 32a/b GmbHG Rdnr. 9.

[13] Dazu zuletzt *Scholz/K. Schmidt*, §§ 32a, 32b GmbHG, Rdnr. 49 m.w.N.

[14] Ablehnend gegen eine analoge Anwendung des § 32 a GmbHG in der konkursfreien Liquidation der Gesellschaft BGHZ 90, 370, 375f.; dazu *Hachenburg/Ulmer*, § 32a, b Rdnr. 66.

[15] Dazu statt aller *Lutter/Hommelhoff*, §§ 32a/b Rdnr. 74ff.

[16] Bei der Betriebsaufspaltung sind das in der Regel nur die Banken, vgl. dazu *Hesselmann/Hüfner/Pinkwart*, S. 85f.

tung der Betriebsgrundlagen durch die Besitzgesellschaft als eigenkapitalersetzende Finanzierungsmaßnahme qualifiziert werden kann. Der Zusammenhang mit der Darlehensgewährung besteht darin, daß der Betriebsgesellschaft die benötigten Wirtschaftsgüter (durch Miete oder Pacht) nutzungsweise überlassen werden, anstatt ihr das zu deren Kauf erforderliche Kapital zuzuführen.[17] Nach der Generalklausel des § 32a III GmbHG ist die Gebrauchsüberlassung eigenkapitalersetzend, wenn sie eine der Darlehensgewährung wirtschaftlich vergleichbare Rechtshandlung darstellt. Diese Frage ist seit Jahren heftig umstritten.[18] Mit der Entscheidung vom 16.10.1989[19] ("Lagergrundstück I") hat der Bundesgerichtshof einen ersten "Markstein"[20] gesetzt. Darin hat er die Anwendbarkeit von § 32a/III GmbHG auf Gebrauchsüberlassungsverträge grundsätzlich bejaht, die Frage der daraus resultierenden Rechtsfolgen aber noch weitgehend offengelassen. Die Diskussion hat sich seither vor allem auf die Klärung des Tatbestands und der Rechtsfolgenseite verlagert. Mit der Entscheidung vom 14.12.1992[21] ("Lagergrundstück II"), der eine Fallgestaltung der Betriebsaufspaltung zugrunde lag, hat der Bundesgerichtshof seine Rechtsprechung auf der Grundlage der vorangegangenen Entscheidung fortentwickelt.

II. Die Einbeziehung der Gebrauchsüberlassung in die Generalklausel des § 32a III GmbHG

1. Die befürwortende Auffassung des Bundesgerichtshofs

Den Ausgangspunkt für die Befürwortung der Frage, ob auch Gebrauchsüberlassungen von § 32a III GmbHG erfaßt werden, sieht der Bundesgerichtshof in der Zwecksetzung dieser Norm. Diese besteht nach seiner Auffassung nicht nur darin, im Konkurs der Gesellschaft eine Befriedigungskonkurrenz zwischen dem Gesellschafter und den Gesellschaftsgläubigern zu verhindern; entscheidend ist danach auch hier der schon skizzierte Gedanke, der auch den Rechtsprechungsgrundsätzen zu den §§ 30, 31 GmbHG zugrunde liegt, daß eine Verschleppung der Krise der Gesellschaft durch Gesellschafterleistungen

---

[17] Darauf hat der Bundesgerichtshof schon früher hingewiesen: BGHZ 31, 258, 268, "Lufttaxi"; BGHZ 68, 312, 318, "Typenhaus".

[18] Einen kurzen Überblick über den Diskussionsstand bis zur Lagergrundstück I-Entscheidung gibt *Priester,* Gebrauchsüberlassungsverträge, S. 1, 4ff.

[19] BGHZ 109, 55.

[20] *Priester,* Gebrauchsüberlassungsverträge, S. 1, 6.

[21] BGHZ ZIP 1993, 189ff.; bestätigt in BGH ZIP 1993, 1072.

zu Lasten der Gläubiger zu verhindern ist.[22] Entsprechend müsse der Gesellschafter die liquidationsreife Gesellschaft entweder liquidieren, oder aber haftendes Kapital zuschießen. Wähle er aber eine andere Finanzierungsart, werde diese kraft Gesetzes in haftendes Kapital umqualifiziert.

Hieran anknüpfend gelangt der Bundesgerichtshof zu der Feststellung, daß eine Gebrauchsüberlassung "ebenso wirkungsvoll"[23] wie eine Darlehensgewährung der liquidationsreifen Gesellschaft die Fortexistenz ermöglichen könne. Deshalb ist nach dieser Auffassung unter Berücksichtigung des zugrundegelegten Normzwecks von einer wirtschaftlichen Vergleichbarkeit beider Finanzierungsarten auszugehen. Ihre Unterschiede, darunter vor allem die bei der Gebrauchsüberlassung fehlende dingliche Übereignung, seien demgegenüber nicht wesentlich und erst bei den Rechtsfolgen zu berücksichtigen.

Dieser, in der Lagergrundstück I- Entscheidung entwickelte Gedankengang, der sich auf den breiten Konsens in der Literatur stützen kann,[24] ist in der Lagergrundstück II- Entscheidung vom 2. Senat ausdrücklich bestätigt worden.[25]

2. *Die Gegenauffassung von K. Schmidt*

Dieser Auffassung, die nur auf wenig Kritik gestoßen ist,[26] hat *K. Schmidt* ein eigenes Konzept entgegengestellt.[27] Danach fällt die Gebrauchsüberlassung von Wirtschaftsgütern nicht unter § 32a III GmbHG. Der Zweck dieser Norm wird, anders als vom Bundesgerichtshof, weitaus restriktiver interpretiert. Es gehe bei § 32 a GmbHG um die Behandlung von zugeführtem

---

[22] BGHZ 109, 55, 57.

[23] BGHZ 109, 55, 58.

[24] *Bäcker*, ZIP 1989, 682, 690; ders., S. 150; *Brandes*, ZGR 1989, 245ff.; *Büscher/Klusmann*, ZIP 1991, 10ff.; *Drygala*, S. 47ff.; *Ebenroth/Wilken*, BB 1993, 305; *Fabritius*, S. 131ff.; *Fastrich*, DZWiR 1993, 27f.; *v. Gerkan/Hommelhoff*, S. 157; *Hommelhoff/Kleindiek*, S. 421, 433f; *Hueck*, ZGR 1989, 217ff.; *Jaeger/Henckel*, § 32a KO, Rdnr. 56; *Junge*, S. 241, 242ff.; *Knobbe-Keuk*, Verpachtung, S. 227, 230; *Lutter/Hommelhoff*, §§ 32a/b GmbHG, Rdnr. 98ff.; *Mayer*, DStR 1993, 206, 208; *Priester*, S. 1, 9ff.; *Raiser*, § 38 Rdnr. 21; *Timm*, JuS 1991, 738, 739f.; *Ulmer*, Gebrauchsüberlassung, S. 485, 489ff.; ders., in: Hachenburg, § 32 a, b GmbHG, Rdnr. 106; *Vonnemann*, DB 1990, 261ff.

[25] BGH ZIP 1993, 189, 190.

[26] Kritisch *Häuselmann/Rümker/Westermann*, S. 125ff.; *Rowedder*, § 32a GmbHG Rdnr. 28; *K. Schmidt*, ZIP 1990, 69ff.; ders., ZIP 1993, 161ff.; ders., Gesellschaftsrecht, § 37 IV 3.b); ders., in: Scholz, §§ 32a, 32b GmbHG Rdnr. 110ff.; *Seiler*, S. 163ff.; *Spiegelberger*, DStR 1991, 468ff.; *Weilbach*, GmbHR 1991, 56ff.

[27] Zuletzt in ZIP 1993, 161ff.

Fremdkapital als Eigenkapital, wobei die Unterscheidung zwischen beiden ihren Ausdruck in unterschiedlichen Bilanzpassivposten finde.[28] Unmittelbare Konsequenz dieser Ansicht ist, daß jede Gesellschafterleistung, die nicht auf der Passivseite der Handelsbilanz erscheinen kann, von vornherein kein tauglicher Gegenstand der von § 32 a GmbHG angeordneten Umqualifizierung ist. Daher gelangt *K. Schmidt* zu dem Ergebnis, daß solche Fälle nicht mit den Rechtsregeln der nominellen (formellen) Unterkapitalisierung[29] zu lösen sind, sondern mit denen der materiellen Unterkapitalisierung, in denen der Gesellschaft die erforderlichen Mittel überhaupt nicht zugeführt werden.

Bezogen auf Gebrauchsüberlassungen ergibt sich danach folgendes Ergebnis: Da bei Miet- oder Pachtverträgen mangels Eigentumsverschaffung an den überlassenen Gegenständen keine Bilanzpositionen begründet werden, können darauf beruhende Gebrauchsüberlassungen nicht Gegenstand der Umqualifizierung nach § 32 a III GmbHG sein. Die eigenkapitalersetzende Gebrauchsüberlassung sei daher ein Problem der materiellen Unterkapitalisierung, für die eine Verschuldenshaftung zu entwickeln sei.[30]

3. Stellungnahme

An der Lagergrundstück II- Entscheidung, die er der "Kassation kraft besserer Einsicht"[31] unterworfen sehen möchte, bemängelt *K. Schmidt*, der 2. Senat habe sich der von ihm aufgeworfenen Grundsatzfrage zur ratio legis nicht gestellt, weshalb Meinung und Gegenmeinung "unausgetragen gegeneinander"[32] stünden. Dieser Vorwurf läßt sich freilich auch gegen ihn selber richten, denn sein Konzept ist seit der Lagergrundstück I- Entscheidung von einer Reihe von Autoren erörtert und widerlegt worden.[33] Die in dieser Diskussion vorgebrachten Argumente sollen hier nicht wiederholt werden. Es genügt festzuhalten, daß *K. Schmidt*, dessen Konzept in sich vollkommen schlüssig ist, die Begründung für den Ausgangspunkt seiner Argumentation

---

[28] *K. Schmidt*, ZIP 1990, 69, 74ff.

[29] Diese zeichnet sich dadurch aus, daß der Gesellschaft die erforderlichen Mittel zwar zugeführt werden, aber nicht in Form von Eigen-, sondern von Fremdkapital; dazu und zur Unterscheidung von der materiellen Unterkapitalisierung *Hachenburg/Ulmer*, Anh. § 30 Rdnr. 21.

[30] *K. Schmidt*, ZIP 1990, 69, 78f.; ders., ZIP 1993, 161, 164; ders., in: Scholz, §§ 32a, 32b GmbHG Rdnr. 113.

[31] *K. Schmidt*, ZIP 1993, 161, 164.

[32] *K. Schmidt*, ZIP 1993, 161, 162.

[33] *Büscher/Klusmann*, ZIP 1991, 10ff.; *Jaeger/Henckel*, § 32a KO, Rdnr. 57; *Knobbe-Keuk*, Verpachtung, S. 227, 233ff.; *Lutter/Hommelhoff*, §§ 32a/b Rdnr. 100; *Ulmer*, Gebrauchsüberlassung, S. 485, 489ff.

schuldig bleibt.[34] Dieser besteht in dem von ihm a priori vorausgesetzten "präzisierten" Normzweck. Gegen die Haltbarkeit dieses engen Verständnisses des Normzwecks von § 32 a GmbHG lassen sich immerhin zwei schlagkräftige Einwände ins Feld führen: Es ist von mehreren Autoren dargelegt worden[35] (und von *K. Schmidt* auch anerkannt[36]), daß die Gebrauchsüberlassung (zugleich) Finanzierungscharakter hat, also für die Gesellschaft eine Maßnahme der Mittelbeschaffung ist. Angesichts dieser Erkenntnis erscheint es keineswegs zwingend, allein aufgrund des fehlenden Bilanzpostens den Fall der Gebrauchsüberlassung mit dem Falle der materiellen Unterkapitalisierung gleichzustellen, in der einer Gesellschaft (benötigte) Mittel überhaupt nicht zugeführt werden.[37] Zum anderen ist verschiedentlich darauf hingewiesen worden, daß das Konzept von *K. Schmidt* hinsichtlich der Behandlung von Fällen des Finanzierungsleasings Widersprüche aufweist.[38] Diese befinden sich seiner Auffassung nach nämlich im "klassischen Anwendungsbereich des § 32 a III GmbHG",[39] da es sich um verdeckte Formen der Kreditsicherung handle.[40] Hier scheint es aber nicht zu stören, daß in der überwiegenden Zahl der Fälle des Finanzierungsleasings bei der leasingnehmenden Gesellschaft auch kein Bilanzposten begründet wird.[41] Die allein darauf abstellende Betrachtungsweise von *K. Schmidt* erweist sich somit als angreifbar. Demgegenüber erscheint die vom Bundesgerichtshof zugrundegelegte Interpretation des Normzwecks, die sich in den Gesamtzusammenhang der Kapitalerhaltungsregeln in der GmbH einfügt, plausibler.[42]

---

[34] So zu Recht *Knobbe-Keuk*, Verpachtung, S. 227, 234. Auch in der Erwiderung der an ihm geübten Kritik fehlen insoweit vorgebrachte Argumente, vgl. *Scholz/K. Schmidt*, §§ 32a, 32b Rdnr. 113, FN 371.

[35] *Braun*, ZIP 1983, 1175, 1179f.; *Fabritius*, S. 49ff.; *Hesselmann/Hüfner/Pinkwart*, S. 108ff.; *Ziegler*, S. 58f.

[36] *K. Schmidt*, ZIP 1990, 69, 73.

[37] Ähnlich *Jaeger/Henckel*, § 32a KO Rdnr. 57.

[38] So *Büscher/Klusmann*, ZIP 1991, 10, 11; *Drygala*, S. 48f.

[39] *K. Schmidt*, ZIP 1990, 69, 71.

[40] *K. Schmidt*, zuletzt in *Scholz*, §§ 32a, 32b Rdnr. 108.

[41] Dazu *Büscher/Klusmann*, ZIP 1991, 10, 11 m.w.N. Zu den Gemeinsamkeiten von Gebrauchsüberlassung und Leasing als Finanzierungsinstrument *Fabritius*, S. 49ff.; dazu auch bezogen auf die Betriebsaufspaltung *Hueck*, ZGR 1989, 216, 227f.; zur "Betriebserhaltung mit Leasing-Effekt" bei der Betriebsaufspaltung *Dehmer*, Rdnr. 1465.

[42] Auch die übrigen, gegen die Rechtsprechung des Bundesgerichtshofs gewandten Argument vermögen daran nichts zu ändern. *Weilbach*, GmbHR 1991, 56, 59 verneint die wirtschaftliche Vergleichbarkeit von Darlehen und Nutzungsüberlassung wegen der unterschiedlichen dinglichen Rechtslage, übersieht dabei aber, daß der Bundesgerichtshof die Vergleichbarkeit eben nicht generell, sondern bezogen auf den Normzweck bejaht hat. Zudem stützt sich *Weillach*, a.a.O., auf Bäcker, der aber gerade der Rechtsprechung des Bundesgerichtshofs folgt. *Seiler*, S. 167, verneint

Nicht von der Hand zu weisen ist hingegen die methodische Kritik, die *K. Schmidt* an der Lagergrundstück I-Entscheidung geübt hat.[43] Sie bezog sich auf das Vorgehen des Bundesgerichtshofs, die Anwendbarkeit des § 32 a III GmbHG bei Gebrauchsüberlassungen zu bejahen, ohne zu überprüfen, ob sich eine dem gefundenen Normzweck sinnvoll entsprechende Rechtsfolge entwickeln läßt.[44] Um dies zu veranschaulichen, unternahm *K. Schmidt* die "probatio ad absurdum"[45], daß auf der Grundlage der Rechtsprechung des 2. Senats auch eigenkapitalersetzende Gesellschafterleistungen (wie zum Beispiel Dienstleistungen)[46] anzuerkennen wären, da auch sie der konkursreifen Gesellschaft die Fortexistenz ermöglichen könnten.[47] Daran ist richtig, daß die Argumentation des Bundesgerichtshofs nicht dahin mißverstanden werden darf, jede Gesellschafterleistung, die der liquidationsreifen Gesellschaft die Fortexistenz ermöglicht, unterfalle automatisch dem § 32 a III GmbHG. Mit Blick auf die in der Rechtsfolge des § 32a/III GmbHG angeordneten Bindungswirkung können nur diejenigen Gesellschafterleistungen der Umqualifizierung unterfallen, die der Gesellschaft einen faßbaren Vermögenswert zuführen.[48] Dabei wird teilweise die Sacheinlagefähigkeit einer Gesellschafterleistung als Mindestanforderung für ihre Einbeziehung in die Generalklausel des § 32a/III GmbHG verlangt.[49] Damit werden jedoch die Voraussetzungen wiederum überspannt. Es genügt, wenn der vom Gesellschafter geleistete Beitrag ein tauglicher Gegenstand der von den §§ 30, 31, 32a GmbHG angeordneten Vermögensbindung sein kann. Dazu muß er Eigenkapital in seiner Haftungsaufgabe funktional insoweit "ersetzen" können, als er (entweder isoliert oder im Rahmen des Gesellschaftsunternehmens) Gläubigerinteressen zugänglich sein muß.[50]

---

die Anwendbarkeit des § 32a III GmbHG, da mit der Gebrauchsüberlassung keine liquiden Mittel zugeführt würden. Zu diesem Argument zuletzt *Ulmer*, Gebrauchsüberlassung, S. 485, 489f.

[43] So auch *Knobbe-Keuk*, Verpachtung, S. 227, 229. Dagegen *Lutter/Hommelhoff*, §§ 32a/b GmbHG Rdnr. 99; *Ulmer*, Gebrauchsüberlassung, S. 485, 492f.

[44] Deshalb skeptisch hinsichtlich der Tauglichkeit von § 32a GmbHG als Gläubigerschutzinstrument *Belling/Collas*, NJW 1991, 1919, 1923.

[45] *Spiegelberger*, DStR 1991, 468, 470.

[46] Dazu *Priester*, DB 1993, 1173ff.

[47] *K. Schmidt*, ZIP 1990, 69, 72f.

[48] So aber *K. Schmidt* selbst, ZIP 1993, 161, 165. Dazu *Hachenburg/Ulmer*, § 5 GmbHG Rdnr. 36, 40.

[49] So aber *Büscher/Klusmann*, ZIP 1991, 10, 11.

[50] Das ist aber nur ein Teil der Voraussetzungen für die Sacheinlagefähigkeit. Dazu bei obligatorischen Nutzungsrechten *Bork*, ZHR 154 (1990), 205, 225ff.; *Brandes*, ZGR 1989, 244, 246f.; *Meilicke*, BB 1991, 579ff.

Die Prüfung, ob eine Finanzierungsmaßnahme des Gesellschafters der Darlehensgewährung wirtschaftlich entsprechen kann (§ 32a III GmbHG), umfaßt somit zwei Voraussetzungen: Der eingebrachte Vermögensgegenstand muß geeignet sein, eine Verschleppung der Krise der Gesellschaft zu bewirken; zusätzlich muß er zu Gunsten der Gläubiger im Gesellschaftsvermögen gebunden werden können. Prüft man auf dieser Grundlage die Anwendbarkeit von § 32a III GmbHG bei Gebrauchsüberlassungen, ergibt sich folgendes: Gebrauchsüberlassungen sind geeignet, die Fortexistenz liquidationsreifer Gesellschaften zu ermöglichen; das ist bereits mehrfach dargelegt worden.[51] Bei Betriebsaufspaltungen beruht die Gebrauchsüberlassung auf obligatorischen Nutzungsrechten (Miete oder Pacht). Diese sind nach überwiegender Meinung sogar sacheinlagefähig, soweit damit eine Übertragung des unmittelbaren Besitzes an den überlassenen Wirtschaftsgütern verbunden ist.[52] Die mit der Betriebsaufspaltung einhergehende Gebrauchsüberlassung kann daher ein tauglicher Gegenstand der Vermögensbindung sein.[53] Daraus ergibt sich, daß die Gebrauchsüberlassung bei der Betriebsaufspaltung eine der Darlehensgewährung nach § 32a/I GmbHG wirtschaftlich vergleichbare Rechtshandlung sein kann.[54]

III. Die Voraussetzungen der eigenkapitalersetzenden Gebrauchsüberlassung

Während die Voraussetzungen der eigenkapitalersetzenden Darlehensgewährung nach § 32a GmbHG als weitgehend geklärt gelten können,[55] ist die Diskussion um die Voraussetzungen, unter denen einer Gebrauchsüberlassung ein eigenkapitalersetzender Charakter zukommt, noch nicht abgeschlossen. Die Lagergrundstück II-Entscheidung des Bundesgerichtshofs hat dieser Diskussion aber weitere neue Orientierungspunkte vorgegeben. Allgemeine Übereinstimmung herrscht dahingehend, daß für Fallgestaltungen der Betriebsaufspaltung

---

[51] Dazu *Fabritius*, S. 109; *Ziegler*, S. 58f. m.w.N.

[52] Dafür *Bork*, ZHR 154 (1990), 205ff.; *Brandes*, ZGR 1989, 244, 246f.; *Lutter/Hommelhoff*, § 5 GmbHG Rdnr. 19; *Meilicke*, BB 1991, 579ff.; einschränkend dafür *K. Schmidt*, ZHR 154 (1990), 237, 254ff., nur für obligatorische Nutzungsrechte an beweglichen Sachen in Verbindung mit der Übertragung des unmittelbaren Besitzes; *Hachenburg/Ulmer*, § 5 GmbHG Rdnr. 40 m.w.N. Dagegen *Fabritius*, S. 161ff.; *Knobbe-Keuk*, ZGR 1980, 214, 217ff., die hierbei auf die fehlende Bilanzierungsmöglichkeit des obligatorischen Nutzungsrechts als korrespondierendes Ergebnis hinweist. Zuletzt ablehnend *Uhlenbruck*, S. 841, 844.

[53] Zu den Möglichkeiten der Verwertung des obligatorischen Nutzungsrechts unten unter III.2.c).

[54] Ebenso im Ergebnis zuletzt *Keßler*, GmbHR 1993, 541, 543f.

[55] Übersichten dazu bei *Lutter/Hommelhoff*, §§ 32a/b GmbHG Rdnr. 18ff.; *Scholz/K. Schmidt*, §§ 32a,b Rdnr. 23ff.

keine Sonderregeln gelten,[56] diese sich vielmehr umgekehrt in die Regeln der eigenkapitalersetzenden Gebrauchsüberlassungen einfügen. Die Betriebsaufspaltung wird aber als typischer und markantester Fall der Gebrauchsüberlassung betrachtet.[57] Von anderen Formen der Gebrauchsüberlassung dürfte sie sich vor allem dadurch unterscheiden, daß bei ihr nicht nur einzelne Gegenstände überlassen werden (beim Steuerberatermodell etwa nur ein Grundstück), sondern häufig auch Gesamtheiten von Wirtschaftsgütern (alle sachlichen Betriebsgrundlagen beim Unternehmenspachtmodell).

1. Die Kriterien für die Bestimmung der Eigenkapitalersatzfunktion

a) Überblick über die zu § 32a I GmbHG entwickelten Kriterien

Zur Beurteilung der Frage, ob eine Gesellschafterleistung eigenkapitalersetzenden Charakter hat, gibt das Gesetz als Beurteilungsmaßstab das Finanzierungsverhalten ordentlicher Kaufleute vor (§ 32a I 1 GmbHG). Aus sich heraus ist dieses normative Kriterium jedoch schwer zu konkretisieren.[58] Deshalb sind in der Literatur drei eigenständige Hilfskriterien zur Bestimmung der Eigenkapitalersatzfunktion entwickelt worden; zwei davon stellen auf objektive Umstände ab, eines auf einen subjektiven Umstand, nämlich die Vereinbarung der Gesellschafter.

Weitgehend unproblematisch ist das Kriterium der Konkursreife[59] der Gesellschaft. Befindet diese sich im Stadium der Überschuldung mit der daraus folgenden Pflicht des Geschäftsführers, Konkurs anzumelden (§ 64 I GmbHG) oder, was dem gleichgestellt wird, der Zahlungsunfähigkeit, unterliegt es nach allgemeiner Auffassung keinem Zweifel, daß Fremdfinanzierungen aus Gesellschafterhand (Sanierungskredite) eigenkapitalersetzende Qualität annehmen.[60]

---

[56] So *Hueck*, ZGR 1989, 216, 220f.; die bei *Jaeger/Henckel*, § 32a KO Rdnr. 65 genannten Autoren, die seiner Auffassung nach für eine Sonderbehandlung der Betriebsaufspaltung eintreten, behandeln tatsächlich die Frage der eigenkapitalersetzenden Gebrauchsüberlassung nur am exemplarischen Fall der Betriebsaufspaltung.

[57] So *Lutter/Hommelhoff*, §§ 32a/b GmbHGRdnr. 97; *Hachenburg/Ulmer*, § 32a, b Rdnr. 105.

[58] Dazu *Lutter/Hommelhoff*, § 32 a/b GmbHG Rdnr. 18; *Scholz/K. Schmidt*, §§ 32a, 32b GmbHG Rdnr. 35; *Hachenburg/Ulmer*, § 32a, b GmbHG Rdnr. 42ff.

[59] *Scholz/K.Schmidt*, §§ 32a, 32b GmbHG Rdnr. 36; *Hachenburg/Ulmer*, § 32a, b GmbHG Rdnr. 47, 47a.

[60] So zuletzt BGH ZIP 1993, 1072.

Um aber auch Gläubigerschädigungen durch Gesellschafterdarlehen im Vorstadium der Konkursreife zu verhindern, ist als weiteres Kriterium die Kreditunwürdigkeit[61] entwickelt worden. Danach tritt die Umqualifizierung in Eigenkapital ein, wenn die Gesellschaft von einem außenstehenden Dritten zu marktüblichen Bedingungen keinen Kredit mehr erhalten hätte und deshalb ohne das Darlehen hätte liquidiert werden müssen. Bei Konkursreife einer Gesellschaft ergibt sich ihre Kreditunwürdigkeit von selbst; im Vorfeld dieses Stadiums ist sie durch eine objektive Würdigung anhand aller relevanten Indizien zu ermitteln.[62]

Als drittes Kriterium zur Umqualifizierung wird die Finanzierungsplanung der Gesellschaft herangezogen.[63] Dieses Kriterium unterscheidet sich in mehrfacher Hinsicht von den beiden anderen; seine Entwicklung kann auch noch nicht als abgeschlossen gelten.[64] Die danach zu bestimmenden Finanzplankredite sind dadurch gekennzeichnet, daß sie nicht (nur) Eigenkapital ersetzen, sondern unmittelbar als haftendes Kapital, also wie eine Einlage behandelt werden.[65] Die Umqualifizierung in einlagegleiche Kredite wird auf die Vereinbarungen der Gesellschafter gestützt. Tatbestandliche Voraussetzung hierfür ist die materielle Eigenkapitalfunktion des Gesellschafterkredits. Diese wird dann bejaht, wenn aus der internen Finanzplanung der Gesellschaft hervorgeht, daß sie auf die Gesellschafterleistung zur Verwirklichung ihrer Ziele unmittelbar angewiesen ist.[66] Ist dies zu bejahen, sind Finanzplankredite qualifiziert gebunden. Das bedeutet, daß sie in der Krise der Gesellschaft verstrickt sind.[67] Unklar ist hingegen, ob eine Bindung dieser Kredite auch bereits im Vorfeld der Krise zu bejahen ist.[68]

---

[61] Dazu ausführlich *Lutter/Hommelhoff*, §§ 32a/b GmbHG Rdnr. 18ff.; *Scholz/K. Schmidt*, §§ 32a, 32b GmbHG Rdnr. 37; *Hachenburg/Ulmer*, § 32a, b Rdnr. 46.

[62] Zu den Indizien *Lutter/Hommelhoff*, §§ 32a/b GmbHG Rdnr. 21ff.

[63] Dazu *Lutter/Hommelhoff*, § 32a/b GmbHG Rdnr. 11ff.; *Scholz/K. Schmidt*, §§ 32a, 32b GmbHG Rdnr. 38; *Hachenburg/Ulmer*, § 32a, b GmbHG Rdnr. 48.

[64] Ausführlich dazu *v. Gerkan/Hommelhoff*, S. 25ff., 145ff.; zuletzt dazu *Ebenroth/Wilken*, BB 1993, 305, 307; *Hommelhoff/Kleindiek*, S. 421, 438ff.

[65] So *v. Gerkan*, GmbHR 1990, 384, 385; *Lutter/Hommelhoff*, §§ 32a/b Rdnr. 11; anders akzentuiert *Scholz/K. Schmidt*, §§ 32a, 32b Rdnr. 38, demzufolge auch diese Kredite eigenkapitalersetzend und § 32a GmbHG unterworfen sind. Die Rechtsprechung unterscheidet hiervon solche Kredite, die von vornherein auf Krisenfinanzierung angelegt waren, dazu *v. Gerkan/Hommelhoff*, S. 145ff. m.w.N.

[66] So BGHZ 104, 33, 41, ("RH-Urteil").

[67] So *Lutter/Hommelhoff*, §§ 32a/b Rdnr. 15ff.; *Scholz/K. Schmidt*, §§ 32a, 32b Rdnr. 38; *Hachenburg/Ulmer*, § 32a, b Rdnr. 48, 61.

[68] Dazu *v. Gerkan/Hommelhoff*, S. 27f.; dafür *Ebenroth/Wilken*, BB 1993, 305, 307; *Hommelhoff/Kleindiek*, S. 421, 441ff.; *Hachenburg/Ulmer*, § 32a, b Rdnr. 48, 61. Offenbar dagegen *Lutter/Hommelhoff*, §§ 32a/b Rdnr. 15ff.; *Scholz/K. Schmidt*, §§ 32a, 32b Rdnr. 38, 42, 51.

b) Eigenkapitalersatzfunktion bei Konkursreife

Überträgt man diese Kriterien auf die Gebrauchsüberlassungen, ergeben sich keine Probleme beim Umqualifizierungskriterium der Konkursreife. Unbeschadet der Frage, ob die Gebrauchsüberlassung geeignet ist, eine drohende oder bereits eingetretene Überschuldung abzuwenden,[69] wird von allen Seiten angenommen, daß eine Fortsetzung der Gesellschaft durch Gebrauchsüberlassungen in diesem Stadium nur um den Preis ihrer Umqualifizierung in Eigenkapital möglich ist.[70]

c) Eigenkapitalersatzfunktion im Vorfeld der Konkursreife

Weitaus schwieriger gestaltet sich dagegen die Bestimmung der Eigenkapitalersatzfunktion von Gebrauchsüberlassungen im Vorfeld der Konkursreife. Einer parallelen Geltung der insoweit zur Darlehensgewährung entwickelten Grundsätze stehen die Unterschiede zwischen Geld- und Sachdarlehen entgegen. Einem Nutzungsgeber, der die überlassenen Gegenstände nicht übereignet und deshalb ein konkursfestes Aussonderungsrecht behält, wird es genügen, wenn die Gesellschaft in der Lage ist, den Miet- oder Pachtzins für die vereinbarte Überlassungsdauer aufzubringen. Für einen "Geldgeber" kann die Gesellschaft dann aber schon kreditunwürdig sein, weil er befürchten muß, die Darlehensvaluta nicht zurückzuerhalten.[71] Die Schwierigkeiten vergrößern sich noch dadurch, daß es bei Gebrauchsüberlassungen an einem konkreten Vergleichsmarkt fehlt, dem allgemeine Kriterien für die Bestimmung der Eigenkapitalersatzfunktion abgewonnen werden könnten.

aa) Die Auffassung in der Literatur

Deshalb war in der Literatur umstritten, inwieweit dem auf Darlehenssachverhalte zugeschnittenen Kriterium der Kreditunwürdigkeit eigenständige Bedeutung für die Umqualifizierungen von Gebrauchsüberlassungen im Vorfeld der Konkursreife zukommt.[72] Von einigen Autoren wurde für Sachverhalte

---

[69] Bejahend *Hachenburg/Ulmer*, § 32a, b Rdnr. 107, RN 224; verneinend *Ziegler*, S. 57f. jeweils m.w.N.

[70] So statt aller BGHZ 109, 55, 59f.; zuletzt BGH ZIP 1993, 1072 bei eingetretener Überschuldung; praktisch werden kann dies bei der sanierenden Nutzungsüberlassung, dazu *Scholz/K. Schmidt*, §§ 32a, 32b Rdnr. 115; zum Fall des sale-and-lease-back vgl. *Hachenburg/Ulmer*, § 32a, b Rdnr. 99. Zum Zeitpunkt der Umqualifizierung siehe unten unter 3.

[71] So bereits *Schulze-Osterloh*, ZGR 1983, 123, 132.

der Gebrauchsüberlassung das funktional entsprechende Kriterium der Überlassungsunwürdigkeit entwickelt.[73] Sie wird bejaht, wenn ein gesellschaftsfremder Dritter zur Überlassung des Gegenstands zu vergleichbaren Konditionen nicht bereit wäre.

Inzwischen besteht eine weitgehende Einigkeit dahingehend, daß die Tauglichkeit dieser Kriterien von der Art des Gebrauchsüberlassungsverhältnisses abhängt.[74] Danach wird unterteilt in die Überlassung von "Standardwirtschaftsgütern", für die ein konkreter Vergleichsmarkt existiert, und in die Überlassung von speziellen, auf die Bedürfnisse der jeweiligen GmbH zugeschnittenen Gegenständen. Werden Standardwirtschaftsgüter überlassen, soll eine Umqualifizierung erst dann eintreten, wenn die Gesellschaft überlassungsunwürdig ist. Das ist der Fall, wenn nicht mehr gewährleistet ist, daß sie die vereinbarten Miet- oder Pachtzinsen entrichten oder etwa für Schäden an der überlassenen Sache aufkommen kann.[75]

Bei speziellen Gütern fehlt es nicht nur an einem konkreten Vergleichsmarkt, sondern darüber hinaus sind sie auch für den Nutzungsgeber weitaus weniger fungibel. Daraus wird die Schlußfolgerung gezogen, daß bei der Überlassung solcher Güter entweder gleich auf das Kriterium der allgemeinen Kreditwürdigkeit zurückzugreifen ist[76] oder aber an die Überlassungswürdigkeit höhere Anforderungen zu stellen sind; etwa dahingehend, daß ein Dritter sichergehen können muß, die Veränderungskosten zu erhalten, die er aufbringen müßte, um den speziellen Gegenstand anderweitig vermieten zu können.[77] Neben dem Kriterium der Kreditunwürdigkeit bzw. der Überlassungsunwürdigkeit wird aber auch die Finanzplanung als Maßstab für die Umqualifizierung vorgeschlagen.[78] Danach ist die Eigenkapitalersatzfunktion einer

---

[72] Dafür *v. Gerkan*, GmbHR 1986, 218, 222; insbesondere auch *Vonnemann*, DB 1990, 261, 262; *Ulmer*, ZIP 1984, 1163, 1173; dagegen *Brandes*, ZGR 1989, 244, 252; *Büscher/Klusmann*, ZIP 1991, 10, 13; *Hueck*, ZGR 1989, 216, 230; *Lutter/Hommelhoff*, §§ 32a/b GmbHG Rdnr. 102.

[73] Eingeführt von *Fischer/Lutter/Hommelhoff*, (12.Aufl.) §§ 32a/b GmbHG Rdnr. 72ff.; dafür auch *Hueck*, ZGR 1989, 216, 230.

[74] Übereinstimmend *Lutter/Hommelhoff*, §§ 32a/b GmbHG Rdnr. 102; *Ulmer*, Gebrauchsüberlassung, S. 485, 495ff.; *Hachenburg/Ulmer*, § 32a, b GmbHG Rdnr. 108ff.

[75] So *Lutter/Hommelhoff*, §§ 32a/b Rdnr. 102.

[76] So *Ulmer*, Gebrauchsüberlassung, S. 485, 496; *Hachenburg/Ulmer*, § 32a, b GmbHG Rdnr. 110.

[77] So *Lutter/Hommelhoff*, §§ 32a/b GmbHG Rdnr. 102.

[78] *Hommelhoff/Kleindiek*, S. 421, 439; *Lutter/Hommelhoff*, §§ 32a/b Rdnr. 109; *Scholz/K. Schmidt*, §§ 32a, 32b GmbHG Rdnr. 114; *Ulmer*, Gebrauchsüberlassung, S. 485, 496f.; *Hachenburg/Ulmer*, §§ 32a, b GmbHG Rdnr. 111; dazu auch *Drygala*, S. 59f.

Gebrauchsüberlassung auch bei noch bestehender allgemeiner Kreditwürdigkeit anzunehmen, wenn die Gesellschaft aufgrund ihrer finanziellen Planung dringend auf sie angewiesen ist.

Dieses Kriterium wird gerade für Fälle der Betriebsaufspaltung empfohlen, bei denen die Betriebs-GmbH die überlassenen Gegenstände wegen ihres besonderen Zuschnitts oder aber wegen ihrer mangelnden Kapitalausstattung nicht erlangen könnte.[79]

bb) Die Rechtsprechung des Bundesgerichtshofs

Der Bundesgerichtshof, der in der Lagergrundstück I-Entscheidung das Merkmal der Kredit- bzw. Überlassungswürdigkeit so, wie auch von der überwiegenden Literatur vorgeschlagen, auf die Gebrauchsüberlassung angewendet hatte, hat seine Rechtsprechung im Lagergrundstück II- Urteil insoweit erheblich präzisiert und fortentwikkelt.

Danach soll das Kriterium der Kreditunwürdigkeit zwar weiterhin in Fällen der Gebrauchsüberlassung Bedeutung beibehalten;[80] der 2. Senat räumt aber ein, daß eine Eigenkapitalersatzfunktion erst dann anzunehmen ist, wenn die Gesellschaft die konkret vom Gesellschafter erhaltene Leistung auf dem allgemeinen Markt nicht erlangt hätte.[81] Da die Gesellschaft die überlassenen Gegenstände "tatsächlich nicht gekauft, sondern nur zur Nutzung erhalten"[82] hat, kann es danach für die Umqualifizierung nicht entscheidend sein, ob die Gesellschaft einen Investitionskredit zum Ankauf der jeweiligen Gegenstände noch hätte erhalten können. Vielmehr soll es darauf ankommen, ob ein vernünftig handelnder Dritter die Gegenstände in gleicher Weise nutzungshalber überlassen hätte.[83] Des weiteren vertritt der 2. Senat die Auffassung, daß die Unterscheidung in Standardwirtschaftsgüter und spezielle Wirtschaftsgüter nur Sinn habe, wenn insgesamt einzelne Gegenstände überlassen werden. Werde hingegen die gesamte Betriebseinrichtung vermietet oder verpachtet, könne dieser Vorgang auch nur einheitlich beurteilt werden.[84] Bevor das Gericht den konkreten Überlassungsvertrag der hypothetischen Prüfung unterzog, ob er

---

[79] So insbesondere *Ulmer*, Gebrauchsüberlassung, S. 485, 496f.; ähnlich *K. Schmidt*, ZIP 1993, 161, 165f.

[80] BGH ZIP 1993, 189, unter 4.a. der Gründe.

[81] BGH ZIP 1993, 189, a.a.O.

[82] BGH ZIP 1993, 189, a.a.O.

[83] BGH ZIP 1993, 189, a.a.O.

[84] BGH ZIP 1993, 189, a.a.O.

ebenso von einem (gedachten) vernünftig handelnden gesellschaftsfremden Dritten abgeschlossen worden wäre, unterwirft es ihn noch einer Ernsthaftigkeitskontrolle. Dabei prüft es, ob die vereinbarte Nutzungsdauer, insbesondere die Kündigungsfristen, dem umfangreichen Nutzungsüberlassungsverhältnis sinnvollerweise entspricht, mithin also ernstgemeint ist.[85]

Auf das Kriterium des Finanzplans hat sich der 2. Senat ausdrücklich nicht bezogen. Zugleich hat er allerdings die tatbestandlichen Anforderungen an einen Finanzplankredit abgesenkt. Seine materielle Eigenkapitalersatzfunktion soll für die Umqualifizierung bereits ausreichen; die bislang zusätzlich verlangte Voraussetzung, daß die Gesellschafterfinanzierung dem Gesellschafter als echte gesellschaftsvertragliche Pflicht auferlegt war, hat der 2. Senat dagegen aufgegeben.[86] In der Literatur war diese Voraussetzung allgemein auf Ablehnung gestoßen.[87]

Die Rechtsprechung des Bundesgerichtshofs zur Umqualifizierung von Gebrauchsüberlassungen speziell in Fällen der Betriebsaufspaltung läßt sich somit dahingehend zusammenfassen: Die Beurteilung der Eigenkapitalersatzfunktion richtet sich nach den Modellen der Gebrauchsüberlassung. Werden nur einzelne Wirtschaftsgüter überlassen (was bei der Betriebsaufspaltung dem Steuerberatermodell entspricht), gilt das Kriterium der Überlassungsunwürdigkeit, wobei sich die daran zu stellenden Anforderungen nach dem Spezialitätsgrad der überlassenen Gegenstände richten. Werden hingegen (wie beim Unternehmenspachtmodell) Gesamtheiten von Wirtschaftsgütern überlassen, so findet ebenfalls das Kriterium der Überlassungsunwürdigkeit Anwendung, die Prüfung erfolgt aber u. U. doppelt hypothetisch. Das konkret vereinbarte Nutzungsüberlassungsverhältnis wird erst dann der (hypothetischen) Vergleichsmarktkontrolle unterzogen, wenn es zuvor eine Ernsthaftigkeitskontrolle besteht; ist das nicht der Fall, wird ein den jeweiligen Gegebenheiten entsprechend korrigiertes (hypothetisches) Verhältnis dieser Kontrolle unterworfen.

---

[85] BGH ZIP 1993, 189, a.a.O.

[86] BGH ZIP 1993, 189, a.a.O.

[87] *v. Gerkan/Hommelhoff*, S. 29; *Hommelhoff/Kleindiek*, S. 421, 440f.; *Lutter/Hommelhoff*, §§ 32a/b GmbHG Rdnr. 13; *Scholz/K. Schmidt*, §§ 32a, 32b GmbHG Rdnr. 38.

cc) Stellungnahme

(1) Das Kriterium der Überlassungsunwürdigkeit

Mit dem Lagergrundstück II- Urteil ist dem Bundesgerichtshof eine konsequente Übertragung des zur Umqualifizierung von Gesellschafterdarlehen dienenden Kriteriums der Kreditunwürdigkeit auf Sachverhalte der Gebrauchsüberlassung gelungen. Die Lagergrundstück I-Entscheidung war hierbei auf halbem Weg stehengeblieben. In dieser Entscheidung hatte das Gericht zwar schon eingeräumt, daß das Unvermögen der Gesellschaft, einen Investitionskredit zum Ankauf eines bestimmten Wirtschaftsguts aufzubringen (Kreditunwürdigkeit), noch nicht ausreicht, um eine Umqualifizierung der Gebrauchsüberlassung dieses Wirtschaftsguts anzunehmen.[88] Dennoch hat es bei der Beurteilung der Eigenkapitalersatzfunktion alternativ auf dieses Kriterium wieder zurückgegriffen.[89] Schon für Darlehenssachverhalte ist jedoch bereits darauf hingewiesen worden, daß die Kreditwürdigkeit nicht pauschal besteht, sondern vom jeweiligen Umfang der Darlehensgewähr abhängt.[90] Schon das macht deutlich, daß die Kreditunwürdigkeit für den ganz anderen Sachverhalt der Gebrauchsüberlassung nur begrenzten Aussagewert haben kann. Zu Recht ist deshalb kritisiert worden, daß der Bundesgerichtshof bei Gebrauchsüberlassungen mit dem Maßstab der Kreditwürdigkeit die Bonität der Gesellschaft für den Erhalt von Mitteln prüft, die tatsächlich gerade nicht zugeführt wurden.[91] Es ist daher zu begrüßen, daß der 2. Senat nunmehr vom Merkmal der Kreditunwürdigkeit weitgehend Abschied genommen hat und sich stattdessen ganz darauf konzentriert, ob die konkret zugeführte Gesellschafterleistung, nämlich die Einräumung eines obligatorischen Nutzungsrechts an den überlassenen Wirtschaftsgütern, auch von dritter Seite zu erlangen gewesen wäre.[92]

Die Eigenkapitalersatzfunktion von Gebrauchsüberlassungen ist daher in diesem Sinne durch eine Überlassungswürdigkeitsprüfung zu bestimmen.[93] Sie

---

[88] BGHZ 109, 55, 63.

[89] BGHZ 109, 55, 64. Dazu kritisch *Büscher/Klusmann*, ZIP 1991, 10, 13 und *Häuselmann/Rümker/Westermann*, S. 128.

[90] *Fabritius*, S. 108; so auch *Drygala*, S. 56.

[91] *K. Schmidt*, ZIP 1990, 69, 74f. Ähnlich *Knobbe-Keuk*, Verpachtung, S. 227, 237f. Vgl. auch *Jaeger/Henckel*, § 32a KO Rdnr. 66.

[92] BGH ZIP 1993, 189 unter 4.a. der Gründe. Allerdings bleibt der Bundesgerichtshof a.a.O. dabei, daß das Kriterium der Kreditunwürdigkeit grundsätzlich auch für Fälle der Gebrauchsüberlassung Bedeutung habe. Ausschließlich für die Kreditunwürdigkeit als maßgebliches Kriterium dagegen *Vonnemann*, DB 1990, 262f.

[93] Ebenso *Büscher/Klusmann*, ZIP 1991, 10, 13; *Knobbe-Keuk*, Verpachtung, S. 227, 237.

kann nur durch eine objektive Gesamtwürdigung möglichst vieler Umstände mit Indizfunktion geschehen.[94] Dem Merkmal der noch (oder nicht mehr) bestehenden Kreditunwürdigkeit für die Erlangung eines Investitionskredits, der zum Kauf der jeweiligen Gegenstände erforderlich wäre, kommt in diesem Zusammenhang nur noch eine indizielle Bedeutung zu.[95]

Daß der Bundesgerichtshof vor dieser Prüfung die vereinbarte Nutzungsdauer auf ihre Ernsthaftigkeit hin überprüft, erscheint nur folgerichtig, da das Vertragsverhältnis dabei für die Prüfung so ermittelt wird, wie es von den Parteien tatsächlich gewollt wird.[96]

Bei der Prüfung der Überlassungswürdigkeit wird die Kapitalersatzfunktion der überlassenen Gegenstände einerseits um so eher festzustellen sein, je spezieller diese für die Betriebs-GmbH zugeschnitten sind und andererseits je umfangreicher das Nutzungsüberlassungs-verhältnis ausgestaltet ist.[97] Von zentraler Bedeutung ist dabei die im Regelfall der Betriebsaufspaltung niedrige Eigenkapitalausstattung der Betriebs-Gesellschaft.[98] Aufgrund dieses Merkmals wird bei einer Vielzahl von Betriebsaufspaltungsfällen bereits die anfängliche Überlassungsentscheidung als eigenkapital-ersetzende Finanzierungsmaßnahme zu qualifizieren sein.[99]

Soweit das nicht der Fall ist, kommt eine Umqualifizierung nur dann in Betracht, wenn die Gebrauchsüberlassung bei der Gesellschaft im (nachträglich eintretenden) Stadium der Überlassungsunwürdigkeit "stehen gelassen"[100] wird. *Ziegler*[101] hat in diesem Zusammenhang darauf hingewiesen, daß die Überlassungsunwürdigkeit bei einer laufenden Nutzungsüberlassung anders zu

---

[94] vgl. dazu *Lutter/Hommelhoff*, §§ 32a/b GmbHG Rdnr. 21ff. zum Kriterium der Kreditunwürdigkeit.

[95] *Ulmer*, Gebrauchsüberlassung, S. 485, 494 spricht in diesem Zusammenhang von einem Grenzdatum. Solange die Gesellschaft noch allgemein kreditwürdig sei, scheide eine Eigenkapitalersatzfunktion der Gebrauchsüberlassung aus. Ähnlich *Büscher/Klusmann*, ZIP 1991, 10, 13.

[96] Deshalb ist die von *K. Schmidt* in ZIP 1993, 161, 164, 166 geäußerte Kritik, bei dieser Ernsthaftigkeitskontrolle lege der BGH dem Gesellschafter eine "angesonnene Soll-Finanzierung" auf, die nur dem Bereich der materiellen Unterkapitalisierung zukomme, nicht gerechtfertigt.

[97] So *Priester*, Gebrauchsüberlassungsverträge, S. 14; *Ziegler*, S. 127f.

[98] Ebenso *Ziegler*, S. 125ff. Dazu unten unter 2.b).

[99] Im Ergebnis ebenso *K. Schmidt*, ZIP 1993, 161, 165f.; ähnlich BGH ZIP 1993, 189, unter 4.b.) der Gründe. Beispiele aus der Rechtsprechung hierzu bei *Ziegler*, S. 128ff. Anders dagegen *Knobbe-Keuk*, Verpachtung, S. 227, 238; dies., DStR 1992, 823, 824, die davon ausgeht, daß eine Umqualifizierung nur in wenigen Fällen erfolgen wird.

[100] Zu den daran zu stellenden Anforderungen unten unter 3.

[101] *Ziegler*, S. 124f.

beurteilen ist als bei deren Begründung, da für eine Verlängerungsentscheidung andere Aspekte maßgeblich sein könnten, als für die Entscheidung, ein Überlassungsverhältnis zu begründen.

(2) Das Kriterium der Finanzplanung

Aus der Tatsache, daß der Bundesgerichtshof in der Lagergrundstück II-Entscheidung bei der Beurteilung der Eigenkapitalersatzfunktion nicht auf das Kriterium der Finanzplanung zurückgegriffen hat, muß weder gefolgert werden, daß er den Ansatz der Finanzplan-Nutzung generell verworfen hat,[102] noch daß er in der Gleichbehandlung von Krediten und Nutzungsüberlassungen Zurückhaltung üben wollte.[103] Näher liegt die Vermutung, daß der zu beurteilende Sachverhalt keine ausreichenden Anhaltspunkte bot, um die Eigenkapitalersatzfunktion auf das Finanzplan-Kriterium zu stützen. Zudem bedarf dieses Kriterium, sowohl was seinen Tatbestand, als auch was seine Rechtsfolgen betrifft, erst noch weiterer klärender Diskussionen, ehe es auf Gebrauchsüberlassungen Anwendung finden kann.

In der Rechtsprechung des Bundesgerichtshofs ist die Variante des Finanzplankredits zunächst für die Fallgruppe der "gesplitteten" Pflichteinlagen bei der Publikums-GmbH u. Co. KG[104] übertragen worden. Diese Gesellschaften verbindet das charakteristische Element, daß ihre Finanzplanung auf einer Kombination von Einlagen im engeren Sinne und Gesellschafterdarlehen beruht. Entsprechend ist jeder Kommanditist gesellschaftsvertraglich verpflichtet, eine Hafteinlage bestehend aus einem Eigenkapital- und einem dazu in einem bestimmten Verhältnis stehenden Fremdkapitalanteil zu leisten. Die unter diesen Umständen zu erbringende Pflichteinlage weist nach der Auffassung des Bundesgerichtshofs ihrer Zweckbestimmung nach insgesamt eine materielle Eigenkapitalersatzfunktion auf. So wird das zusätzlich zu leistende Darlehen unmittelbar als haftendes Kapital und nicht nur als Eigenkapitalersatz behandelt.[105]

Diese Rechtsprechung hat der 2. Senat im Lagergrundstück II-Urteil ausdrücklich nicht auf die Gebrauchsüberlassung im Rahmen einer Betriebsauf-

---

[102] So *Mayer*, DStR 1993, 206, 209.

[103] So *K. Schmidt*, ZIP 1993, 161, 166.

[104] BGHZ 70, 61ff. Weitere Nachweise, auch zum Schrifttum hierzu bei *Hachenburg/Ulmer*, § 32a, b GmbHG Rdnr. 48.

[105] Dazu auch *v. Gerkan/Hommelhoff*, S. 25ff.; ebenso *v. Gerkan*, GmbHR 1990, 384, 385.

spaltung übertragen.[106] Zwar besteht auch das Finanzkonzept der Betriebsaufspaltung auf einer Kombination von Eigenfinanzierung und Fremdfinanzierung in Form von Gebrauchsüberlassungen. Der Unterschied liegt aber darin, daß eine Einordnung der Gebrauchsüberlassung als einlagegleiche Leistung[107] kaum in Betracht kommt. Nicht deshalb, weil Gebrauchsüberlassung und Darlehensgewährung wirtschaftlich nicht vergleichbar seien,[108] sondern weil es bei der Betriebsaufspaltung im Regelfall an einer vergleichbaren gesellschaftsvertraglich festgelegten Verpflichtung des Gesellschafters zur Gebrauchsüberlassung fehlen wird, der eine einlagegleiche Zweckbestimmung entnommen werden könnte.[109] Daher erscheint bei Betriebsaufspaltungen anstatt einer einlagegleichen eine bloß eigenkapitalersetzende Behandlung der Gebrauchsüberlassung sinnvoller.[110] Dafür kommt es ausschließlich auf den objektiven Gesichtspunkt an, ob die Gebrauchsüberlassung eine materielle Eigenkapitalersatzfunktion aufweist.[111] Nach dem Finanzplan-Kriterium ist diese zu bejahen, wenn die Finanzierung der Gesellschaft auf langfristige Fremdkapitalhilfen der Gesellschafter anstelle von zugeführtem Eigenkapital zugeschnitten und angewiesen ist.[112] Die häufig dafür beispielhaft angeführten Indizien, wie langfristig oder im Krisenfall unkündbare oder ausdrücklich an die Mitgliedschaft gebundene Finanzierungsleistungen,[113] werden sich in so ausgeprägter Form bei Gebrauchsüberlassungen in Fallgestaltungen der Betriebsaufspaltung nicht immer finden lassen. Umso eher wird sich dafür aus der internen Finanzplanung selbst,[114] insbesondere dem geringen Eigenkapitalanteil der Betriebs-GmbH ergeben, daß sie auf die langfristige Überlassung der wesentlichen Betriebsgrundlagen angewiesen ist.[115] Allerdings muß auch insoweit gelten, daß die "interne" Bonität der Gesellschaft nur für eine der Gesellschafterleistung vergleichbare Finanzierungsmaßnahme ausreichen muß. Die Auffassung von *Ulmer*,[116] derzufolge mit Hilfe des Finanzplan-Krite-

---

[106] BGH ZIP 1993, 189 unter 4.a.) der Gründe.

[107] Zum Begriff der Einlage *K. Schmidt*, Gesellschaftsrecht, S. 462ff.

[108] So aber *Knobbe-Keuk*, DStR 1992, 823, 825. Zur wirtschaftlichen Vergleichbarkeit von Darlehensgewährung und Gebrauchsüberlassung siehe bereits oben unter II.3.).

[109] Ähnlich *Ziegler*, S. 126. Eine generelle gesellschaftsvertragliche Verankerung kann allerdings vorkommen, ist aber nicht zwingend, dazu *Ziegler*, S. 108.

[110] Vgl. zu dieser Differenzierung auch *Ebenroth/Wilken*, BB 1993, 305, 307. Dazu auch *v. Gerkan/Hommelhoff*, S. 148f.

[111] So auch BGH ZIP 1993,, 189 unter 4.a.) der Gründe.

[112] OLG Hamburg, ZIP 1986, 1113, 1118.

[113] Zuletzt *Scholz/K. Schmidt*, §§ 32a, 32b GmbHG Rdnr. 114 m.w.N.

[114] Auch nach *Hommelhoff/Kleindiek* genügt dies für die Feststellung des Eigenkapitalersatzes.

[115] So bereits oben unter III.1.c)cc)(1).

riums eine Umqualifizierung anzunehmen ist, wenn die Gesellschaft den überlassenen Gegenstand aufgrund seines speziellen Zuschnitts von dritter Seite nicht erhalten oder wegen ihrer schwachen Kapitalausstattung nicht (zu Eigentum) erwerben kann, ist daher abzulehnen. Zu Recht hält *Knobbe-Keuk*[117] dem entgegen, daß der Pächter eines Unternehmens keine Kapitalausstattung benötigt, um die gepachteten Gegenstände auch erwerben zu können. Auch hat der 2. Senat inzwischen selbst ausgeführt, daß die Nichterhältlichkeit eines Gegenstands auf dem freien Markt noch nicht seine Eigenkapitalersatzfunktion indiziert.[118] Sind im konkreten Einzelfall die oben erwähnten typischen Finanzplan-Indizien nicht festzustellen, muß die Beurteilung also auf die interne Finanzplanung selbst gestützt werden.[119] Dabei wird man allerdings wiederum um einen (hypothetischen) Drittvergleich nicht herumkommen, nämlich ob die Gesellschaft mit ihrer Kapitalausstattung eine vergleichbare Nutzungsüberlassung von dritter Seite hätte erhalten können.[120] Fällt diese Prüfung negativ aus, steht fest, daß die Gebrauchsüberlassung eigenkapitalersetzend ist. Inhaltlich deckt sich damit die Prüfung der Eigenkapitalersatzfunktion aufgrund der Finanzplanung mit derjenigen aufgrund des Kriteriums der Überlassungsunwürdigkeit. Kann die Gesellschaft nämlich die zu ihrem (Fort)Betrieb notwendigen Wirtschaftsgüter von dritter Seite nicht mehr (nutzungsweise) erlangen, ist sie auf die Gebrauchsüberlassung durch die Gesellschafter dringend angewiesen.

Die eigenständige Bedeutung des Finanzplan-Kriteriums zeigt sich bei den Rechtsfolgen. Seine Bindungswirkung beruht nämlich nicht auf der Norm des § 32a GmbHG, sondern auf den internen (rechtsgeschäftlichen) Vereinbarungen der Gesellschafter, die in der Finanzplanung der Gesellschaft ihren Ausdruck finden.[121] Im Unterschied zur Bindungswirkung des § 32a GmbHG, die erst mit Eröffnung des Konkurs- oder Vergleichsverfahrens eintritt, greift die auf der Finanzplanung beruhende qualifizierte Bindung schon im (vorgelagerten) Krisenstadium der Gesellschaft.[122] Von da an müssen sich die

---

[116] *Ulmer,* Gebrauchsüberlassung, S 485, 496f. und *Hachenburg/Ulmer,* § 32a, b GmbHG Rdnr. 111.

[117] *Knobbe-Keuk,* DStR 1992, 823, 824f. Desgleichen zuvor bereits *Lutter/Hommelhoff,* ZGR 1979, 31, 51.

[118] BGH ZIP 1993, 189 unter 4.a) der Gründe. Für die Indizwirkung allerdings Fabritius, S. 107f.

[119] Vgl. dazu *Hommelhoff/Kleindiek,* S. 421, 440f.; ähnlich *Hachenburg/Ulmer,* § 32a, b GmbHG Rdnr. 61, der allerdings grundsätzlich eine gesellschaftsrechtlich begründete Finanzierungspflicht verlangt.

[120] Vgl. dazu *Knobbe-Keuk,* Verpachtung, S. 227, 238.

[121] Vgl. dazu *Scholz/K. Schmidt,* §§ 32a, 32b GmbHG Rdnr. 42; teilw. abw. *Lutter/Hommelhoff,* §§ 32a/b GmbHG Rdnr. 15.

Gesellschafter an der Eigenkapitalersatzfunktion der Gebrauchsüberlassung festhalten lassen. Diese Unterscheidung kann dann Bedeutung erlangen, wenn der Gesellschafterbeitrag dem Gesellschafter schon während der Krise, aber länger als ein Jahr vor Konkurseröffnung zurückgewährt wurde; ein Rückforderungsanspruch zugunsten der Gesellschaft kann dann wegen der verstrichenen Jahresfrist nicht mehr auf § 32a KO gestützt werden, wohl aber auf die (rechtsgeschäftliche) Bindung aus der Finanzplanung.

Darüber hinaus wird von einigen Autoren die Auffassung vertreten, die aus der Finanzplanung resultierende Bindungswirkung bestehe auch außerhalb der Unternehmenskrise.[123] Das erscheint jedoch äußerst fraglich, da sich ein solches Ergebnis mit der grundsätzlich bestehenden Finanzierungsfreiheit des Gesellschafters[124] bezogen auf das Ob der Finanzierung kaum vereinbaren ließe. Es ist auch nicht einzusehen, warum die Gesellschafter eine einmal getroffene Finanzierungsentscheidung (außerhalb der Unternehmenskrise) nicht wieder sollen revidieren dürfen. Das dagegen vorgebrachte Argument, dies erzwinge der Vertrauensschutz der Gesellschaftsgläubiger,[125] überzeugt deshalb nicht, weil es sich mit dem Grundsatz zum "Stehenlassen"[126] bei nachträglich eintretender Kredit- bzw. Überlassungsunwürdigkeit nicht vereinbaren läßt. Verlangt man hier, daß der Gesellschafter bei einer nachträglich eintretenden Überlassungsunwürdigkeit eine (Finanzierungs)Entschei-dung treffen muß, ob er die Gebrauchsüberlassung ab-zieht oder beläßt, um darauf ggf. die Umqualifizierung stützen zu können,[127] kann man ihm diese Entscheidungsmöglichkeit nicht zugleich mit dem Verweis auf die interne Finanzplanung der Gesellschaft wieder nehmen. Es bleibt daher dabei, daß die Bindungswirkung von Finanzplan-Nutzungen erst in der Unternehmenskrise eintritt.

---

[122] So *Lutter/Hommelhoff,* §§ 32a/b GmbHG Rdnr. 15ff., 109; *Scholz/K. Schmidt,* §§ 32a, 32b GmbHG Rdnr. 38; *Hachenburg/Ulmer,* § 32a,b Rdnr. 48. Unentschieden BGHZ 104, 33, 42.

[123] Hierbei sind die Akzente unterschiedlich: *Ebenroth/Wilken,* BB 1993, 305, 307 wollen bereits im Vorfeld der Kreditunwürdigkeit eine Aufhebung der gesellschaftsvertraglichen Verpflichtung zur Leistung der Finanzmittel nicht dulden und beziehen sich hierbei m. E. fälschlicherweise auf *Ulmer,* Gebrauchsüberlassung, S. 485, 496 und *Hachenburg/Ulmer,* § 32a, b GmbHG Rdnr. 48; zur Unrichtigkeit dieser Bezugnahme vgl. insbesondere Rdnr. 61 bei *Hachenburg/Ulmer,* a.a.O. *Hommelhoff/Kleindiek,* S. 421, 441f. hingegen wollen die Gesellschafter erst im Stadium der Kreditunwürdigkeit an ihrer Finanzplanung festhalten. Zurückhaltend zu dieser Frage insgesamt *Lutter/Hommelhoff,* §§ 32a/b GmbHG Rdnr. 16.

[124] Dazu *Hachenburg/Ulmer,* § 32a, b GmbHG Rdnr. 7.

[125] So *Hommelhoff/Kleindiek,* S. 421, 442.

[126] Zu den Anforderungen an das "Stehenlassen" unten unter 3.).

[127] Dazu unten unter 3.).

2. *Typische Indizien der Betriebsaufspaltung für die Eigenkapitalersatzfunktion der Gebrauchsüberlassung*

Gleich, ob man die Beurteilung der Eigenkapitalersatzfunktion der Gebrauchsüberlassung auf das Kriterium der Überlassungsunwürdigkeit oder dasjenige der Finanzplanung stützt, ist in jedem Falle eine Gesamtwürdigung aller relevanten Umstände des jeweiligen Einzelfalles vorzunehmen. Die in diesem Rahmen in Betracht kommenden Indizien sollen hier nicht alle aufgeführt werden.[128] Zwei bei Betriebsaufspaltungen häufig vorliegende Umstände verdienen allerdings nähere Beachtung, da ihr Vorliegen regelmäßig für die Nichtbeachtung der Grundsätze ordnungsgemäßer Unternehmensfinanzierung spricht und somit die Eigenkapitalersatzfunktion der Gebrauchsüberlassung indiziert.

a) Die Besonderheiten des Gebrauchsüberlassungsverhältnisses

Von mehreren Autoren[129] ist bereits darauf hingewiesen worden, daß sowohl die vertragliche Ausgestaltung als auch ihre tatsächliche praktische Handhabung Aufschluß darüber geben könnte, ob das Gebrauchsüberlassungsverhältnis marktüblichen Bedingungen entspricht.

Bei der vertraglichen Ausgestaltung interessieren Ausmaß und Dauer des Überlassungsverhältnisses einerseits sowie die Höhe des Miet- oder Pachtzinses andererseits. Ist dieser trotz erheblichen Umfangs oder speziellen Zuschnitts der überlassenen Gegenstände unangemessen niedrig, so ist dies ein Indiz für Eigenkapitalersatz. Ebenso wichtig ist aber auch die tatsächliche Vertragsabwicklung des Gebrauchsüberlassungsverhältnisses. Stellt sich, wie in dem der Lagergrundstück II-Entscheidung zugrundeliegenden Sachverhalt heraus, daß die "vereinbarten Mietzinsraten (...) offenbar niemals gezahlt wurden"[130], ist auch das ein Indiz für eine Vertragsdurchführung, auf die sich ein außenstehender Dritter wohl kaum eingelassen hätte.

---

[128] Vgl. die zur Eigenkapitalersatzfunktion bei *Lutter/Hommelhoff* §§ 32a.b GmbHG Rdnr. 21ff. aufgeführten Indizien.

[129] *Drygala*, S. 60f.; *Ziegler*, S. 69f.

[130] BGH ZIP 1993, 189 unter 4.b) der Gründe.

b) Die Eigenkapitalausstattung der Betriebsgesellschaft

Es ist bereits wiederholt erwähnt worden, daß die regelmäßig niedrige Eigenkapitalausstattung der Betriebsgesellschaft im Zentrum der Beurteilung der Eigenkapitalersatzfunktion der Gebrauchsüberlassung bei Betriebsaufspaltungen steht. *Wiedemann*[131] hat in diesem Zusammenhang vorgeschlagen, das Verhältnis von Eigen- und Fremdkapital sowie die proportionale Beteiligung der Gesellschafter an beidem als Anhaltspunkt für die Umqualifizierung heranzuziehen. Die empirischen Untersuchungsergebnisse zeigen, daß bei Betriebsaufspaltungen das der Betriebsgesellschaft zugeführte Gesellschafterfremdkapital häufig ein Vielfaches des Gesellschaftereigenkapitals ausmacht.[132] Aufgrund dieser ungewöhnlichen Finanzierungsstruktur, die in der Praxis nicht selten anzutreffen ist, erscheint sein Ansatz für Betriebsaufspaltungen besonders geeignet. Denkt man das der Betriebsgesellschaft zugeführte Fremdkapital hinweg, wird sich in vielen Fällen nicht nur eine "einfache",[133] sondern sogar eine "qualifizierte"[134] Unterkapitalisierung der Betriebsgesellschaft feststellen lassen.[135] Die Eigenkapitalersatzfunktion der Gebrauchsüberlassung steht dann zugleich fest. Auf diese häufig vorliegende Finanzierungsstruktur stützt sich auch die allgemeine Annahme, daß die Gebrauchsüberlassung bei der Betriebsaufspaltung oftmals (von Beginn an) eigenkapitalersetzender Natur ist.[136]

---

[131] *Wiedemann*, ZIP 1986, 1293, 1298. Dazu ausführlich *Ziegler*, S. 64ff.

[132] So *Hesselmann/Hüfner/Pinkwart*, S. 105.

[133] Dazu *Hachenburg/Ulmer*, Anh. § 30 GmbHG Rdnr. 16 u. 23.

[134] Nach *Hachenburg/Ulmer*, Anh. § 30 GmbHG liegt diese vor, wenn die Kapitalausstattung der Gesellschaft eindeutig und für Insider klar erkennbar unzureichend ist und einen Mißerfolg zu Lasten der Gläubiger bei normalem Geschäftsverlauf mit hoher Wahrscheinlichkeit erwarten läßt.

[135] *Ziegler*, S. 65, betont hierzu mit Recht, daß diese Prüfung nur Sinn hat, wenn die materielle Unterkapitalisierung leichter festzustellen ist als die Kapitalersatzfunktion selbst. Diese tritt bereits bei einfacher Unterkapitalisierung ein, vgl. *Hachenburg/Ulmer*, Anh. § 30 GmbHG Rdnr. 23. Da sich häufig ein qualifizierte Unterkapitalisierung der Betriebs-GmbH feststellen läßt, ergibt sich die Kapitalersatzfunktion der Gebrauchsüberlassung dann von selbst.

[136] So vorsichtig BGH ZIP 1993, 189 unter 4.b) der Gründe: "Wie es bei bestimmten Betriebsaufspaltungsmodellen bis zu einem gewissen Grade systembedingt ist"; weitergehend *K. Schmidt*, ZIP 1993, 161, 165: "...müßte jede Betriebsaufspaltung von vornherein als eigenkapitalersetzend angesehen werden." Anders hingegen *Knobbe-Keuk*, Verpachtung, S. 227, 238 und DStR 1992, 823, 824, die annimmt, daß eine Umqualifizierung "nur in wenigen Fällen wird erfolgen können".

3. Die Anforderungen an das "Stehenlassen" durch die Gesellschafter

Nach ständiger Rechtsprechung des Bundesgerichtshofs kann das spätere Belassen eines Gesellschafterbeitrags in der Krise der Gesellschaft ("Stehenlassen") der erstmaligen Gewährung gleichstehen.[137] Dafür verlangt die Rechtsprechung aber eine dahingehende Finanzierungsentscheidung des Gesellschafters, auf die die Umqualifizierung gestützt werden kann. Bislang war insoweit umstritten, welche Anforderungen an das "Stehenlassen" bei der Gebrauchsüberlassung zu stellen sind.[138] Die Diskussion kreiste dabei ausschließlich um die schuldrechtliche Abziehbarkeit der Fremdmittel. Im Lagergrundstück I-Urteil verlangte der Bundesgerichtshof die Möglichkeit, den Miet- oder Pachtvertrag zu kündigen; das Unterlassen dieser Kündigung sollte für die Umqualifizierung genügen.[139] Teile des Schrifttums verlangten zusätzlich das Vorliegen einer Finanzierungsabrede zwischen der Gesellschaft und dem Gesellschafter.[140] Da das Bestehen eines Kündigungsrechts somit Mindestvoraussetzung war, zugleich aber - anders als beim Darlehen - die drohende Umqualifizierung ihrerseits kein außerordentliches Kündigungsrecht begründen sollte,[141] ergab sich für die Praxis ein Ausweg, die Umqualifizierung zu verhindern: Durch den Abschluß langfristig unkündbarer Verträge außerhalb der Krise konnten die Voraussetzungen für ein "Stehenlassen" in der Krise umgangen werden.[142] Um das zu verhindern, aber auch vor dem Hintergrund der Tatsache, daß im Regelfall der Betriebsaufspaltung die Gesellschafter beider Gesellschaften identisch sind und der Vergleich mit einem außenstehenden Dritten, der mangels eines Kündigungsrechtes die überlassenen Gegenstände nicht zurückerlangen kann, daher ohnehin nicht taugt, hat der Bundesgerichtshof seine Rechtsprechung nunmehr geändert: Es genügt der gesellschaftsrechtliche Einfluß, die Betriebsgesellschaft durch den Entzug der überlassenen Gegenstände liquidieren zu können.[143] Bei der Betriebsaufspaltung kann das durch eine Weisung der Gesellschafter an den oder die Geschäftsführer geschehen, den Miet- oder Pachtvertrag einvernehmlich aufzuheben (§ 37 GmbHG);

---

[137] Ausführliche Nachweise der Rechtsprechung bei *Hachenburg/Ulmer*, §§ 32a, b GmbHG Rdnr. 25.

[138] Dazu ausführlich *Drygala*, S. 52ff.; vgl. auch *Büscher/Klusmann*, ZIP 1991, 10, 14f.

[139] BGHZ 109, 55, 60f.

[140] Dafür, wobei eine konkludente Abrede ausreichen soll, *Scholz/K. Schmidt*, §§ 32a, 32b GmbHG Rdnr. 44 m.w.N.

[141] Das hat der Bundesgerichtshof damit begründet, daß der Rückerstattungsanspruch bei der Gebrauchsüberlassung, anders als bei der Darlehensgewährung, auch nach der Umqualifizierung nicht untergeht, vgl. BGHZ 109, 55.

[142] Vgl. dazu *Drygala*, Bericht, S. 83f.

[143] BGH ZIP 1993, 189 unter 3. der Gründe. Dafür zuvor bereits *Drygala*, S. 53ff.

dafür genügt die einfache Mehrheit der abgegebenen Stimmen (§ 47/I GmbHG).[144] Die Fähigkeit der Besitzgesellschafter, auch in der Betriebsgesellschaft ihren Willen durchzusetzen (einheitlicher geschäftlicher Wille), ist aber ohnehin die (finanzgerichtliche) Voraussetzung für die Anerkennung der (steuerlichen) Betriebsaufspaltung.[145] Die für die Umqualifizierung bei nachträglich eintretender Überlassungsunwürdigkeit erforderliche Finanzierungsentscheidung des Gesellschafters ist deshalb - unabhängig von etwaigen schuldrechtlichen Kündigungsmöglichkeiten - in der gesellschaftsrechtlichen Struktur jedenfalls der steuerlichen Betriebsaufspaltung permanent begründet. Die Umqualifizierung in Eigenkapitalersatz tritt dann in dem Moment - gewissermaßen automatisch - ein, in dem die Betriebsgesellschaft als überlassungsunwürdig einzustufen ist und ihre Liquidierung durch die Gesellschafter unterbleibt.[146] In den Fällen, in denen es an entsprechenden gesellschaftsrechtlichen Einflußmöglichkeiten fehlt, behält das Vorliegen der schuldrechtlichen Kündbarkeit Bedeutung.

4. Die nutzungsgebende Besitzgesellschaft als Dritter im Sinne von § 32a III GmbHG

Normadressat des § 32a GmbHG ist grundsätzlich der Fremdmittel gewährende Gesellschafter. Bei der Betriebsaufspaltung erfolgt die pachtweise Nutzungsüberlassung aber häufig nicht durch die Gesellschafter der Betriebsgesellschaft,[147] sondern durch die Besitzgesellschaft. In den Fällen der Einheitsbetriebsaufspaltung ist das unproblematisch, da dort die Besitzgesellschaft die (alleinige) Gesellschafterin der Betriebsgesellschaft ist. In allen anderen Fällen hingegen setzt die Anwendbarkeit des § 32a III GmbHG voraus, daß die Besitzgesellschaft ein nach der Norm einem Gesellschafter gleichzustellender Dritter ist.[148] In der Lagergrundstück II- Entscheidung hat der Bundesgerichtshof für diese Gleichstellung die zwischen der Besitz- und der Betriebsgesellschaft bestehende wirtschaftliche Einheit genügen lassen.[149] Diese For-

---

[144] So auch *Drygala*, S. 55. Dazu ausführlich *Ebenroth/ Wilken*, BB 1993, 305f., die allerdings übersehen, daß jedenfalls bei der Betriebsaufspaltung eine Stimmrechtsmehrheit von drei Vierteln des stimmberechtigten Kapitals nicht erforderlich sind. Dazu auch *Häuselmann*, DZWiR 1993, 164f.

[145] Dazu *Knobbe-Keuk*, Bilanzsteuerrecht, S. 783ff.

[146] Das übersieht *Mayer*, DStR 1993, 206, 211f., der auf die Möglichkeit der schuldrechtlichen Kündigung abstellt.

[147] So aber in der Lagergrundstück I-Entscheidung, BGHZ 109, 55ff.

[148] Dazu bei der Betriebsaufspaltung *Scholz/K. Schmidt*, §§ 32a, 32b GmbHG Rdnr. 122; *Hachenburg/Ulmer*, § 32a, 32b GmbHG Rdnr. 122.

[149] BGH ZIP 1993, 189 unter 2. der Gründe.

mel braucht bei Betriebsaufspaltungen nicht durch die Frage nach dem Vorliegen von verbundenen Unternehmen (§§ 15ff. AktG) konkretisiert zu werden.[150] Die Konstruktion der Betriebsaufspaltung selbst ist bereits eine Fallgruppe der "wirtschaftlichen Einheit", was darin seinen Ausdruck findet, daß die Besitzgesellschaft neben der Gebrauchsüberlassung keine weiteren Aktivitäten entfaltet und die Gesellschafter beider Gesellschaften im Regelfall identisch sind.[151] Soweit letzteres nicht der Fall ist, kann auf die Anforderungen der finanzgerichtlichen Rechtsprechung an das Vorliegen des "einheitlichen geschäftlichen Betätigungswillens"[152] zurückgegriffen werden.[153] Die Zurechnung der Umqualifizierung gegenüber der Besitzgesellschaft ist somit in Fallgestaltungen der Betriebsaufspaltung weitgehend unproblematisch.

IV. Die Rechtsfolgen der eigenkapitalersetzenden Gebrauchsüberlassung

1. Die Bindung des Nutzungsentgelts

a) Die Anwendung der Rechtsgrundsätze zu den eigenkapitalersetzenden Gesellschafterdarlehen auf die Zinsen der Gebrauchsüberlassung

Bei der umstrittenen und bis vor kurzem auch von der Rechtsprechung des Bundesgerichtshofs offengelassenen Frage nach der Bestimmung der Rechtsfolge der eigenkapitalersetzenden Gebrauchsüberlassung kann ein Teilbereich bereits als geklärt gelten. Dieser betrifft die Behandlung der zwischen dem Gesellschafter und der Gesellschaft vereinbarten Miet- oder Pachtzinsen. Auf diese Nutzungsentgelte hat der Bundesgerichtshof in den beiden Lagergrundstück-Entscheidungen[154] unter allgemeiner Zustimmung des Schrifttums[155]

---

[150] Vgl. dazu *Fabritius*, S. 117ff., und *Hachenburg/Ulmer*, § 32a, b GmbHG Rdnr. 122. Wie hier schon *Drygala*, S. 41; zur wirtschaftlichen Einheit bei verbundenen Unternehmen *Lutter/Hommelhoff*, §§ 32a/b GmbHG Rdnr. 57 und *Scholz/K. Schmidt* §§ *32a*, 32b GmbHG Rdnr. 120.

[151] Ausführlich dazu *Drygala*, S. 41ff.; ähnlich *K. Schmidt*, ZIP 1993, 161, 167; die dort von ihm und auch ähnlich von *Häuselmann*, DZWiR 1993, 164 geäußerte Befürchtung, die Weiterungen der Generalklausel von der wirtschaftlichen Einheit seien kaum abzuschätzen, erscheint unbegründet, da der Bundesgerichtshof diese ausdrücklich auf die Fallgruppe der Betriebsaufspaltung bezogen hat.

[152] Dazu *Knobbe-Keuk*, Bilanzsteuerrecht, S. 783ff.

[153] Ausführlich dazu *Drygala*, S. 42f., der zu Recht darauf hinweist, daß die Fälle des einheitlichen geschäftlichen Betätigungswillens aufgrund tatsächlicher Machtstellung hiervon auszunehmen sind. Zu dieser "faktischen Betriebsaufspaltung" ist die finanzgerichtliche Rechtsprechung ohnehin wieder zurückhaltend, dazu *Knobbe-Keuk*, Bilanzsteuerrecht, S. 788 und zuletzt BFH, DStR 1990, 275.

[154] BGHZ 109, 55, 66 und BGH ZIP 1993, 189, unter 5.a) der Gründe.

[155] *Drygala*, S. 64ff.; *Knobbe-Keuk*, Verpachtung, S. 227, 239ff.; *Lutter/Hommelhoff*, §§ 32a/b

seine zu den eigenkapitalersetzenden Gesellschafterdarlehen entwickelten Grundsätze übertragen.[156] Danach kann der Gesellschafter entsprechend § 30 GmbHG die für seine Gebrauchsüberlassung vereinbarten Zinsen so lange nicht verlangen, als diese eigenkapitalersetzend ist und die Zinsen zum Erhalt des Stammkapitals der Gesellschaft benötigt werden.[157] Bereits ausbezahlte Zinsen hat der Gesellschafter nach § 31/I GmbHG analog wieder zurückzuerstatten. Kommt es zur Eröffnung eines Konkurs- oder Vergleichsverfahrens, gelten die Novellen-Regeln. Die Miet- oder Pachtzinsen sind dann auch oberhalb der Stammkapitalziffer in der Haftungsmasse der Gesellschaft gebunden, (§ 32a/I GmbHG).[158] Daraus an den Gesellschafter schon abgeflossene Zinszahlungen sind nach Maßgabe der §§ 32a, 37 KO von diesem an die Gesellschaft zurückzuerstatten. Angewandt auf die Betriebsaufspaltung wird sich auf diese Weise bereits eine Auffüllung der Haftungsmasse der insolventen Betriebs-GmbH erreichen lassen.

b) Kollision mit den Rechten der Grundpfandgläubiger?

Diese Bindung der Nutzungsentgelte ist allerdings insofern auf Kritik gestoßen, als geltend gemacht wird, sie stelle einen unzulässigen Eingriff in die Rechte etwaiger Grundpfandgläubiger dar.[159] Diese Frage erscheint gerade für Fallgestaltungen der Betriebsaufspaltung von einiger Bedeutung, da sich dort in vielen Fällen kreditgewährende Banken Immobiliarsicherheiten an den an die Betriebs-GmbH verpachteten Grundstücken vom Gesellschafter einräumen lassen.[160]

GmbHG Rdnr. 104; *Priester*, Gebrauchsüberlassungsverträge, S. 1, 19; *K. Schmidt*, ZIP 1993, 161, 169; *Scholz/K. Schmidt*, §§ 32a, 32b GmbHG Rdnr. 116f.; *Hachenburg/Ulmer*, § 32a, b GmbHG Rdnr. 112.

[156] Vgl. BGHZ 67, 171, 179; 75, 334, 339; 76, 326, 334; zuletzt BGH ZIP 1994, 1261, 1264..

[157] Zuletzt BGH ZIP 1993, 1072.

[158] Die Norm des § 32a/I GmbHG greift dabei unabhängig von einer Stundung des Miet- oder Pachtzinses durch den Gesellschafter ein, so *Hachenburg/Ulmer*, §32a,b GmbHG Rdnr. 112.

[159] *Lauer*, WM 1990, 1693ff.; *Uhlenbruck*, S. 841, 846ff.

[160] Ebenso *Hueck*, ZGR 1989, 216, 235. Zum rechtstatsächlichen Befund bei der Betriebsaufspaltung vgl. *Hesselmann/Hüfner/Pinkwart*, S. 71ff.

aa) Die Auffassung des Bundesgerichtshofs

Nach Auffassung des Bundesgerichtshofs[161] enthält die beschriebene Bindung der Nutzungsentgelte keinen unzulässigen Eingriff in den Hypothekenhaftungsverband, da der Umfang des Haftungsverbandes von der jeweiligen Nutzung des Grundstücks abhängig sei. Ebenso wie der Grundstückseigentümer den Gebrauch des Grundstücks unentgeltlich einem Dritten mit der Folge überlassen könne, daß kein in den Haftungsverband fallender Zinsanspruch entstehe, könne er es auch als Kapitalersatz vermieten; auch dann könne der Hypothekengläubiger auf nicht entstehende oder nicht durchsetzbare Mietzinsforderungen nicht zurückgreifen.[162]

bb) Die Gegenauffassung[163]

Dagegen ist eingewandt worden, daß auf diese Weise die Grundpfandgläubiger in die Finanzierungsverantwortung für die in der Krise befindliche Gesellschaft mit einbezogen würden, die aber ausschließlich dem Gesellschafter obliege. Um dieses Ergebnis zu stützen, wird auf die Rechtsprechung des Bundesgerichtshofs zu den Fällen der Doppelbesicherung des Gläubigers im Vermögen des Gesellschafters und der Gesellschaft verwiesen. Dort steht es dem Gläubiger im Konkurs der Gesellschaft frei, ob er die von der Gesellschaft bestellten Sicherheiten oder aber diejenigen des Gesellschafters verwerten möchte.[164] Daraus werde deutlich, daß ein außenstehender Dritter nicht in die ausschließlich im Innenverhältnis zwischen Gesellschaft und Gesellschafter bestehenden Haftungsverhältnisse einbezogen werden könne, so daß daraus resultierende Beschränkungen auch nicht auf den Haftungsverband der Grundpfandgläubiger durchschlagen könnten.

cc) Stellungnahme

Die gegen die Rechtsprechung des Bundesgerichtshofs vorgebrachten Argumente können nicht überzeugen. Der Vergleich mit der Fallgestaltung der Doppelbesicherung gibt für die hier erörterte "Kollisionslage" wenig her. Dort stehen dem außenstehenden Kreditgeber konkurrierende Sicherheiten am

---

[161] BGHZ 109, 55, 66.

[162] Ausführlich dazu ebenfalls *Brandes*, S. 43, 44f.

[163] *Lauer*, WM 1989, 1693, 1694f.; *Uhlenbruck*, S. 841, 846ff.

[164] Dazu *Lutter/Hommelhoff*, §§ 32a/b GmbHG Rdnr. 86; *Hachenburg/Ulmer*, § 32a, b GmbHG Rdnr. 143f.; dagegen *Scholz/K. Schmidt*, §§ 32a, 32b GmbhG Rdnr. 143ff.

Vermögen des Gesellschafters, aber auch der Gesellschaft zur Verfügung. In diesem Fall hat der Bundesgerichtshof eine Beschneidung der Rechte des Drittgläubigers im Wege der Analogie ohne eine eindeutige Entscheidung des Gesetzgebers nicht für möglich gehalten.[165]

Die vorliegende Sachverhaltsgestaltung unterscheidet sich davon insofern, als die Drittgläubiger eine (Immobiliar)Sicherheit ausschließlich am Grundeigentum des Gesellschafters innehaben und eine Erstreckung des Hypothekenhaftungsverbandes nach § 1123 BGB auf die von der Gesellschaft an den Gesellschafter zu zahlenden Pachtzinsen fordern. Diese Pachtzinsforderungen entstehen jedoch nach den §§ 30, 31ff. GmbHG nicht bzw. sind nicht durchsetzbar.[166] Somit fehlt es nicht nur an einer vergleichbaren "Kollisionslage", es ist darüber hinaus auch gar nicht erkennbar, wie eine Erstreckung des Haftungsverbands auf nicht entstandene oder nicht durchsetzbare Forderungen begründet werden sollte. Noch weniger kann das Argument der fehlenden Finanzierungsverantwortung der Grundpfandgläubiger überzeugen. Wollte man mit dem Hinweis darauf eine Haftung der Zinsen gegenüber den (im übrigen dinglich gesicherten) Drittgläubigern befürworten, müßte dies "auf Kosten" der Gesellschaftsgläubiger geschehen, denen gegenüber die Finanzierungsverantwortung gerade besteht. Ein solches Ergebnis erscheint jedoch vom Gläubigerstandpunkt aus gesehen nicht hinnehmbar.[167] Damit bleibt es dabei, daß durch die Bindung der Nutzungsentgelte im Gesellschaftsvermögen kein (unzulässiger) Eingriff in den Haftungsverband der Grundpfandgläubiger bewirkt wird.[168]

---

[165] BGH NJW 1985, 858, 859; NJW 1986, 429, 430.

[166] Auf den Meinungsstreit zu den Rechtsfolgen des § 30/I GmbHG ist hier nicht einzugehen. Vgl. dazu *Lutter/Hommelhoff*, § 30 GmbHG Rdnr. 31ff.; *Scholz/K. Schmidt*, § 30 GmbHG Rdnr. 10ff.; *Hachenburg/Ulmer*, § 30 GmbHG Rdnr. 75ff.

[167] Das gilt gerade auch im Hinblick auf die unterschiedlichen Befriedigungsquoten der gesicherten und der ungesicherten Gläubiger im Konkurs der GmbH, dazu oben 1. Kap. C.

[168] Nach den Ausführungen von *Brandes*, S. 43, 45 weist die hier vertretene Auffassung zudem erhebliche Vorteile für die Grundpfandgläubiger auf. Die Haftung der Miet- und Pachtzinsforderungen gegenüber dem Hypothekenhaftungsverband ergibt sich aus dem Surrogationsprinzip, da die Beschlagnahme im Zwangsversteigerungsverfahren die Rechte der Mieter und Pächter unberührt läßt, so *MünchKomm/Eickmann*, § 1123 BGB Rdnr. 1. Da diese Surrogation versage, weil die Miet- oder Pachtzinsen im Gesellschaftsvermögen gebunden seien, entfalle auf der anderen Seite die Bindung an den Miet- oder Pachtvertrag. Der Zwangsverwalter kann danach somit das Miet- oder Pachtverhältnis mit der Gesellschaft beenden und das Grundstück anderweitig vermieten, wodurch er weitergehende Rechte erhält, als der Gesellschafter und Grundeigentümer, dem dies aus Gründen der Kapitalerhaltung verwehrt ist.

2. *Die Bindung des Nutzungsrechts*

a) Das Nutzungsrecht als Gegenstand der Umqualifizierung

Schwieriger gestaltet sich die Frage nach den unmittelbaren Rechtsfolgen der Umqualifizierung der Gebrauchsüberlassung in Eigenkapitalersatz. Inzwischen hat auch der Bundesgerichtshof hierzu Stellung genommen.[169] Die bislang vertretenen Auffassungen[170] reichen vom Verlust des Aussonderungsrechts des Gesellschafters an den überlassenen Gegenständen[171] bis hin dazu, lediglich - wie oben beschrieben - die Nutzungsentgelte haften zu lassen.[172]

Nahezu unbestritten ist mittlerweile die von mehreren Autoren[173] herausgearbeitete Feststellung, daß den möglichen Rechtsfolgen der eigenkapitalersetzenden Gebrauchsüberlassung deutliche Grenzen gezogen sind. Diese ergeben sich aus der normsystematischen Einbindung der Generalklausel des § 32a III GmbHG.[174] Danach wird der Gesellschafter im Konkurs daran gehindert, die von ihm zugeführten Fremdmittel wieder abzuziehen. Diese werden so behandelt, als ob sie als Eigenkapital eingebracht worden wären. Nachschußpflichten, die über den vom Gesellschafter erbrachten Beitrag hinausgehen, können aus der Norm dagegen nicht hergeleitet werden.[175] *Knobbe-Keuk*[176] hat die so ermittelte Eingrenzung der möglichen Rechtsfolgen auf die Formel gebracht, daß die Anwendung des § 32a III GmbHG nur zu einer anderen Bewertung des tatsächlichen Geschehens, nicht aber zur Fiktion eines ganz anderen Geschehens führen könne.

---

[169] BGH ZIP 1994, 1261 (Lagergrundstück III) und BGH ZIP 1994, 1441 (Lagergrundstück IV).

[170] Ausführliche Übersichten über den Streitstand bei *Ziegler*, S. 88ff. und zuletzt Drygala, S. 62ff.

[171] *Braun*, ZIP 1983, 1175, 1180; *Schulze-Osterloh*, ZGR 1983, 136, 142; *Junge*, S. 241, 245; *Timm*, JuS 1991, 738, 740. Mit Unterschieden *Drygala*, S. 67ff.; ders., BB 1992, 80, 81; *Jaeger/Henckel*, § 32a KO Rdnr. 58ff.; *Ziegler*, S. 101.

[172] So *Knobbe-Keuk*, BB 1984, 1, 4; *Ulmer*, ZIP 1984, 1163, 1173.

[173] *Brandes*, ZGR 1989, 244ff.; *Knobbe-Keuk*, Verpachtung, S. 227, 231ff.; *Priester*, Gebrauchsüberlassungsverträge, S. 1, 9ff.

[174] Dazu ausführlich *Priester*, Gebrauchsüberlassungsverträge, S. 1, 9ff.

[175] Ebenso im Ergebnis jetzt OLG Hamm, DZWiR 1993, 25ff.; *Brandes*, ZGR 1989, 244, 245f.; *Drygala*, S. 73; *Fastrich*, DZWiR 1993, 25, 28; *Hommelhoff/Kleindiek*, S. 421, 436; *Hueck*, ZGR 1989, 216, 226, 233f.; *Knobbe-Keuk*, BB 1984, 1, 3ff.; dies., Verpachtung, S. 227, 231ff.; *Lutter/Hommelhoff*, §§ 32a, b GmbHG Rdnr. 105; *Priester*, Gebrauchsüberlassungsverträge, S. 1, 9ff.; *K. Schmidt*, ZIP 1990, 69, 76f.; ders., ZIP 1993, 161, 165, 168f.; *Scholz/K. Schmidt*, §§ 32a, 32b GmbHG Rdnr. 117; *Ulmer*, Gebrauchsüberlassung, S. 484, 498ff.; *Hachenburg/Ulmer*, § 32a, b Rdnr. 114.

[176] *Knobbe-Keuk*, Verpachtung, S. 227, 235.

Der erste Arbeitsschritt zur Ermittlung der zutreffenden Rechtsfolge muß somit darin bestehen, die mit der Gebrauchsüberlassung vom Gesellschafter erbrachte Leistung zu identifizieren. Sie besteht darin, daß der Gesellschaft vom Gesellschafter ein Nutzungsrecht bzw. die darauf beruhende Nutzungsmöglichkeit an den überlassenen Wirtschaftsgütern eingeräumt wird.[177] Damit wird jedoch weder die Substanz, noch der Substanzwert dieser Gegenstände dem Gesellschaftsvermögen zugeführt. Beides kann daher auch nicht (von vornherein) der Verstrickung im Gesellschaftsvermögen unterliegen. Diejenigen Auffassungen, die dafür mit den Argumenten der Folgeverantwortung des Gesellschafters[178], dem Bedürfnis nach Gläubigerschutz[179] oder dem Hinweis, ebenso wie beim Fall der Darlehnsgewährung die "gesamte" eigenkapitalersetzende Leistung erfassen zu wollen,[180] eintreten, sind deshalb abzulehnen. Als Gegenstand der Umqualifizierung kommt nur das vom Gesellschafter eingeräumte Nutzungsrecht in Betracht.[181] Dieser Auffassung hat sich inzwischen auch der Bundesgerichtshof angeschlossen[182]. Insoweit steht der Gesellschaft im Konkurs ein aus § 32a GmbHG resultierendes Besitzrecht (§ 986/I 1 BGB) an den überlassenen Gegenständen zu, das sie dem im Wege der Aussonderung (§ 43 KO) geltend zu machenden Herausgabeanspruch des Gesellschafter-Eigentümers (§ 985 BGB) entgegensetzen kann.[183] Solange die Gebrauchsüberlassung eigenkapitalersetzend ist, kommt auch eine Kündigung des Miet- oder Pachtvertrags durch den Gesellschafter nach § 19 KO nicht in Betracht.[184]

b) Die Dauer des Nutzungsrechts

Sowohl die Bewertung als auch die Verwertung des im Gesellschaftsvermögen verstrickten Nutzungsrechts kann aber nur in Betracht kommen, wenn Klarheit über die Dauer der somit aus § 32a/III GmbHG folgenden "Zwangs-

---

177 So *Lutter/Hommelhoff*, §§ 32a/b GmbHG Rdnr. 105; *Scholz/K. Schmidt*, §§ 32a, 32b GmbHG Rdnr. 117; *Hachenburg/Ulmer*, § 32a, b GmbHG Rdnr. 113.

178 *Wiedemann*, ZIP 1986, 1293, 1300.

179 *Vonnemann*, DB 1990, 261, 262f.

180 So *Drygala*, BB 1992, 80, 81 m.w.N.; ähnlich *Ebenroth/Wilken*, BB 1993, 305, 309. Im Ergebnis ebenso zuletzt *Wellkamp*, der für eine Einbeziehung der im Eigentum der Besitzgesellschaft stehenden Anlagegüter unter dem Gesichtspunkt der unzulässigen Rechtsausübung eintritt, vgl. *Wellkamp*, DB 1993, 1759, 1761.

181 So auch *K. Schmidt*, ZIP 1993, 161, 165. Ebenso zuletzt *Keßler*, GmbHR 1993, 541, 545f.

182 BGH ZIP 1994, 1261, 1264 f.; ZIP 1994, 1441, 1442 f.

183 *Hachenburg/Ulmer*, § 32a, b GmbHG Rdnr. 113.

184 So übereinstimmend *Fabritius*, S. 170; *Uhlenbruck*, S. 841, 845.

überlassung"[185] herrscht. Deren Ermittlung bereitet einige Schwierigkeiten. *Brandes*[186] hat vorgeschlagen, das Nutzungsrecht in eine Sacheinlage quoad usum umzuqualifizieren, mit der Folge, daß das Nutzungsrecht bis zum Ende der Krise bzw. bis zur Befriedigung aller Gläubiger im Gesellschaftsvermögen gebunden ist; wirtschaftlich würde das in vielen Fällen einem Verlust der überlassenen Gegenstände nahekommen. Soweit der Gesellschafter aber die Nutzungsüberlassung nur für einen befristeten Zeitraum erbringen wollte, spricht auch gegen diese Lösung, daß der Gesellschafter an einer Leistung festgehalten wird, die er so nicht erbracht hat.[187] Die Sacheinlage quoad usum ist die der Gebrauchsüberlassung entsprechende Eigenkapitalzuführungsmaßnahme. Der deshalb naheliegende Vergleich mit ihr[188] spricht jedoch gerade dafür, die vom Gesellschafter mit der Gesellschaft vereinbarten Vertragslaufzeiten anzuerkennen.[189] Denn auch die Sacheinlage quoad usum wird nur für die (gesellschaftsvertraglich) festgelegte Dauer erbracht. Entscheidet sich der Gesellschafter stattdessen für eine obligatorische Nutzungsüberlassung, kann die Rechtsfolge der Umqualifizierung nicht weiter gehen, als bei der an sich gebotenen Eigenkapitalzuführung (in Form der Sacheinlage quoad usum).[190] Deshalb ist denjenigen Auffassungen zu folgen, die im Grundsatz eine Umqualifizierung des Nutzungsrechts nur für die Zeitdauer befürworten, für die sich der Gesellschafter zur Erbringung verpflichtet hat.[191]

Allerdings kann die Anerkennung von vereinbarten Fristen bzw. Kündigungsfristen nur unter Einschränkungen erfolgen.[192] Damit keine Manipulationen zu Lasten der Gesellschaftsgläubiger ermöglicht werden, sind nur solche Regelungen anzuerkennen, die ernsthaft gewollt sind oder die nicht erkennbar zur Vermeidung von Konkursnachteilen getroffen werden. Beispiele hierfür sind kurzfristige Vertragslaufzeiten bzw. Kündigungsfristen, die mit Art und Umfang des Nutzungsüberlassungsverhältnisses (sachlich) nicht vereinbar sind

---

[185] *Lutter/Hommelhoff*, §§ 32a/b GmbHG Rdnr. 106.

[186] *Brandes*, ZGR 1989, 244, 247ff.; ders., Grundpfandrechte, S. 43, 48.

[187] So *Knobbe-Keuk*, Verpachtung, S. 227, 240f.

[188] Diesen Vergleich lehnt *Drygala*, S. 72f., ab.

[189] So *Priester*, Gebrauchsüberlassung, S. 1, 21; *Ulmer*, Gebrauchsüberlassung, S. 484, 500.

[190] Ähnlich *Fastrich*, DZWiR 1993, 25, 28.

[191] *Hommelhoff/Kleindiek*, S. 421, 436; *Hueck*, ZGR 1989, 216, 238f.; *Knobbe-Keuk*, Verpachtung, S. 227, 231ff.; *Lutter/Hommelhoff*, §§ 32a/b GmbHG Rdnr. 106; *Priester*, Gebrauchsüberlassungsverträge, S. 1, 20f.; *Scholz/K. Schmidt*, § 32a, b GmbHG Rdnr. 117; *Ulmer*, Gebrauchsüberlassung, S. 484, 489ff.; *Hachenburg/Ulmer*, § 32a, b GmbHG Rdnr. 115; so jetzt auch BGH ZIP 1994 1261, 1264..

[192] Dazu ausführlich *Ulmer*, Gebrauchsüberlassung, S. 484, 501f.; *Hachenburg/Ulmer*, § 32a, b GmbHG Rdnr. 115f.

und für die auch keine sonstigen sachlichen Gründe erkennbar sind. Darunter fällt auch die Ausbedingung eines (außerordentlichen) Kündigungsrechts für den Fall der Insolvenz der Gesellschaft.[193]

Gegen eine Korrektur eventuell vereinbarter Befristungen könnte eingewandt werden, daß dadurch eben doch wieder Nachschußpflichten der Gesellschafter, bezogen auf die Nutzungsdauer, begründet würden. Sie erscheint jedoch gerechtfertigt, da der Gesellschafter einerseits an der Vertragsdauer festgehalten werden soll, die er wirklich beabsichtigt, ihm andererseits aber offensichtliche Benachteiligungen der Gläubiger verwehrt sein sollen, die ihrerseits mit der ihm obliegenden Finanzierungsverantwortung als Wertungsgrundlage des § 32a GmbHG nicht vereinbar wären.[194] Für die Ermittlung bzw. Überprüfung des diesbezüglichen Parteiwillens gilt bei der Betriebsaufspaltung als Anhaltspunkt, daß sie im Normalfall auf einer langfristig ausgerichteten Strukturentscheidung beruht.[195] Die Betriebs-GmbH ist darüberhinaus immer dann auf langfristig angelegte Gebrauchsüberlassungsverträge angewiesen, wenn sie aufgrund ihrer niedrigen Eigenkapitalausstattung eine vergleichbare Nutzungsüberlassung von dritter Seite nicht erhalten könnte, (was nicht selten der Fall sein dürfte).[196] Daher erscheint es auch gerechtfertigt, bei abnutzbaren Wirtschaftsgütern im Zweifel von ihrer beabsichtigten Überlassung für die gesamte voraussichtliche Nutzungsdauer auszugehen.[197]

Schwierigkeiten für die Ermittlung des Bindungszeitraums können sich bei Wirtschaftsgütern ergeben, die nicht dem Wertverzehr unterliegen (Grundstücke) und bei denen sich ein hypothetischer Parteiwille hinsichtlich einer bestimmten Überlassungsdauer nicht ermitteln läßt.[198] In solchen Fällen kommt als Mindest(bindungs)dauer der Zeitraum bis zur nächstmöglichen Kündigung in Betracht. Sind hingegen keinerlei Anhaltspunkte für eine gewollte Befristung der Nutzungsdauer erkennbar, erscheint eine Bindung der über-

---

[193] Vgl. dazu *Ulmer*, Gebrauchsüberlassung, S. 484, 501f.; *Hachenburg/Ulmer*, § 32a, b GmbHG Rdnr. 115.

[194] Ebenso *Hommelhoff/Kleindiek*, S. 421, 436. Dagegen *Scholz/K. Schmidt*, §§ 32a, 32b GmbHG Rdnr. 117, FN 390.

[195] Vgl. dazu *Hesselmann/Hüfner/Pinkwart*, S. 80f. Darüberhinaus ist auch steuerliche Tatbestandsvoraussetzung für die Anerkennung der sachlichen Verflechtung, daß die Nutzungsüberlassung auf lange Frist angelegt ist, vgl. dazu *Dehmer*, Rdnr. 495ff.

[196] Die Eigenkapitalausstattung muß aber nicht etwa dazu ausreichen, die überlassenen Gegenstände käuflich erwerben zu können, vgl. dazu oben unter III.1.c)cc)(2); so aber *Ulmer*, Gebrauchsüberlassung, S. 485, 501f.; *Hachenburg/Ulmer*, § 32a, b GmbHG Rdnr. 115.

[197] So *Drygala*, S. 73; *Hachenburg/Ulmer*, § 32a, b GmbHG Rdnr. 116.

[198] Vgl. zum parallelen Problem der Sacheinlagefähigkeit in solchen Fällen Bork, ZHR 1990, 205, 233ff.; *Meilicke*, BB 1991, 579, 584f.

lassenen Wirtschaftsgüter bis zum Ende der Krise bzw. bis zur Befriedigung der außenstehenden Gläubiger gerechtfertigt.[199]

c) Die Möglichkeiten der Verwertung des Nutzungsrechts

Für die Dauer des festgestellten Bindungszeitraums kann der Konkursverwalter die Gesellschaft mit den überlassenen Wirtschaftsgütern weiterführen. Eine solche Folge wird aber nur in wenigen Fallgestaltungen sinnvoll sein, da das Konkursverfahren in der Regel zu einer Beendigung der Betriebstätigkeit der Gesellschaft unter Zerschlagung ihrer Vermögenswerte führt. Eine langfristige Fortführung wäre auch unpraktikabel, da dadurch nicht nur die Beendigung des Konkursverfahrens hinausgezögert, sondern dadurch auch nur eine schrittweise und langsame Befriedigung der Gläubiger erreicht würde.[200]

Soweit das Unternehmen von einem Dritten fortgeführt werden kann, stellt sich die Frage, inwieweit ihm die bestehenden Nutzungsrechte abgetreten oder zur Ausübung überlassen werden können. Von mehreren Autoren wird diese Möglichkeit für die auf Miete oder Pacht beruhenden obligatorischen Nutzungsrechte unter Verweis auf ihren höchstpersönlichen Rechtscharakter (§ 399 BGB) abgelehnt (549/I, 581/II BGB).[201] Diesen Auffassungen ist jedoch nicht zu folgen. Die Bindung der obligatorischen Nutzungsrechte zugunsten der Gesellschaftsgläubiger im Gesellschaftsvermögen tritt erst aufgrund der Finanzierungsentscheidung des Gesellschafters ein, das Nutzungsüberlassungsverhältnis im Krisenstadium der Gesellschaft zu begründen oder fortzusetzen. Die gesetzlich angeordnete Umqualifizierung beruht mithin immer auf einer vorangegangenen Entscheidung des Gesellschafters. Der wesentliche Zweck der Behandlung von Mitteln als Eigenkapital besteht darin, einen Haftungsfonds zugunsten der außenstehenden Gesellschaftsgläubiger zu erhalten. Diese gesetzlich angeordnete Haftungsfunktion ließe sich aber nicht realisieren, wenn der Gesellschafter die Verwertung des Nutzungsrechts durch Abtretung oder Überlassung zur Ausübung an Dritte unter Berufung auf seine "Höchstpersönlichkeit" vereiteln könnte. Im Interesse des von § 32a GmbHG bezweckten Gläubigerschutzes ist deshalb konsequenterweise davon auszugehen, daß dem

---

[199] Ebenso *Lutter/Hommelhoff*, §§ 32a/b GmbHG Rdnr. 108; skeptisch dagegen *Hachenburg/Ulmer*, § 32a, b GmbHG Rdnr. 116, die sich insoweit an einer praxisüblichen Zehnjahresfrist orientieren wollen. Dagegen wiederum *Raiser*, § 38 Rdnr. 22, FN 35, der dies für willkürlich hält und stattdessen offenbar eine Substanzverwertung befürwortet.

[200] Deshalb hält *Drygala*, S. 65f., eine "Zwangsüberlassung" des Nutzungsrechts für unpraktikabel.

[201] *Fabritius*, S. 170ff.; *Uhlenbruck*, S. 841, 844ff.; skeptisch auch *Häuselmann*, ZWiR 1993, 164, 165.

Gesellschafter bei einem in Eigenkapitalersatz umqualifizierten Nutzungsrecht die Berufung auf dessen "Höchstpersönlichkeit" zu versagen ist.[202] Die vom Gesellschafter getroffene Finanzierungsentscheidung, an die die Rechtsfolgen des § 32a GmbHG anknüpfen, umfaßt deshalb auch die Gestattung, das gebundene Nutzungsrecht dadurch zu verwerten, daß es gegebenenfalls einem Dritten übertragen (oder ihm zur Ausübung überlassen) wird.

Auch diese Verwertungslösung hilft allerdings in den Fällen nicht weiter, in denen sich die überlassenen Wirtschaftsgüter etwa wegen ihres speziellen Zuschnitts nicht an einen außenstehenden Dritten weiterverpachten lassen. Damit eine Befriedigung der Gläubigerforderungen auch in solchen Fällen erreicht wird, muß als weitere Verwertungsmöglichkeit eine Kapitalisierung des Nutzungsrechts zugunsten der Konkursmasse in Betracht kommen.[203] Der Höhe nach wird sich ein solcher Nutzungsrecht-Wertanspruch bei abnutzbaren Wirtschaftsgütern mit ihrem aktuellen Substanzwert (abzüglich des Schrottwerts) decken;[204] bei nicht abnutzbaren Wirtschaftsgütern ergibt er sich durch Kapitalisierung des Nutzungswerts[205] für die festgelegte Nutzungsdauer. Fraglich ist, worauf dieser Zahlungsanspruch gestützt werden kann. Verschiedentlich ist bereits darauf hingewiesen worden, daß § 32b GmbHG als Rechtsgrundlage dafür nicht taugt.[206] Es erscheint deshalb vorzugswürdig, diesen Anspruch im Wege der Rechtsfortbildung zu § 32a GmbHG zu entwiKkeln.[207] Um für die Eigenkapitalersatzfunktion der Gebrauchsüberlassung angemessene Rechtsfolgen zu finden, hat sich der Bundesgerichtshof in der Lagergrundstück I- Entscheidung zur Rechtsfortbildung auch grundsätzlich bereiterklärt.[208]

---

[202] Ebenso im Ergebnis für obligatorische Nutzungsrechte als Sacheinlagen *Bork,* ZHR 1990, 205, 225ff. Dagegen *Meilicke,* BB 1991, 579, 580.

[203] Vgl. dazu schon *Büscher/Klusmann,* ZIP 1991, 10, 15f.; *Drygala,* (für nicht abnutzbare Güter) BB 1992, 80, 81f.; *Knobbe-Keuk,* Verpachtung, S. 227, 239f.; *Ziegler,* S. 101f; dagegen aber jetzt BGH ZIP 1994, 1261, 1265 f.; ZIP 1994, 1441, 1445.

[204] So *Ulmer,* Gebrauchsüberlassung, S. 485, 504; *Hachenburg/Ulmer,* § 32a, b GmbHG Rdnr. 116.

[205] Dieser und nicht das Nutzungsentgelt ist zu kapitalisieren, denn nicht das Nutzungsentgelt, sondern der Nutzungswert ist die eigenkapitalersetzende Leistung, ebenso *Kuhn/Uhlenbruck,* § 32a Rdnr. 7. Anders *Knobbe-Keuk,* Verpachtung, S. 228, 240f.

[206] Dazu ausführlich *Ulmer,* Gebrauchsüberlassung, S. 485, 502f. Für § 32b GmbHG als Rechtsgrundlage für einen Wertersatzanspruch *Drygala,* BB 1992, 80, 81 und *Ebenroth/Wilken,* BB 1993, 305, 309.

[207] Ebenso *Büscher/Klusmann,* ZIP 1991, 10, 16; ablehnend BGH ZIP 1994, 1261, 1266; ZIP 1994 1441, 1445.

[208] BGHZ 109, 55, 59. Bedenkenswert ist auch der Vorschlag von *Drygala,* S. 67ff. und BB 1992, 80, 81, bei abnutzbaren Wirtschaftsgütern den Gesellschafter in Gesamtanalogie zu den

IV. Ergebnis

Für eine Auffüllung der Haftungsmasse der Betriebsgesellschaft liefert das Eigenkapitalersatzrecht der GmbH einen vielversprechenden Ansatzpunkt. Danach werden Fremdkapitalmittel des Gesellschafters, die der Gesellschaft im Krisenstadium zugeführt werden, in haftendes Eigenkapital umqualifiziert. Die Gebrauchsüberlassung kommt als eigenkapitalersetzende Gesellschafterleistung im Sinne von § 32a/III GmbHG in Betracht, da sie geeignet ist, die Krise der Gesellschaft zu Lasten der Gläubiger zu verschleppen, und mit Blick auf die Rechtsfolgen des § 32a/III GmbHG sind die vom Gesellschafter eingebrachten Nutzungsrechte auch taugliche Gegenstände der Umqualifizierung, da sie der von § 32a GmbHG angeordneten Vermögensbindung unterfallen können.

Als Kriterium für die Umqualifizierung der Gebrauchsüberlassung in Eigenkapitalersatz ist das Merkmal der Kreditunwürdigkeit der Gesellschaft ungeeignet; denn eine Gesellschaft benötigt keine Kapitalausstattung, um die zur Erreichung ihres Zwecks erforderlichen Wirtschaftsgüter zu Eigentum zu erwerben. Nach der Rechtsprechung des Bundesgerichtshofs kommt es deshalb richtigerweise darauf an, ob die Gesellschaft in der Lage wäre, eine vergleichbare Gebrauchsüberlassung von einem außenstehenden Dritten zu erlangen. Sowohl aufgrund der Besonderheiten des Gebrauchsüberlassungsverhältnisses, als auch wegen der regelmäßig geringen Eigenkapitalausstattung der Betriebsgesellschaft wird sich dabei in vielen Fällen der Betriebsaufspaltung schon eine anfängliche Überlassungsunwürdigkeit feststellen lassen. Keine wesentlich anderen Ergebnisse zeichnen sich ab, wenn man die Umqualifizierung auf das (rechtsgeschäftliche) Kriterium der internen Finanzplanung stützt. Danach kommt eine Umqualifizierung der Gebrauchsüberlassung in Betracht, wenn sie, aufgrund der Finanzplanung, eine materielle Eigenkapitalersatzfunktion aufweist, der Gesellschafter sie somit causa societatis erbracht hat (was wiederum durch einen Drittvergleich zu ermitteln ist).

Hat die Gebrauchsüberlassung nach diesen Kriterien nicht schon bei ihrer Begründung eigenkapitalersetzenden Charakter, kommt auch eine nachträgliche Umqualifizierung in Betracht. Die Anforderungen an die Finanzierungsentscheidung des "Stehenlassens" hat der Bundesgerichtshof wesentlich abgesenkt, als dafür bereits die gesellschaftsrechtliche Einflußmöglichkeit des bzw. der Mehrheitsgesellschafter(s) genügt, die Betriebsgesellschaft unter Entzug der ihr überlassenen Wirtschaftsgüter liquidieren zu können. Bei der Betriebsaufspal-

---

§§ 886, 1169, 1254 BGB für verpflichtet anzusehen, auf sein Eigentum zu verzichten und die überlassenen Wirtschaftsgüter der Gesellschaft zu übertragen.

tung ist dabei unproblematisch, daß die nutzungsgebende Besitzgesellschaft wie ein Gesellschafter der Betriebsgesellschaft behandelt werden kann.

Ersetzt die Gebrauchsüberlassung haftendes Eigenkapital, gelten für die vereinbarungsgemäß von der Gesellschaft geschuldeten Nutzungsentgelte die zu den (eigenkapitalersetzenden) Gesellschafterdarlehen entwickelten Rechtsprechungsgrundsätze. Auf die solchermaßen im Gesellschaftsvermögen gebundenen Zinsen können die Grundpfandgläubiger des Gesellschafters nicht zugreifen, da sie nicht in den Hypothekenhaftungsverband fallen.

Weil aber das vom Gesellschafter eingeräumte Nutzungsrecht selbst eigenkapitalersetzend ist, ist seine Verstrickung im Gesellschaftsvermögen die eigentliche Rechtsfolge des § 32a III GmbHG. Die Regeln über den Eigenkapitalersatz halten den Gesellschafter nur an der tatsächlich von ihm erbrachten Leistung fest. Deshalb ist eine vereinbarte Befristung der im Gebrauchsüberlassungsvertrag eingeräumten Nutzungsüberlassung bei der Umqualifizierung grundsätzlich anzuerkennen, wenn sie ernstgemeint ist und nicht auf eine Schädigung der Gläubiger abzielt. Das Nutzungsrecht kann zugunsten der Konkursmasse vom Konkursverwalter ausgeübt werden, an einen Dritten übertragen bzw. ihm zur Ausübung überlassen oder aber kapitalisiert werden.

B. Die Haftung im qualifiziert faktischen GmbH-Konzern

Zu einem haftungsrechtlichen Arbeitnehmerschutz kann auch das Konzerngesellschaftsrecht einen wichtigen Beitrag leisten. Dafür ist allerdings Voraussetzung, daß die Haftungsregeln im qualifiziert faktischen GmbH-Konzern auch auf die Betriebsaufspaltung Anwendung finden können. Über diese Frage gingen die Meinungen in der Literatur bis zuletzt auseinander.[209]

Mit dem "TBB-Urteil" vom 29.03.1993[210] hat der Bundesgerichtshof das konzernrechtliche Haftungskonzept neu geordnet, nachdem es zuvor - in Reaktion auf das "Video-Urteil"[211] - Gegenstand intensivster Kritik im Schrifttum[212] war.

[209] Zuletzt hierzu ablehnend *Priester*, Konzernaufbau, S. 223; befürwortend *Scholz/Emmerich*, Anh. Konzernrecht, Rdnr. 209.

[210] BGH ZIP 1993, 589ff.

[211] BGHZ 115, 187.

[212] Dazu unten unter I.1.e).

I. Der Stand des Konzernhaftungsrechts

1. Die Rechtsprechung des Bundesgerichtshofs bis zum "TBB-Urteil"

Zur besseren Einordnung der nunmehr "geltenden" Haftungsgrundsätze im qualifiziert faktischen Konzern, aber auch um einen Bezug zur bisherigen konzernrechtlichen Beurteilung der Betriebsaufspaltung herzustellen, soll die Linie der höchstrichterlichen Rechtsprechung, die bis zu der "TBB"-Entscheidung führte, hier kurz nachgezeichnet werden.

a) Der Begründungsansatz für die Rechtsfortbildung

Ausgangspunkt für die Entwicklung eines speziellem GmbH-Konzernhaftungsrechts war das Fehlen eines speziellen Haftungsmechanismus für die Gefährdungssituation, in die eine abhängige GmbH mit ihren außenstehenden Gesellschaftern sowie ihren Gläubigern geraten kann, wenn sie fremden unternehmerischen Interessen dienstbar gemacht wird. Dem GmbH-Gesetz liegt die Vorstellung einer selbständigen Gesellschaft zugrunde, bei der die Interessen der Gesellschaft, ihrer Gesellschafter und der Gläubiger im wesentlichen parallel laufen. Für den Fall der Störung dieses Systems enthält es aber keine ausreichenden Schutzregeln. Um den "Durchschlag des Konzerninteresses in die abhängige GmbH"[213] aufzufangen, hat sich der Bundesgerichtshof erstmals im "Autokran"- Urteil[214] für eine Teilanalogie zu den Regeln des aktienrechtlichen Vertragskonzerns entschieden. Dieser Analogieschluß setzt allerdings voraus, daß im faktischen GmbH-Konzern[215] eine dem Vertragskonzern ähnliche Gefährdungslage erreicht wird.[216] Diese Schwelle sah der Bundesgerichtshof als erreicht an, wenn ein qualifiziert-faktischer GmbH-Konzern gegeben ist.[217] Unterhalb dieser Schwelle, im einfachen faktischen Konzern, bleibt es danach bei den Schutzvorkehrungen, die das GmbH-Recht bei Einzeleingriffen des herrschenden Unternehmens für die Interessen der außenstehenden Gesellschafter und der Gläubiger bereit hält.[218]

---

[213] *Stimpel,* Autokran, S. 12.

[214] BGHZ 95, 330.

[215] Bei der GmbH stehen dem Allein- bzw. Mehrheitsgesellschafter schon vergleichbare Einflußmöglichkeiten und Weisungsrechte zu (§ 37/I GmbHG), wie sie beim aktienrechtlichen Vertragskonzern durch den erforderlichen Beherrschungsvertrag begründet werden.

[216] BGHZ 95, 330, 343; BGHZ 107, 7, 17 (Tiefbau); BGHZ 115, 187, 193 (Video).

[217] Ausdrücklich in BGHZ 115, 187, Leitsatz a) und S. 192ff.

[218] Zu diesem Schutzssystem *Scholz/Emmerich,* Anhang Konzernrecht, Rdnr. 169ff.

b) Der Haftungstatbestand und die Rechtsfolgen

Die erste Tatbestandsvoraussetzung für eine konzernspezifische Haftung war somit das Vorliegen einer qualifizierten, - im Gegensatz zur bloß einfachen - faktischen Konzernierung. Die Bildung einer allgemeingültigen Formel zur Abgrenzung erwies sich jedoch als äußerst schwierig.[219] Der Bundesgerichtshof verlangte dafür die (zeitlich) dauernde und (sachlich) umfassende Ausübung der Leitungsmacht.[220] In der "Autokran"-Entscheidung sah er dieses Erfordernis als gegeben an, weil die abhängigen Gesellschaften "praktisch wie bloße Betriebsabspaltungen eines einheitlichen Unternehmens organisiert und behandelt"[221] wurden. In der nachfolgenden "Tiefbau"-Entscheidung genügte dafür bereits, daß das herrschende Unternehmen "im finanziellen Bereich die Leitung vollständig an sich gezogen habe".[222] Im "Video"-Urteil schließlich folgte die dauernde und umfassende Ausübung von Leitungsmacht alleine aus der Stellung des Beklagten als Mehrheits- bzw. Alleingesellschafter und alleinigem Geschäftsführer der abhängigen Vertriebs-GmbH.[223]

Der Tatbestandsvoraussetzung der dauernden und umfassenden Leitung stellte der Bundesgerichtshof ein weiteres Tatbestandsmerkmal an die Seite, das er aber als (widerlegliche) Vermutung aus dieser folgerte.[224] Dieses "haftungsbegründende Vermutungselement"[225] beruhte auf der Annahme, daß beim Vorliegen dauernder und umfassender Leitung der abhängigen GmbH "auf deren Belange zugunsten des Konzerninteresses nicht ausreichend Rücksicht genommen worden" sei, und weiter, daß darin "der Grund für die eingetretenen Verluste[226] liege. Diese Vermutung sei aber nicht berechtigt, wenn feststehe, daß die tatsächlich entstandenen Verluste auf Umständen beruhen, die mit der Ausübung der Leitungsmacht nichts zu tun haben.[227] Daher wurde dem herrschenden Unternehmen ein die Haftung ausschließender Entla-

---

[219] Dazu *Krieger*, Tatbestand, S. 41ff.; *Lutter*, AG 1990, 179; *Scholz/Emmerich*, Anhang Konzernrecht, Rdnr. 194 m.w.N.; *Westermann*, Tatbestand, S. 21ff.

[220] So erstmals in BGHZ 95, 330, 334 in Anlehnung an die Gesetzesvorschläge des Arbeitskreises GmbH-Reform, in: Thesen und Vorschläge zur GmbH-Reform. Bd. II, 1972, S. 59 und 72.

[221] BGHZ 95, 330, 341.

[222] BGHZ 107, 7, 19.

[223] BGHZ 115, 187, 195.

[224] Zur dogmatischen Einordnung dieses Doppeltatbestands *Stodolkowitz*, ZIP 1992, 1517, 1518ff.; *Ulmer*, Vermutungsfragen, S. 65, 74f.

[225] So *Stimpel*, Autokran, S. 14.

[226] BGHZ 115, 187, 194.

[227] BGHZ a.a.O.

stungsbeweis im Sinne eines Kausalitätsgegenbeweises gegen die Ursächlichkeit der Leitungsausübung für die eingetretenen Verluste eingeräumt.[228] Konnte das herrschende Unternehmen die Vermutung der Eigeninteressenverletzung der abhängigen Gesellschaft nicht widerlegen, haftete es nach den §§ 302, 303 AktG analog. Nach § 302 AktG analog ergibt sich eine Pflicht zum Ausgleich der während der Beherrschungsdauer entstandenen Verluste im Innenverhältnis zwischen dem herrschenden Unternehmen und der abhängigen Gesellschaft.[229] Nach § 303 AktG analog haftet das herrschende Unternehmen gegenüber den Gläubigern der abhängigen Gesellschaft im Außenverhältnis. Für den Gläubigerschutz in der Praxis ist dabei die Frage von besonderem Interesse, wann sich dieser grundsätzlich nur auf Sicherheitsleistung bestehende Anspruch in einen unmittelbaren Zahlungsanspruch umwandelt.[230] Das ist nach der Rechtsprechung des Bundesgerichtshofs dann der Fall, wenn die abhängige Gesellschaft vermögenslos ist und deshalb die Forderung nicht mehr erfüllen könne, denn dann habe eine vorherige Sicherheitsleistung keinen Sinn mehr.[231]

c) Die natürliche Person als herrschendes Unternehmen

Diesen konzernrechtlichen Haftungsfolgen kann nach der Rechtsprechung des Bundesgerichtshofs auch eine natürliche Person ausgesetzt sein. Voraussetzung für die Qualifizierung als herrschendes Unternehmen im Sinne des § 17/I AktG ist lediglich, daß die natürliche Person ihre unternehmerischen Interessen nicht nur in der betroffenen GmbH, sondern auch in anderen Unternehmungen maßgeblich verfolgt. Der Grund für dieses weite, schutzzweckbezogene[232] und nicht rechtsformspezifische Verständnis vom Unternehmensbegriff fällt mit dem Ausgangspunkt für die Schaffung eines besonderen Konzernhaftungsrechts zusammen. Er besteht darin, daß der konzerntypische Interessenkonflikt mit den damit verbundenen Gefahren, denen das Konzernrecht entgegenwirken soll, bei einem mehrfach unternehmerisch tätigen Privat-

---

[228] Zu der Rechtsprechungsentwicklung zum haftungsausschließenden Gegenbeweis ausführlich *Stimpel*, Autokran, S. 5, 13ff.

[229] Zu der weiterhin offenen, praktisch jedoch nicht so relevanten Frage, ob die Verlustausgleichspflicht jeden Bilanzverlust erfaßt, oder nur auf eine Stammkapitalabdeckung zu beschränken ist, *K. Schmidt*, Verlustausgleich, S. 117ff.; *Lutter/Hommelhoff*, Anh. § 13 GmbHG Rdnr. 23; *Scholz/Emmerich*, Anh. Konzernrecht, Rdnr. 226.

[230] Dazu *Stimpel*, Autokran, S. 5, 19.

[231] So BGHZ 95, 330, 347; BGHZ 115, 187, 200.

[232] Für den schutzzweckorientierten Unternehmensbegriff hatte sich der BGH schon in BGHZ 69, 334, 337f. (VEBA-Gelsenberg) entschieden.

gesellschafter in gleicher Weise wie bei einer juristischen Person entstehen.[233]

d) Das "Video"- Urteil als Endpunkt dieser Entwicklung

Diese Entwicklung der Rechtsprechung fand ihren vorläufigen Schlußpunkt in der "Video"- Entscheidung.[234] Darin führte der 2. Senat aus, daß "der mindestens mehrheitlich beteiligte Gesellschafter, der gleichzeitig alleiniger Geschäftsführer ist, schon immer dann persönlich für Verluste der Gesellschaft einstehen und wegen der entsprechenden Anwendung des § 303 AktG den Gläubigern zu haften hat, wenn er sich anderweitig unternehmerisch betätigt".[235] Das dem zugrundeliegende Haftungskonzept ist von Mitgliedern des Bundesgerichtshofs selbst als Verhaltenshaftung mit Vermutung und Gegenbeweismöglichkeit interpretiert worden.[236] Nicht zuletzt wegen der erheblichen Anforderungen an den vom herrschenden Unternehmen zu erbringenden Gegenbeweis lief dieser Haftungstatbestand im praktischen Ergebnis auf eine reine Gefährdungshaftung hinaus.[237] Für den Mehrheitsgesellschafter und Geschäftsführer einer GmbH, der sich noch anderweitig unternehmerisch betätigte, war somit das Haftungsprivileg des § 13/II GmbHG faktisch beseitigt.

Vor allem diese Konsequenz hat gerade in der mittelständischen Industrie für erhebliche Unruhe gesorgt.[238] Im Schrifttum ist das "Video"- Urteil auf überwiegende Ablehnung und heftige Kritik[239] gestoßen, die bis zum Vorwurf der Verfassungswidrigkeit reichte.[240] Für den hier interessierenden Zu-

---

[233] BGHZ 69, 334, 337f.; BGHZ 95, 330, 337; BGHZ 115, 187, 189.

[234] BGHZ 115, 187.

[235] BGHZ 115, 187, 195.

[236] So *Stimpel*, Autokran, S. 5; *Stodolkowitz*, ZIP 1992, 1517, 1521f.

[237] *Lutter*, JZ 1993, 580, spricht von einer "geradezu tödlichen Vermutungskaskade" in 'Video', (Einmann-Gesellschafter-Geschäftsführer = dichte Leitung = Haftung)".

[238] *Vorwort*, S. V, in: Hommelhoff/Stimpel/Ulmer, (Hrsg.), Der qualifiziert faktische GmbH-Konzern.

[239] Vollständige Nachweise bei *Burgard*, WM 1993, 925, FN 2; Vgl. ansonsten die Dokumentation von *Hirte*, Der qualifizierte faktische Konzern, (angekündigt Fortsetzungsband mit dem Stand Sommer 1993); weiterhin *Hommelhoff/Stimpel/Ulmer*, (Hrsg.), Der qualifizierte faktische Konzern; Verhandlungen des 59. Deutschen Juristentags, Bd. I, Gutachten G (Hommelhoff) und H (Druey), sowie Bd. II, Teil R.

[240] *Altmeppen*, DB 1991, 2525, 2528; *Flume*, DB 1992, 25, 27ff.; ders., ZIP 1992, 817ff. Die gegen das "Video"-Urteil gerichtete Verfassungsbeschwerde ist vom Bundesverfassungsgericht allerdings nicht angenommen worden, vgl. BVerfG, ZIP 1993, 1306 f. Danach ist das "Video"-Urteil verfassungsrechtlich nicht zu beanstanden.

sammenhang genügt es festzuhalten, daß die an die dauernde und umfassende Leitung geknüpfte starre Vermutungsregel der Eigeninteressenverletzung, sowie die Abwälzung des Risikos des non liquet auf den geschäftsführenden, beherrschenden Gesellschafter Schwerpunkte der Kritik waren.[241] Die wirttschaftsrechtliche Abteilung des 59. Deutschen Juristentags 1992 faßte das Meinungsbild so zusammen: "Den rechtsfortbildenden Instanzen wird als Leitlinie einer rechtlichen Entwicklung empfohlen, die bisher gefundene Haftungsregel einzuschränken. Dem Gesetzgeber wird empfohlen, die weitere Entwicklung abzuwarten".[242]

2. *Das "TBB"- Urteil*

Vor diesem Hintergrund hat der Bundesgerichtshof mit dem "TBB"- Urteil[243] das konzernrechtliche Haftungskonzept unter Beibehaltung seiner bisherigen Rechtsprechung im übrigen in zwei Punkten korrigiert und dadurch erheblich "entschärft".[244]

a) Die Korrektur des Haftungstatbestands

Die erste Korrektur betrifft den Haftungstatbestand. Nach dem "TBB"- Urteil ist dieser gegeben, wenn die abhängige Gesellschaft durch den herrschenden Gesellschafter in einer objektiv mißbräuchlichen Weise behandelt wird.[245] Das sieht der Bundesgerichtshof unter folgendem Doppeltatbestand als gegeben an: Der beherrschende Gesellschafter muß seine (faktische) Konzernleitungsmacht in einer Weise ausüben, die keine angemessene Rücksicht auf die eigenen Belange der abhängigen Gesellschaft nimmt. Zusätzlich darf sich der zugefügte Nachteil nicht durch Einzelausgleichsmaßnahmen (Schaden-

---

[241] Vgl. dazu die Erläuterung von Lutter zu den Diskussionen auf dem 59. Deutschen Juristentag, DB 1992, 2429, 2430.

[242] Wiedergegeben in NJW 1992, 3026.

[243] BGH ZIP 1993, 589.

[244] Vor allem deshalb ist das "TBB"- Urteil bislang im Schrifttum im Ergebnis nahezu übereinstimmend auf positive Resonanz gestoßen, so *Altmeppen*, EWiR § 302 AktG 2/93 327; *Bauder*, BB 1993, 1103ff.; *Burgard*, WM 1993, 925ff.; *Drygala*, GmbHR 1993, 317ff.; *Ebenroth/Wilken*, ZIP 1993, 558ff.; *Goette*, DStR 1993, 568ff.; *Kleindiek*, DZWiR 1993, 177ff.; *Kohl*, MDR 1993, 715ff.; *Kowalski*, GmbHR 1993, 253ff.; *Kübler*, NJW 1993, 1204.; *Limmer*, DStR 1993, 765ff.; *Lutter*, JZ 1993, 580ff.; *Schanze*, AG 1993, 376ff.; *K. Schmidt*, ZIP 1993, 549ff.; *U. H. Schneider*, WM 1993, 782ff.; *H. P. Westermann*, ZIP 1993, 554ff.; kritisch dagegen *Versteegen*, DB 1993, 1225ff. Zur Vereinbarkeit des "TBB"- Urteils mit der 12. gesellschaftsrechtlichen EG-Richtlinie "Einmann-Richtlinie", ausführlich *Schüppen*, DB 1993, 969ff; zuletzt *Krieger*, ZGR 1994, 375 ff; *Hommelhoff*, ZGR 1994, 395 ff; *Altmeppen*, DB 1994, 1912 ff..

[245] BGH ZIP 1993, 589, 593 unter III.2.c)bb) der Gründe.

ersatzansprüche wegen Treuepflichtverletzung, Anwendung der Kapitalersatzregeln) kompensieren lassen. Bei der Einmann-GmbH nimmt der 2. Senat eine unangemessene Ausübung der Konzernleitungsmacht an, wenn diese infolge der Einwirkungen des herrschenden Unternehmens ihren Verbindlichkeiten nicht mehr nachkommen kann.

Dagegen gehört die dauernde und umfassende Leitung nicht mehr zum Haftungstatbestand.[246] Der Bundesgerichtshof bekennt sich damit zu einer Verhaltenshaftung. Je nachdem, ob man sein bisheriges Haftungskonzept faktisch als Gefährdungs- bzw. Strukturhaftung oder aber dogmatisch als Verhaltenshaftung interpretierte, mag man jetzt von einer "Wende",[247] oder aber nur - wie der 2. Senat - von einer "Klarstellung"[248] sprechen. Auf Fallgruppen dieser Verhaltenshaftung hat sich der 2. Senat - über den konkreten Fall hinausgehend[249] - nicht festgelegt.

b) Die geänderte Verteilung der Darlegungs- und Beweislast

Die zweite, vom Bundesgerichtshof vorgenommene Änderung seiner bisherigen Rechtsprechung betrifft die Verteilung der Darlegungs- und Beweislast. Die bislang von ihm aufgestellte tatsächliche Vermutung der Eigeninteressenverletzung, die er aus der dauernden und umfassenden Leitung folgerte, hat er ausdrücklich aufgegeben.[250] Deshalb obliegt nach dem "TBB"- Urteil der klagenden Partei grundsätzlich die Darlegungs- und Beweislast hinsichtlich der haftungsbegründenden Umstände. Danach müssen sowohl Tatsachen behauptet und bewiesen werden, aus denen sich mißbräuchliche Eingriffe des herrschenden Gesellschafters in die abhängige Gesellschaft ergeben, als auch solche, aus denen die Funktionsuntauglichkeit des Einzelausgleichsystems hervorgeht.[251]

---

[246] BGH ZIP 1993, 589, 593 unter III.2.c)bb) der Gründe.

[247] So etwa *Kowalski*, GmbHR 1993, 253, 255.

[248] BGH ZIP 1993, Leitsatz 1.

[249] Im "TBB"- Fall hielt es der BGH für möglich, daß durch eine Saldenverrechnungsvereinbarung des Beklagten mit der kreditgebenden Bank die "T. Betreuungsges.m.b.H." für fremde Schulden anderer Unternehmen des Beklagten in einer Weise einstehen mußte, die eine nach den dargestellten Grundsätzen unangemessene Beeinträchtigung ihrer Interessen darstellt, so BGH ZIP 1993, 589, 593 unter III.2.c)cc) der Gründe.

[250] So BGH ZIP 1993, 589, 593 unter III.2.c)bb) der Gründe. Dort reagiert der Senat auf die Kritiker, die darauf hinweisen, es könne nicht angehen, daß der geschäftsführende beherrschende Gesellschafter nur deshalb haften muß, weil er den Gegenbeweis nicht erbringen kann, so etwa *Knobbe-Keuk*, DB 1992, 1461, 1462. Auch diese Korrektur ist im Schrifttum auf allgemeine Zustimmung gestoßen, vgl. statt aller *Lutter*, JZ 1993, 580f.

[251] Ebenso *H. P. Westermann*, ZIP 1993, 554, 557; *Kowalski*, GmbHR 1993, 254, 258.

Um aber dem Kläger, der in der Regel keinen Einblick in die Interna des herrschenden Unternehmens hat, die Darlegungs- und Beweismöglichkeiten nicht unangemessen zu erschweren, gewährt ihm der 2. Senat Erleichterungen bei der Substantiierungslast.[252] Nach allgemeinen Grundsätzen[253] trifft danach den Beklagten eine Pflicht zur Erwiderung mit genauen Sachverhaltsangaben, wenn er im Gegensatz zum Kläger die maßgebenden Tatsachen kennt und ihm die Sachverhaltsdarlegung zumutbar ist.

3. Die Rechtsprechung des Bundesarbeitsgerichts

Um die Arbeitnehmer bei Vermögensansprüchen vor den konzerntypischen Gefahren zu schützen, hat das Bundesarbeitsgericht nach einigem Zögern[254] die vom Bundesgerichtshof entwickelte Rechtsprechung zur Haftung im qualifiziert faktischen Konzern übernommen.[255] Zunächst hat das Bundesarbeitsgericht mit seinem Urteil vom 15.01.1991[256] ("Stiebel Eltron") die auf dem Stand der "Autokran"- Entscheidung befindlichen Grundsätze übernommen und auf eine abhängige GmbH u. Co. KG angewendet.[257] Mit dem "Betriebsrenten"- Urteil vom 28.04.1992[258] und dem Urteil "AG- Union" vom 06.10. 1992[259] hat es dann die "Video"- Grundsätze angewendet.

In der "Betriebsrenten"- Entscheidung stellte das Bundesarbeitsgericht bei der Anpassungsprüfung der Betriebsrenten nach § 16 BetrVG auf die Lei-

---

[252] BGH ZIP 1993, 589, 594 unter III.2.c)dd) der Gründe. Anders *Ebenroth/Wilken*, ZIP 1993, 558, 560, die eine anscheinsbeweisähnliche Beweisführung annehmen; für einen Anscheinsbeweis auch *Burgard*, WM 1993, 925, 932f. Dagegen *Drygala*, GmbHR 1993, 317, 326ff.; *Goette*, DStR 1993, 568, 571; *Kleindiek*, DZWiR 1993, 177, 179; *Kowalski*, GmbHR 1993, 253, 258f.

[253] Vgl. *MünchKomm/Peters*, § 138 ZPO Rdnr. 21f.; zuletzt BGH ZIP 1993, 485, 461. Hierzu *Drygala*, GmbHR 1993, 317, 327 m.w.N.

[254] In der Entscheidung BAG AP § 613a BGB Nr. 70 hatte das BAG erstmals die Anwendung der Konzernhaftungsregeln erwogen. Das LAG Frankfurt hat eine konzernrechtliche Haftung bei einem GmbH-Vertragskonzern anerkannt, NZA 1989, 107. Für eine Übernahme der Konzernhaftungsregeln zum Schutz der Arbeitnehmer bei Betriebsaufspaltungen *Belling/Collas*, NJW 1991, 1919, 1923ff.

[255] Zur Zuständigkeit der Arbeitsgerichte für den Fall, daß Sozialansprüche nicht gegen die eigentlich sozialplanpflichtige Kapitalgesellschaft als Arbeitgeberin gerichtlich geltend gemacht werden, sondern im Wege des Durchgriffs unmittelbar gegen ihren Alleingesellschafter, BAG AP Nr. 2 zu § 3 ArbGG 1979.

[256] BAG AP § 113 BetrVG 1972 Nr. 21.

[257] Vgl. dazu die Besprechungen von *Limmer*, GmbHR 1992, 265ff. und *Schanze/Kern*, AG 1991, 421, 423ff.

[258] BAG ZIP 1992, 1566.

[259] BAG ZIP 1993, 380.

stungsfähigkeit der Konzernobergesellschaft wegen des Vorliegens eines qualifiziert-faktischen Konzerns ab. Die englische Konzernmutter, zu deren Nachteil die Vermutungswirkung der dauernden und umfassenden Leitung eintrat, haftete, weil ihr der Entlastungsbeweis nicht gelang. Da es aber im unstreitigen Sachverhalt heißt: " Die Verluste der deutschen Konzerntochter resultierten im wesentlichen daraus, daß erhebliche Marktanteile an japanische Mitbewerber verlorengingen, die mit niedrigen Preisen in den deutschen Markt eindrangen",[260] ist dieses Urteil auf heftige Kritik gestoßen.[261] In der Entscheidung "AG- Union" haftete der beklagte Mehrheitsgesellschafter und Geschäftsführer, da er den erforderlichen Entlastungsbeweis offenbar nur in unzureichender Weise angetreten hatte.[262]

Die für die Anrufung des Großen Senats in Zivilsachen (§ 132/I GVG) oder des Gemeinsamen Senats der obersten Gerichtshöfe des Bundes (§ 2 Rspr EinhG) maßgebliche Frage, ob das durch die "TBB"- Entscheidung korrigierte Konzernhaftungsrecht des Bundesgerichtshofs zu den Urteilen des Bundesarbeitsgerichts im Widerspruch steht, hat der Bundesgerichtshof im "TBB"-Urteil verneint.[263] Von seinem Standpunkt aus erscheint das konsequent, da er die "TBB"- Entscheidung selbst nur als "Klarstellung" zu den "Video"-Grundsätzen apostrophiert. In der Literatur ist diese Einschätzung nicht ohne Widerspruch geblieben.[264]

Teilte auch das Bundesarbeitsgericht die Auffassung des Bundesgerichtshofs, würde sich ein merkwürdiges Ergebnis einstellen. Das Bundesarbeitsgericht könnte seine, auf den "Video"- Grundsätzen beruhende Rechtsprechung aufrechterhalten, mit der Folge, daß für die Arbeitnehmer offensichtlich günstigere Haftungsregeln Anwendung fänden, als für alle anderen Gläubiger konzernierter Gesellschaften; zugleich würden sich dabei die Rechtsprechungen der beiden Gerichte nicht widersprechen (!).

---

[260] BAG ZIP 1992, 1566, 1567. Darauf weisen *Junker*, EWiR § 302 AktG 1/93, 218, und *Lutter*, JZ 1993, 580, 581 hin.

[261] Am dezidiertesten *Lutter*, JZ 1993, 580, 581f.

[262] Vgl. BAG ZIP 1993, 380 unter II.4.b)cc) der Gründe: "Unbegründet ist die Rüge der Revision, das LAG hätte nach § 139 ZPO den Beklagten auf die Möglichkeit eines Entlastungsbeweises hinweisen müssen."

[263] BGH ZIP 1993, 589, 594 unter III.3.b) und c) der Gründe.

[264] *Lutter*, JZ 1993, 580, 581f. Drygala hat darauf hingewiesen, daß die Fälle "Stiebel Eltron" und "AG- Union" ausschließlich unter Strukturaspekten beurteilt wurden, vgl. *Drygala*, GmbHR 1993, 317, 324, FN 105.

Tatsächlich hat das Bundesarbeistgericht jedoch mittlerweile die "TBB"-Grundsätze ausdrücklich übernommen[265]. Damit ist das Gericht seiner Tradition treu geblieben, keine eigene Rechtsfortbildung zum Schutz der Arbeitnehmer als Gläubiger konzernabhängiger Gesellschaften zu betreiben, sondern sich vielmehr darauf zu beschränken, die jeweils vom Bundesgerichtshof entwickelten Regeln zu übernehmen[266].

Da die Verbindlichkeit der "TBB"-Grundsätze als kozerngesellschaftsrechtlicher Schutz damit auch für die Arbeitnehmer feststeht, erfolgt die Untersuchung der sich daraus ergebenden Schutzmöglichkeiten in Fällen der Betriebsaufspaltung auf ihrer Grundlage.

II. Der bisherige Meinungsstand zum Konzernrecht der Betriebsaufspaltung

Während sich in der Literatur mittlerweile schon eine ganze Reihe von Autoren mit der Frage der Anwendbarkeit der Konzernhaftungsregeln auf die Betriebsaufspaltung befaßt haben,[267] sind die Äußerungen aus der Rechtsprechung dazu spärlich.[268] In der Literatur herrschte dabei bislang die Ansicht vor, daß den Gläubigergefahren der Betriebsaufspaltung eher mit den Regeln der eigenkapitalersetzenden Gebrauchsüberlassung (§ 32a III GmbHG) zu begegnen ist als mit dem Konzernhaftungsrecht.[269] Ob diese Einschätzung auch nach "TBB" ihre Gültigkeit behält, bleibt abzuwarten.

Ein näherer Aufschluß über die speziell konzernrechtlichen Gläubigergefahren der Betriebsaufspaltung ergibt sich durch einen Blick auf die bislang schon

---

[265] BAG ZIP 1994, 1003 ff;zuletzt BAG, DB 1994, 1780, sowie BAG, Urteil vom 4. 10. 1994 - 3 AZR 910/93 -.

[266] Eine überblickartige Darstellung der bisherigen konzernrechtlichen Rechtsprechung des Bundesarbeitsgerichts findet sich bei *Belling/v. Steinau-Steinrück*, EzA § 303 AktG Nr. 1.

[267] *Belling/Collas*, NJW 1991, 1919, 1923ff.; *Donath*, S. 133ff.; *Dehmer/Hettler*, S. 141ff.; *Drygala*, S. 75ff.; *Hommelhoff*, DB 1992, 309, 312; ders., Gutachten, S. 74; *Junge*, S. 241, 248ff.; *Kalle*, S. 188ff.; *Lutter*, ZHR 151 (1987), 444, 461; *Lutter/Hommelhoff*, Anh. § 13 GmbHG Rdnr. 18; *D. Mayer*, DStR 1992, 791ff.; *Mutter*, S. 191ff.; *Priester*, ZIP 1986 137, 145; ders., Konzernaufbau, S. 223, 241ff.; *Raiser*, § 56 Rdnr. 4; *Schaub*, NZA 1989, 5, 8; *Scholz/Emmerich*, Anhang Konzernrecht, Rdnr. 209; *Schulze-Osterloh*, ZGR 1983, 141, 156ff.; *Simon*, ZfA 1987, 311, 344; *Stimpel*, Durchgriffshaftung, S. 601, 611; *Timm*, Gebrauchsüberlassungsverhältnisse, S. 27ff.; ders., JuS 1991, 738, 740f.; *Ulmer*, NJW 1986, 1579, 1586; *Weilbach*, BB 1990, 829ff.; *Weimar*, ZIP 1988, 1525ff.; *Wiedemann*, ZIP 1986, 1293, 1301ff.; *Ziegler*, S. 155ff.; *Baumbach/Hueck/Zöllner*, GmbHG, Anh. KonzernR Rdnr. 25; zuletzt *Keßler GmbHR 1993*, 541, 546 ff; *Holzwarth*, S. 45 ff..

[268] BGH ZIP 1987, 169, wo eine typische horizontale Betriebsaufspaltung ohne weiteres als Konzern eingeordnet wird.

[269] So zuletzt *Priester*, Konzernaufbau, S. 223, 243.

in der Literatur erarbeiteten Analysen zum Konzernrecht der Betriebsaufspaltung. Dabei ist allerdings vorweg einschränkend zu bemerken, daß die Betriebsaufspaltung wegen ihrer Vielgestaltigkeit jeglicher einheitlichen Bewertung entzogen ist.[270] Alle dazu zu treffenden Feststellungen können deshalb nur fallgruppenweise und unter dem Vorbehalt einzelfallbezogener Differenzierung Geltung erlangen.

1. Die Betriebsaufspaltung als konzernrechtlicher Sachverhalt

a) Das Konzernverhältnis

Erste Voraussetzung für das Eingreifen der Konzernhaftung ist das Vorliegen von Abhängigkeit (§§ 15, 17 AktG).[271] Sie bereitet bei der Betriebsaufspaltung keine Probleme.[272] Bei der typischen horizontalen Betriebsaufspaltung sind die Gesellschafterkreise von Besitz- und Betriebsgesellschaft zumeist identisch.[273] Ein Abhängigkeitsverhältnis besteht dann in der Regel zwischen der Betriebsgesellschaft und dem Mehrheits(besitz)gesellschafter (§ 17/II AktG) oder der Gesellschaftergruppe, die über die Stimmenmehrheit verfügt.[274] Bei der vertikalen Betriebsaufspaltung besteht das Konzernverhältnis zwischen der Besitz- und der Betriebsgesellschaft, soweit die Besitzgesellschaft zumindest über eine Mehrheitsbeteiligung an der Betriebsgesellschaft verfügt.

b) Der konzerntypische Interessenkonflikt

Die Qualifizierung des Allein- oder Mehrheitsgesellschafters als herrschendes Unternehmen und damit die Anwendbarkeit des Konzernhaftungsrechts setzen eine konzerntypische Gefährdungssituation voraus. Nach den Worten des Bundesgerichtshofs ergibt sich diese daraus, "daß der bei der selbständigen Gesellschaft vorhandene weitgehende Gleichlauf der Interessen der Gesellschaft und ihrer Gesellschafter nicht mehr ohne weiteres vorauszusetzen ist, wenn

---

[270] Vorbildlich daher *Ziegler*, S. 155ff., der den Zusammenhang zwischen Betriebsaufspaltung differenzierend nach den verschiedenen Erscheinungsformen der Betriebsaufspaltung untersucht.

[271] Zu den Anforderungen an das Abhängigkeitsverhältnis *Hüffer*, AktG, § 17 Rdnr. 4ff.

[272] Vgl. dazu die Untersuchungsergebnisse von *Ziegler*, S. 181ff.

[273] *Hesselmann/Hüfner/Pinkwart*, S. 59ff.

[274] Zu den Anforderungen an die Zusammenrechnung von Anteilen zu einer stabilen Mehrheitsgruppe BGH ZIP 1993, 589, 591 unter III.1. der Gründe. Dazu *Ziegler*, S. 186f. und speziell für die Betriebsaufspaltung *Limmer*, DStR 1993, 765, 768.

einer von ihnen noch anderweitige unternehmerische Interessen verfolgt und diese durch seine Einwirkungsmöglichkeiten bei der abhängigen Gesellschaft zum Tragen bringen kann.[275]

In der Literatur gehen die Meinungen darüber auseinander, ob sich diese Konfliktlage auch bei der typischen Betriebsaufspaltung beobachten läßt, bei der sich die Besitzgesellschaft auf die Vermietung bzw. die Verpachtung des Anlagevermögens beschränkt. Von den Befürwortern wird ein Potential für widerstreitende Interessen zwischen der Betriebs- und der Besitzgesellschaft in der Möglichkeit gesehen, über die Gebrauchsüberlassungsverträge Vermögensgegenstände zwischen den Gesellschaften zu verschieben.[276] Mögliche Interessenkonflikte werden aber nicht nur bei der Festlegung der Entgelthöhe für das Gebrauchsüberlassungsverhältnis ausgemacht, sondern auch bei Investitionsentscheidungen, in der Geschäftspolitik oder etwa in der langfristigen Planung.[277]

Die Gegner argumentieren andererseits, daß die Besitzgesellschaft keine selbständig am Markt auftretende Wirtschaftseinheit darstelle, sondern vielmehr wirtschaftlich von den Pachtzinseinnahmen seitens der Betriebsgesellschaft abhängig sei.[278] Der Gesellschafter betreibe somit nur ein Unternehmen durch zwei Gesellschaften, womit gerade die typische Konzernsituation fehle, Geschäftschancen wahlweise in der einen oder anderen Gesellschaft wahrzunehmen.[279] Dennoch wird auch von dieser Seite eingeräumt, daß eine Störung des so wirtschaftlich vorgegebenen Interessengleichlaufs dann in Betracht kommt, wenn der Gesellschafter den Konkurs der Betriebsgesellschaft hinnimmt, um den Betrieb anschließend mit einer neuen Betriebsgesellschaft fortzusetzen.[280]

---

[275] BGH ZIP 1993, 589, 591 unter III.2.a) der Gründe.

[276] So *Schulze-Osterloh*, ZGR 1983, 123, 149; *Weimar*, ZIP 1988, 1525, 1527. Zu dem für die Begründung der Unternehmenseigenschaft von beiden Autoren angeführten Argument der gewerblichen Betätigung bzw. der Kaufmannseigenschaft der Besitzgesellschaft *Drygala*, S. 88ff.; vgl. dazu ablehnend *K. Schmidt*, DB 1988, 897ff; zuletzt ablehnend OLG Hamm, EWiR § 105 HGB 1/93, 785 (Hey).

[277] *Ziegler*, S. 170ff., der die Bejahung der Unternehmenseigenschaft vom Umfang des Nutzungsüberlassungsverhältnisses abhängig macht. Danach wird beim Steuerberatermodell der für die Bejahung der Unternehmenseigenschaft erforderliche Interessenkonflikt abgelehnt, beim Betriebserhaltungsmodell hingegen bejaht, vgl. *Ziegler*, S. 173ff.

[278] So *Drygala*, S. 98ff.; *Timm*, Gebrauchsüberlassungsverhältnisse, S. 34ff.

[279] *Drygala*, S. 99.

[280] *Drygala*, S. 100, m.w.N.

Sieht man die Besonderheit des Konzerns in der wirtschaftlichen Einheit bei fortbestehender rechtlicher Vielheit,[281] so unterscheidet sich jedenfalls die typische Betriebsaufspaltung davon insofern, als bei ihr rechtliche Vielheit nicht jeweils mit wirtschaftlicher Selbständigkeit einhergeht. Daraus folgt für den konzernrechtlichen Interessenkonflikt einerseits, daß er nicht notwendigerweise in der Konstruktion der typischen Betriebsaufspaltung angelegt ist, andererseits aber durch die rechtliche Aufspaltung immerhin ermöglicht wird.[282] Diese Feststellung entspricht dem von *Drygala* formulierten Ergebnis, daß die Betriebsaufspaltung hinsichtlich ihrer Konzerngefahr zwischen dem reinen Privatgesellschafter und den typischen Konzernfällen anzusiedeln sei.[283]

Behält man aber hier nicht nur die typische Betriebsaufspaltung im Auge, so wird klar, daß es Fallgestaltungen gibt, bei denen die typischen Konzerngefahren in vollem Umfang realisiert werden. Beispielhaft sei dafür die Funktionsaufspaltung genannt, bei der wirtschaftlich selbständige Unternehmensbereiche auf rechtlich selbständige Träger ausgegründet werden.

c) Qualifiziert-faktische Konzernierung

Kontrovers ist das Meinungsbild in der Literatur auch bei der Frage, inwieweit Fallgestaltungen der Betriebsaufspaltung den Tatbestand der qualifiziert-faktischen Konzernierung erfüllen. Nach der "TBB"- Rechtsprechung ist die qualifiziert-faktische Konzernierung ("dauernde und umfassende Leitung") kein positiv zu formulierender Bestandteil des Haftungstatbestands mehr.[284] Tatbestandsmerkmal ist nun (die sich zumeist aus der qualifiziert faktischen Konzernierung im Einzelfall ergebende Konsequenz für die abhängige Gesellschaft), daß das auf Einzeleingriff und Schadensausgleich abstellende Haftungssystem nicht mehr funktioniert.[285]

---

[281] *Lutter*, ZGR 1982, 244, 267.

[282] Zu restriktiv deshalb *Priester*, Konzernaufbau, S. 223, 242, der das Bestehen eines Interessenkonfliktes und demzufolge die Unternehmenseigenschaft der Besitzgesellschaft rundweg bestreitet. *Ziegler*, S. 171, weist in diesem Zusammenhang darauf hin, daß schon die feste organisatorische Verdichtung der externen Interessenbindung in einer externen Gesellschaft eine "gewisse qualitative Verstärkung des unternehmensverbundspezifischen Interessengegensatzes zur Folge habe".

[283] *Drygala*, S. 100.

[284] Dafür vor "TBB" schon *Scholz/Emmerich*, Anh. Konzernrecht, Rdnr. 198 m.w.N.

[285] Diese Folge war bislang nur der gedankliche Legitimationsansatz für die Konzernhaftung, so *Drygala*, GmbHR 1993, 317, 320 m.w.N.

Teile der Literatur bejahen das Vorliegen einer qualifiziert-faktischen Konzernierung bei der Betriebsaufspaltung mit dem Hinweis darauf, daß "beide Teile der unternehmerischen Betätigung als aufeinander bezogene Betriebsabteilungen eines einheitlichen Unternehmens erscheinen".[286] Andere hingegen verneinen bei der horizontalen Betriebsaufspaltung den Zustand qualifiziert-faktischer Konzernierung, "wenn sich die Besitz-KG im wesentlichen auf ihre Rolle als Verpächter des Betriebs-Vermögens an die GmbH als Pächter beschränkt, der Pachtvertrag die gegenseitigen Rechte und Pflichten klar definiert und danach auch zwischen den Gesellschaften verfahren wird".[287] Bei der vertikalen Betriebsaufspaltung wird angeführt, daß die Betriebs-GmbH nicht als Betriebsabteilung des typischerweise lediglich verpachtenden Besitzunternehmens vorstellbar sei.[288] Denn Eingriffe ließen sich hier nur über den Pachtvertrag bewerkstelligen, so daß sie als Einzeleingriffe festellbar seien.[289]

Eingehend hat *Ziegler* das Vorliegen qualifiziert-faktischer Konzernierungstatbestände bei den verschiedenen Gestaltungsformen der Betriebsaufspaltung untersucht.[290] Danach ist die für eine qualifiziert-faktische Konzernierung erforderliche Leitungsdichte insbesondere bei den mehrgliedrigen (horizontalen, aber auch vertikalen) Formen der Betriebsaufspaltung denkbar, bei denen in der Besitzgesellschaft Managements-, Vertriebs- und Finanzierungsfunktionen etc. konzentriert sind. Bei eingliedrigen Betriebsaufspaltungen kommt danach eine entsprechende Leitungsdichte am ehesten bei der horizontalen Funktionsaufspaltung vor, am seltensten dagegen bei der vertikalen Betriebsaufspaltung.

2. *Eingreifen der Konzernhaftung?*

Faßt man den in der Literatur herausgearbeiteten konzernrechtlichen Gefährdungsbefund in Fallgestaltungen der Betriebsaufspaltung zusammen, so ergibt sich etwa folgendes Ergebnis: Im Regelfall der (typischen) Betriebsaufspaltung realisieren sich die spezifisch konzernrechtlichen Gefahren seltener als bei den klassischen Konzernsachverhalten, sind aber auch hier keineswegs ausgeschlos-

---

[286] *Schulze-Osterloh*, ZGR 1983, 141, 152; *Wiedemann*, ZIP 1986, 1302f.

[287] *Ulmer*, NJW 1986, 1579, 1586.

[288] *Priester*, ZIP 1986, 137, 145.

[289] *Priester*, Konzernaufbau, S. 223, 243.

[290] *Ziegler*, S. 201ff.

sen. In anderen Fallgestaltungen der Betriebsaufspaltung können dagegen die konzerntypischen Gefährdungsmomente in vollem Umfang auftreten.

Wegen dieses nicht eindeutigen konzernrechtlichen Befunds erwies sich die Einordnung der Betriebsaufspaltung in das bisher geltende Konzernhaftungsrecht als schwierig. Während ein Teil des Schrifttums grundsätzlich eine Einbeziehung der Betriebsaufspaltung in das Konzernhaftungsrecht für möglich hielt,[291] gewannen im jüngeren Schrifttum die Stimmen an Boden, die der Anwendung der Konzernhaftungsregeln skeptisch gegenüberstanden.[292] So wurde bezweifelt, ob das bis zum "TBB"- Urteil als de facto Zustandshaftung ausgestaltete Konzernhaftungsrecht flexibel genug sei, um den reduzierten Konzerngefahren der Betriebsaufspaltung Rechnung zu tragen.[293] Die unbeschränkt persönliche Ausfallhaftung des herrschenden Allein- oder Mehrheitsgesellschafters (§ 303 AktG analog) wurde deshalb als "Überkompensation"[294] empfunden. Stattdessem verwiesen mehrere Autoren darauf, daß der Besitzgesellschafter im Falle der Aufspaltung seines eine wirtschaftliche Einheit bildenden Unternehmens nicht schlechter stehen dürfe, als wenn er diese Betriebseinheiten rechtlich in lediglich einer GmbH zusammengefaßt hätte.[295] Auf dieser Grundlage trat der zuletzt wohl überwiegende Teil des Schrifttums für eine teleologische Ausklammerung der Konzernhaftungsregeln von der Betriebsaufspaltung ein.[296] *Ziegler*[297] schlug dagegen vor, die Konzernhaftung auch bei der Betriebsaufspaltung zu bejahen, dafür aber die Haftung des Privatgesellschafters gegenständlich auf das unternehmerisch gebundene Beteiligungsvermögen zu beschränken. Diese Auffassung befand sich im Einklang mit mehreren Ansätzen in der Literatur, die in der Begrenzung der Haftung den Ausweg aus der ausufernden "Video"- Rechtsprechung sahen.[298]

---

[291] *Baumbach/Hueck/Zöllner*, Anh. Konzernrecht, Rdnr. 25; *Belling/Collas*, NJW 1991, 1919, 1923ff.; *Schaub*, NZA 1989, 5, 8; *Scholz/Emmerich*, Anh. Konzernrecht, Rdnr. 209; *Schulze-Osterloh*, ZGR 1983, 141, 156ff.; *Simon*, ZfA 1987, 311, 344; *Stimpel*, Durchgriffshaftung, S. 601, 611; *Weimar*, ZIP 1988, 1525, 1529.

[292] *Drygala*, S. 98ff.; *Hommelhoff*, DB 1992, 309, 312; *Junge*, S. 241, 250; *Lutter/Hommelhoff*, S. 223, 241ff.; *Timm*, S. 27ff.; ders., JuS 1991, 738, 740f.; *Ulmer*, NJW 1986, 1579, 1586.

[293] *Drygala*, S. 100.

[294] *Ziegler*, WM 1989, 1077.

[295] Statt aller *Timm*, Gebrauchsüberlassungsverhältnisse, S. 25, 29, m.w.N.

[296] Vgl. die oben, in FN 83 Genannten. Auf der Grundlage dieser teleologischen Ausklammerung der Haftung im qualifiziert-faktischen Unterordnungskonzernhat *Drygala* für die Betriebsaufspaltung eine verschuldensabhänige Haftung der Besitzgesellschaft wegen Verletzung der gesellschaftsrechtlichen Treuepflicht im faktischen Gleichordnungskonzern entwickelt, vgl. dazu *Drygala*, S. 112ff.

[297] *Ziegler*, S. 228ff.

[298] Dazu ausführlich unten, unter III.3.

III. Der konzernhaftungsrechtliche Arbeitnehmerschutz nach den "TBB"- Grundsätzen

1. Die Haftungsneutralität der Betriebsaufspaltung als Gestaltungsform

Aus der Änderung der bislang bestehenden faktischen Zustandshaftung hin zu einer Verhaltenshaftung lassen sich für den Sachverhalt der Betriebsaufspaltung erste Schlußfolgerungen ziehen. Das bisherige Dilemma, entweder zugunsten der Gläubiger die (Zustands)-Konzernhaftung zu bejahen, dabei aber eine Überkompensation in Kauf nehmen zu müssen, oder aber die Konzernhaftung gänzlich auszuklammern, existiert nicht mehr. Zur Konzernhaftung kommt es nach den "TBB"-Regeln erst dann, wenn durch das Verhalten der Besitzgesellschafter bei der Betriebsgesellschaft eine nachhaltige Eigeninteressenverletzung eingetreten ist. Die bloße unternehmerische Gestaltungsform der Betriebsaufspaltung ist damit für sich genommen noch nicht haftungsauslösend.[299] Für die Gläubiger einer insolventen Betriebsgesellschaft besteht somit die (nachteilige) Konsequenz aus dem "TBB"- Urteil darin, daß eine konzernrechtliche Ausfallhaftung der Besitzgesellschafter nicht schon darauf gestützt werden kann, daß es sich um eine Fallgestaltung der Betriebsaufspaltung handelt. Aus dieser Feststellung ergibt sich zugleich aber auch, daß nach dem "TBB"- Urteil für diejenigen Auffassungen kein Raum mehr ist, die unter Hinweis auf die zu starren Haftungsvoraussetzungen für eine teleologische Ausklammerung der Konzernhaftung von der Betriebsaufspaltung eintraten.[300] Damit ist die Betriebsaufspaltung mit der "TBB"- Entscheidung aus ihrer bisherigen schwer einzuordnenden Randposition wieder in den "normalen" Anwendungsbereich des Konzernhaftungsrechts gerückt. Das gilt auch, wenn sich die konzernspezifischen Gefährdungen bei der Betriebsaufspaltung möglicherweise seltener realisieren als in klassischen Konzernsachverhalten.

2. Konzernhaftungstatbestände der Betriebsaufspaltung

Nach dem "TBB"- Urteil greift die Konzernhaftung ein, wenn die Konzernleitung in einer unangemessenen Weise ausgeübt wird und sich die der abhängigen Gesellschaft zugefügten Nachteile nicht durch Einzelausgleichsmaßnahmen kompensieren lassen. Die künftige Aufgabe für Rechtsprechung und Literatur wird darin bestehen, diesen Haftungstatbestand näher einzugrenzen und zu präzisieren.[301] Im folgenden wird daher versucht, die Fälle, in denen

---

[299] Ebenso *Drygala*, GmbHR 1993, 317, 323; ähnlich *Keßler*, GmbHR 1993, 541, 548f.

[300] Dazu oben unter II.2.

[301] Vgl. dazu die auf der Grundlage des bisherigen Fallmaterials und Diskussionsstands entwik-

sich Konzerngefahren bei der Betriebsaufspaltung realisieren, näher im Sinne der "TBB" - Haftungsvoraussetzungen aufzulösen.

a) Unangemessene Konzernleitung

Die vom Bundesgerichtshof statuierte Verhaltenshaftung setzt den Eintritt eines Verletzungserfolgs bei der abhängigen Gesellschaft voraus. Das für das Eingreifen der Konzernhaftung erforderliche Ausmaß der Nachteilszufügung sieht der 2. Senat bei der Einmann-Gesellschaft als gegeben an, wenn es zu einer Beeinträchtigung der Interessen der Gläubiger der abhängigen Gesellschaft kommt.[302] Damit neigt er der in der Literatur vorherrschenden Auffassung zu, die ein eigenständiges Bestandsschutzinteresse der Einmann-GmbH jenseits der Kapitalerhaltungsvorschriften nicht anerkennt.[303] Die dagegen vorgetragene Auffassung,[304] die unter anderem wegen der Interessen der Arbeitnehmer für ein eigenes Erhaltungsinteresse der Einmann-GmbH eingetreten ist, konnte sich wegen der jederzeit bestehenden Auflösungsbefugnis der Gesellschafter (§ 60 GmbHG) bislang nicht durchsetzen.[305] Der mehrgliedrigen Gesellschaft wird dagegen wegen der Interessen der außenstehenden Gesellschafter ein eigenständiger Bestandsschutz zugeschrieben.[306] Bei ihr kann daher die Konzernhaftung auch bereits oberhalb der Grenze der Beeinträchtigung von Gläubigerinteressen eingreifen. Für den hier interessierenden Zusammenhang ist damit festzuhalten, daß die Konzernhaftung jedenfalls dann in Betracht kommt, wenn es zu Beeinträchtigungen der Vermögensinteressen der Arbeitnehmer (der Betriebsgesellschaft) kommt.

aa) Entzug von Kapital

Eine naheliegende Variante unangemessener Konzernleitung besteht darin, der abhängigen Gesellschaft notwendiges Kapital zu entziehen.[307] Die Be-

---

kelten Fallgruppen bei *Drygala*, GmbHR 1993, 317, 320f. und 324ff., sowie bei *Kowalski*, GmbHR 1993, 253, 256f.

[302] BGH ZIP 1993, 589, 593 unter III.2.c)bb) der Gründe.

[303] Ausführlich *Drüke*, S. 48ff.; *Lutter*, ZIP 1985, 1425, 1428ff.; *Baumbach/Hueck/Zöllner*, Anhang Konzernrecht Rdnr. 35.

[304] Insbesondere von *Ulmer*, ZHR 184 (1984), 391, 416ff.; zuletzt dafür *Kleindiek*, DZWiR 1993, 177, 181 m.w.N.

[305] Dazu ausführlich *Assmann*, S. 657, 705ff.

[306] Vgl. dazu *Lutter/Hommelhoff*, Anh. § 13 GmbHG, Rdnr. 10ff., insb. 13 und 27.

[307] Zu den Fällen der Konzern- Umlage und des cash-managements allgemein *Drygala*, GmbHR 1993, 317, 324f. und *Kowalski*, GmbHR 1993, 253, 256.

triebsaufspaltung bietet Voraussetzungen, die ein solches Verhalten ermöglichen bzw. sogar erleichtern können. Häufig wird die Betriebsgesellschaft ohnehin nur mit dem geringstmöglichen Eigenkapitalanteil ausgestattet.[308] Darüberhinaus wird (aus steuerlichen Gründen) empfohlen, die von der Betriebsgesellschaft erwirtschafteten Gewinne weitgehend auszuschütten und notwendiges Kapital als Gesellschafterfremdkapital zurückzuführen (Schütt-Aus-Hol-Zurück").[309] Dabei bieten sich für die Absaugung von Liquidität bei der Betriebsgesellschaft mehrere Möglichkeiten. Kapital läßt sich über die Pachtzinsen,[310] über Geschäftsführergehälter solcher Geschäftsführer, die zugleich Besitzgesellschafter sind, sowie unmittelbar durch an die Gesellschafter ausgeschüttete Erträge verlagern. Daher wird die Betriebsgesellschaft in der Regel permanent auf die Zufuhr von Fremdkapital aus Gesellschafterhand angewiesen sein.[311] In dem Maße, in dem diese Kapitalzufuhren unterbleiben, sind entsprechende Eigeninteressenverletzungen der Betriebsgesellschaft denkbar. Beispielhaft sind für solche Sachverhaltsgestaltungen die Fälle der "GmbH-Staffette",[312] in denen der Konkurs der abhängigen Gesellschaft hingenommen wird, um den Geschäftsbetrieb mit einer neu gegründeten Gesellschaft fortzusetzen.

bb) Nachteilige Struktureingriffe

Die Betriebsaufspaltung bietet sich aber auch für eine andere Variante unangemessener Konzernleitung an. Durch die Ausgründung bestimmter Unternehmensbereiche auf einen rechtlich verselbständigten Träger werden nachteilige Eingriffe zu Lasten der jeweiligen Unternehmensbereiche[313] erleichtert. Dabei handelt es sich vor allem um diejenigen Betriebsaufspaltungen, die auf dem Motiv der Haftungsbeschränkung beruhen.[314] Für die Aufspaltung kann dabei der Wunsch ausschlaggebend sein, einen bestimmten Produktions- oder Dienstleistungsbereich bzw. einzelne Absatzmärkte aufzugeben oder zumindest wegen damit verbundener erhöhter Risiken vom übrigen Unterneh-

---

[308] Das ist steuerlich vorteilhaft, dazu *Ziegler*, S. ??? m.w.N.

[309] Dazu *Ziegler*, S. 113.

[310] Bei überhöhten Pachtzinsen besteht allerdings die Gefahr einer verdeckten Gewinnausschüttung, dazu *Dehmer*, Betriebsaufspaltung, Rdnr. 719ff. und 764ff.

[311] Das entspricht den Ergebnissen der Untersuchung von *Hesselmann/Hüfner/Pinkwart*, S. 63ff.

[312] Dazu ausführlich LG Köln, ZIP 1989, 1565, 1571, (1. Instanz "Video").

[313] Allgemein dazu *Drygala*, GmbHR 1993, 317, 325; *Kowalski*, GmbHR 1993, 253, 256f.; *Krieger*, Tatbestand, S. 41, 47ff.

[314] Dazu oben, Erstes Kapitel, A.III.2.

men zu trennen. Beispielhaft sei hierzu die Empfehlung aus der Beratungsliteratur genannt, nach der die Ausgliederung unabhängiger Produktionsfirmen empfohlen wird, um unrentable Unternehmensbereiche "kontrolliert sterben lassen" zu können.[315]

b) Unmöglichkeit des Einzelausgleichs

Die konzernrechtliche Globalhaftung greift nur dann ein, wenn sich die der abhängigen Gesellschaft zugefügten Nachteile nicht einzeln ausgleichen lassen. Damit gilt die Regel, daß nachteilige Eingriffe gegenüber der abhängigen Gesellschaft vorrangig einzeln auszugleichen sind.[316] Das gesetzliche Einzelausgleichssystem sieht Ansprüche auf Schadenersatz sowie auf Unterlassung, Beseitigung oder Rückgängigmachung nachteiliger Eingriffe auf der Grundlage von Treuepflichten und (bei den Einmann-Gesellschaften) der Kapitalerhaltungsregeln vor.[317]

aa) Die enge Verflechtung zwischen Besitz- und Betriebsgesellschaft

Dieses Einzelausgleichssystem wird dann funktionsuntauglich, wenn sich einzelne Eingriffe wegen der Undurchschaubarkeit der Verhältnisse nicht mehr isoliert feststellen lassen.[318] Eine solche Situation ist zum Beispiel dann gegeben, wenn statt einer geordneten Buchführung nur Waschkörbe mit durcheinanderfliegenden Belegen existieren (sog. "Waschkorb-Lage").[319]

Die Betriebsaufspaltung weist in ihrer typischen Ausprägung zwei charakteristische Merkmale auf, die es für außenstehende Gläubiger erheblich erschweren, Einzeleingriffe festzustellen. Das ist zum einen die gemeinsame Führung der Geschäftspolitik für die aufgespaltenen Unternehmen, deren Schwerpunkt zumeist bei der Betriebsgesellschaft liegt.[320] Entscheidende Bedeutung kommt in diesem Zusammenhang aber der regelmäßig vorliegenden personellen Identität[321] der Gesellschafter und Geschäftsführer der beteiligten

---

[315] Zitiert bei *Hesselmann/Hüfner/Pinkwart*, S. 14.

[316] Zu den mit dieser Subsidiarität der Konzernhaftung verbundenen Problemen für den prozeßführenden Gläubiger *Drygala*, GmbHR 1993, 317, 320.

[317] Dazu ausführlich *Scholz/Emmerich*, Anhang Konzernrecht, Rdnr. 177ff.

[318] BGH ZIP 1993, 589, 593 unter III.2.c)cc) der Gründe.

[319] *Hommelhoff*, Vorkehr, S. 245, 252.

[320] *Junge*, S. 241, 249.

[321] Zum rechtstatsächlichen Befund *Hesselmann/Hüfner/Pinkwart*, S. 59ff.

Unternehmen zu. Sind die zentralen betriebswirtschaftlichen Grundfunktionen in einer der aufgespaltenen Gesellschaften gebündelt und handeln hierbei dieselben Personen, liegt die von *Hommelhoff* beschriebene Situation nahe, daß "der Widerstreit zwischen Konzern- und Tochter-Eigeninteresse in der Brust derselben Peron ausgetragen, ja: dort vielleicht noch nicht einmal ansatzweise reflektiert wird".[322] An der Durchführbarkeit des Einzelausgleichssystems sind dann erhebliche Zweifel angebracht. Im Einzelfall hängt seine Durchführbarkeit davon ab, in welchem Ausmaß die geschäftlichen Vorgänge zwischen den aufgespaltenen Gesellschaften dokumentiert werden.[323] Aus diesen Gründen kann die Betriebsaufspaltung generell als eine für die Konzernhaftung anfällige Unternehmenskonstruktion bewertet werden.[324]

bb) Insolvenz der Betriebsgesellschaft

Drygala[325] hat darauf hingewiesen, daß ein Einzelausgleich im Wege des Schadensersatzes kaum möglich ist, wenn die Eingriffe des herrschenden Unternehmens konkursverursachend waren. Auszugleichende Nachteile wären in diesem Fall auch die durch die Insolvenz verursachten Zerschlagungsverluste, die in ihrem Umfang aber schwer bezifferbar seien. Kommt aus diesem Grund ein Einzelausgleich nicht in Betracht, erscheint der Übergang zur Konzernhaftung gerechtfertigt. Für die Gläubiger der insolventen Betriebsgesellschaft ist das praktisch bedeutsam: Da eine konkursverursachende Konzernleitung nach den obigen Grundsätzen als unangemessen einzustufen ist,[326] zugleich aber der Einzelausgleich im Konkurs ausscheidet, sind die Haftungsvoraussetzungen erfüllt, wenn sie den Nachweis führen lassen, daß die nachteiligen Eingriffe ursächlich für den Konkurs waren.

---

[322] *Hommelhoff*, DB 1992, 309, 312.

[323] Vgl. dazu *Hommelhoff*, Vorkehr, S. 245, 254.

[324] Das gilt um so mehr, als die "TBB"- Entscheidung von einigen Autoren dahingehend interpretiert wird, daß die Unübersichtlichkeit der Verhältnisse nicht nur den Einzelausgleich unmöglich macht, sondern selbst schon als Nachteil in Betracht kommt, der die Konzernhaftung auslöst. So *Drygala*, GmbHR 1993, 317, 325f.; ähnlich *Kleindiek*, DZWiR 1993, 177, 181f.; der BGH hat sich dazu nicht eindeutig geäußert, vgl. BGH ZIP 1993, 589, 593 unter III.2.c)cc) der Gründe. Ob die Unübersichtlichkeit allein schon einen die Konkurshaftung auslösenden Nachteil darstellt, erscheint aber zweifelhaft, da alleine dadurch die Gläubiger in ihren Interessen noch nicht beeinträchtigt werden. Bei den Minderheitsgesellschaftern kann das allerdings anders sein; wie hier *Kowalski*, GmbHR 1993, 253, 258, der neben der Undurchschaubarkeit einen Ausfall gegenüber den Gläubigern verlangt.

[325] *Drygala*, GmbHR 1993, 317, 321.

[326] So *Lutter*, ZIP 1985, 1425, 1434; *Hommelhoff*, Vorkehr, S. 245, 249 schreibt dem Konkurs eine Indizwirkung für die nachhaltige Eigeninteressenverletzung der abhängigen GmbH zu. Dagegen *Limmer*, DStR 1993, 765, 767.

3. *Begrenzung der Haftungsfolgen?*

Im Schrifttum ist zur Eindämmung des als zu weitgehend empfundenen konzernrechtlichen Haftungskonzepts für die natürliche Person als Konzernspitze eine Beschränkung der Haftung auf das unternehmerisch gebundene Vermögen gefordert worden.[327] Den Vorschlag einer Freistellung des Privatvermögens von der konzernrechtlichen Haftung hat der Bundesgerichtshof bereits im "Video"- Urteil,[328] und auch im "TBB"- Urteil[329] für den Fall abgelehnt, daß sich eine natürliche Person neben der Beteiligung an einer Gesellschaft auch einzelkaufmännisch betätigt. In dieser, der typischen Betriebsaufspaltung entsprechenden Fallkonstellation scheitert eine Beschränkung der Haftung schon daran, daß beim einzelkaufmännischen Konzernherrn Geschäfts- und Privatvermögen nicht voneinander getrennt sind.[330]

Für den "privaten" Konzernherrn, dessen unternehmerische Betätigung sich ausschließlich in der Beteiligung an Gesellschaften mit beschränkter Haftung erschöpft, hat der 2. Senat die Frage der Haftungsbeschränkung in beiden Entscheidungen offengelassen. Auch für diese Fälle, die der kapitalistischen Betriebsaufspaltung entsprechen, ist eine Freistellung des Privatvermögens auf der Grundlage der Konzern-Verhaltenshaftung aber abzulehnen. Im Recht des Aktienvertragskonzerns, das die Analogiegrundlage für die Haftung im qualifiziert-faktischen GmbH-Konzern bildet, gibt es keine dahingehende Regelung, auf die Bezug genommen werden könnte.[331] Auch im sonstigen Zivilrecht gibt es eine Beschränkung der Vermögenshaftung nur bei bestimmten Sondervermögen.[332]

Unabhängig davon sind aber auch mit dem Schwenk der Rechtsprechung von der Struktur- zur Verhaltenshaftung die Argumente hinfällig geworden, die bislang für eine Haftungsbeschränkung herangezogen wurden. Das gilt vor allem für den auf § 13/II GmbHG gestützten Einwand, der in der bisherigen Strukturhaftung eine "wertungsmäßig nicht kontrollierte Ausdehnung des

---

[327] *Ehlke*, DB 1986, 523, 524; *Priester*, ZIP 1986, 146, 147; *K. Schmidt*, ZHR 155 (1991), 417, 436ff.; ders., ZIP 1993, 549, 554; *Wiedemann*, ZGR 1986, 656, 671; ders., DB 1993, 141, 153; *Ziegler*, S. 228ff.; ders., WM 1989, 1077ff.

[328] BGHZ 115, 187, 189f.

[329] BGH ZIP 1993, 589, 592 unter III.2.b) der Gründe.

[330] So BGHZ 115, 187, 191.

[331] Darauf weist *Assmann*, S. 657, 715 hin. Ebenso *Kowalski*, ZIP 1992, 1637f.

[332] So *Kowalski*, GmbHR 1993, 253, 255.

Unternehmensbegriffs"[333] sah. Der bislang von diesen Auffassungen vermißte "besondere Grund zur Durchbrechung des Prinzips der Haftungsbeschränkung"[334] ist in der "TBB"- Verhaltenshaftung angelegt, die auf die nachhaltige Eigeninteressenverletzung der abhängigen GmbH abhebt. Gleiches gilt für die Auffassungen, die bei der starr geltenden Strukturhaftung nur ein vermindertes Bedürfnis nach Gläubigerschutz annahmen.[335]

Für die Begründung einer horizontalen Haftungsbeschränkung kann somit nur noch der von *K. Schmidt*[336] vertretene Ansatz dienen. Danach wird - allerdings auf der Grundlage einer Zustandshaftung - eine "horizontale Risikoausgleichspflicht" in den Fällen befürwortet, in denen das "horizontale Trennungsgebot" mißachtet wurde. Überträgt man diesen Ansatz auf die "TBB"-Regeln, wäre eine gegenständliche Haftungsbegrenzung danach immer dann angebracht, wenn die Vermögensverschiebungen, die die eigenen Interessen der betroffenen abhängigen GmbH verletzen, nur in horizontaler Richtung, also nur zwischen den abhängigen Konzerngesellschaften stattgefunden hätten. Einmal abgesehen davon, daß solche Fälle unangemessener Konzernleitung, in denen Vermögen ausschließlich in horizontaler Richtung und nicht auch vertikal (in die Tasche des Gesellschafters) verschoben wird, nur selten praktisch werden dürften,[337] kann auch der zugrundeliegende dogmatische Ansatz nicht überzeugen. Verletzt der beherrschende Privatgesellschafter wegen einer anderweitigen unternehmerischen Fremdinteressenbindung die Belange einer von ihm abhängigen Gesellschaft, wird er dieser gegenüber konzernhaftungsrechtlich verpflichtet. Aus der Sicht der geschädigten Gesellschaft kann es dann aber keinen Unterschied machen, ob er seine unternehmerischen Fremdinteressen einzelkaufmännisch oder mit beschränkter Haftung verfolgt.[338] Ebensowenig kann aus dieser Perspektive eine Haftungsbeschränkung damit gerechtfertigt werden, daß der "private" Konzernherr der abhängigen Gesellschaft entzogene Vermögenswerte nicht seinem Privatvermögen, sondern einer anderen von ihm abhängigen Gesellschaft zugeschlagen hat. Vor allem aber spricht gegen die Anerkennung eines horizontalen Haftungspools in solchen Fällen auch die Schutzbedürftigkeit der anderen abhängigen "Schwester"Gesellschaften und ihrer Gläubiger. Fehlt es zwischen diesen Gesellschaften an

---

[333] *Wiedemann*, DB 1993, 141, 153.

[334] *Ehlke*, DB 1986, 523, 524.

[335] So etwa *Drygala*, S. 102f.

[336] *K. Schmidt*, ZHR 155 (1991), 417, 436ff.

[337] Deshalb auch skeptisch *Ziegler*, S. 233; ähnlich *Assmann*, S. 657, 715.

[338] So *Stimpel*, Autokran, S. 5, 17; ähnlich *Limmer*, DStR 1993, 765, 766.

gegenseitigen gesellschaftsrechtlichen Verflechtungen, läßt sich eine gegenseitige Verantwortlichkeit für die Funktionsfähigkeit der Kapitalerhaltungsvorschriften ohnehin nicht begründen.[339] Handelt es sich um mehrere von einem beherrschenden Konzernherrn abhängige Gesellschaften, müßte auch immer erst geklärt werden, welche der Gesellschaften in welchem Maße zu haften hat.[340] Schließlich spricht gegen die horizontale Haftung das insolvenzrechtliche Argument, daß auf diese Weise zu Lasten der Gläubiger der anderen Gesellschaften die Gefahr einer horizontalen Konkursausweitung heraufbeschworen wird, bei "der Schwestergesellschaften in den Strudel der betroffenen GmbH"[341] gezogen werden.

Für den Gläubigerschutz bleibt damit festzuhalten, daß eine Begrenzung der Haftungsfolgen der "TBB"- Konzernhaftung weder für Fälle der typischen, noch für solche der kapitalistischen Betriebsaufspaltung anzuerkennen ist.

IV. Ergebnis

Die durch das "TBB"- Urteil des Bundesgerichtshofs grundlegend korrigierten Haftungsregeln im qualifiziert-faktischen GmbH-Konzern bieten effektive Möglichkeiten zur Auffüllung der Haftungsmasse der Betriebsgesellschaft.

Bis zum "TBB"- Urteil war schon die dauernde und umfassende Leitung einer abhängigen Gesellschaft durch ein herrschendes Unternehmen haftungsbegründend; der Bundesgerichtshof verband damit die tatsächlich Vermutung, daß bei einer solchen Beherrschungsdichte keine ausreichende Rücksicht auf die Belange der abhängigen GmbH genommen wird. Wegen der hochgeschraubten Anforderungen an die Widerlegung dieser Vermutung war auf diese Weise eine faktische Strukturhaftung begründet. Wegen der weiten - schutzzweckorientierten - Betrachtungsweise des Begriffs des herrschenden Unternehmens konnte eine natürliche Person den Konzernhaftungsfolgen ausgesetzt sein. In der "Video"- Entscheidung des Bundesgerichtshofs haftete daher der Mehrheitsgesellschafter einer GmbH, der zugleich Geschäftsführer war, unmittelbar gegenüber den Gläubigern, weil er sich auch anderweitig unternehmerisch betätigte. Im Schrifttum ist das als eine zu weitgehende Durchbre-

339 So *Stimpel*, Durchgriffshaftung, S. 601, 607.

340 Darauf weist *Ziegler hin*, WM 1989, 1077, 1079.

341 *Lutter*, Personen, S. 183, 192. Das räumt *K. Schmidt*, ZHR 155 (1991), 417, 443, "im praktischen Ergebnis" auch ein.

chung des aus § 13/II GmbHG folgenden Haftungsprivilegs heftig kritisiert worden.

Diese Kritik hat den Bundesgerichtshof dazu bewogen, sein konzernrechtliches Haftungskonzept zu "entschärfen". Mit dem "TBB"- Urteil hat er sowohl den Haftungstatbestand als auch die Verteilung der Darlegungs- und Beweislast geändert. Danach haftet das herrschende Unternehmen, wenn es die Konzernleitung in unangemessener Weise ausübt und sich die dabei zugefügten Nachteile nicht mehr einzeln ausgleichen lassen. Für beide Voraussetzungen ist der klagende Gläubiger darlegungs- und beweispflichtig. Erleichterungen werden ihm lediglich bei der Substantiierungslast zugestanden. Die Konzernhaftung ist damit als Verhaltenshaftung ausgestaltet. Dieser Rechtsprechung hat sich mitlerweile auch das Bundesarbeitsgericht angeschlossen.

Die bisherige konzernrechtliche Beurteilung der Betriebsaufspaltung ist vor dem Hintergrund dieser Rechtsprechungsentwicklung zu sehen. In der Literatur wurde vor allem kontrovers beurteilt, ob der konzerntypische Interessenkonflikt, der die Unternehmenseigenschaft des beherrschenden Gesellschafters begründet, auch bei der typischen Betriebsaufspaltung denkbar ist. Mit dem Hinweis darauf, daß der Mehrheitsgesellschafter wegen der "zweispurigen" Gestaltung seiner unternehmerischen Tätigkeit die Möglichkeit habe, Vermögensgegenstände zwischen Betriebs- und Besitzgesellschaft zu verlagern, wurde das teilweise bejaht. Andere verneinten den konzerntypischen Interessenkonflikt zwischen den beiden Gesellschaften, da die Besitzgesellschaft von den Pachtzinseinnahmen aus der Betriebsgesellschaft lebe und daher auf deren Wohlergehen angewiesen sei. Unterschiedlich wurde auch die Frage beurteilt, ob die Betriebsaufspaltung als qualifiziert-faktischer Konzern denkbar ist. Eine unbeschränkt persönliche Ausfallhaftung des beherrschenden Gesellschafters - als (faktische) Strukturhaftung - wurde mehrheitlich als "Überkompensation" empfunden. Die überwiegende Auffassung trat deshalb für eine teleologische Ausklammerung der Betriebsaufspaltung von der Konzernhaftung ein, andere plädierten für eine Beschränkung der Haftungsfolgen auf das unternehmerisch gebundene Vermögen.

Mit der Rechtsprechungswende von der Struktur- zur Verhaltenshaftung ändert sich auch die konzernrechtliche Beurteilung der Betriebsaufspaltung. Weil die Haftung nicht mehr bloß an eine bestimmte Beherrschungsstruktur anknüpft, ist die Betriebsaufspaltung als Gestaltungsform (konzern)haftungsneutral. Für eine teleologische Ausklammerung von den Konzernhaftungsregeln besteht keine Notwendigkeit mehr.

Eine Fallgruppe der unangemessenen Konzernleitung bei der Betriebsaufspaltung kann darin bestehen, daß die Besitzgesellschaft der Betriebsgesellschaft notwendiges Kapital entzieht; eine andere liegt in der Möglichkeit, nachteilige Struktureingriffe zu Lasten der ausgegründeten Gesellschaft durchzuführen, ohne dabei die restlichen Unternehmensbereiche zu gefährden. Sind die Verhältnisse zwischen den aufgespaltenen Unternehmen undurchschaubar, scheidet ein einzelner Ausgleich der zugefügten Nachteile aus. Wegen der engen personellen und wirtschaftlichen Verflechtung wird es bei der Betriebsaufspaltung für einen außenstehenden Gläubiger häufig schwierig sein, einzelne nachteilige Eingriffe zu isolieren. Ein Einzelausgleich scheidet auch dann aus, wenn die Konzernleitung der Besitzgesellschaft für die Betriebsgesellschaft konkursverursachend war.

Auf der Grundlage der "TBB"- Regeln lassen sich auch diejenigen Auffassungen nicht mehr aufrechterhalten, die für eine Beschränkung der konzernhaftungsrechtlichen Rechtsfolgen eintraten. Die Begrenzung der Haftung scheidet schon aus, wenn sich der beherrschende Gesellschafter einzelkaufmännisch betätigt (Fall der typischen Betriebsaufspaltung), da dabei Unternehmens- und Privatvermögen nicht getrennt sind. Aber auch, wenn sich der Mehrheitsgesellschafter ausschließlich in Gesellschaften mit beschränkter Haftung betätigt (Fall der kapitalistischen Betriebsaufspaltung), rechtfertigt die Verhaltenshaftung die Durchbrechung des § 13/II GmbHG. Gegen einen "horizontalen" Haftungsdurchgriff spricht in solchen Fällen auch das Interesse der "Schwester"- Gesellschafter und ihrer Gläubiger; zudem ist ein Schutzbedürfnis des beherrschenden Gesellschafters, das eine Haftungsbeschränkung rechtfertigen könnte, bei einer Verhaltenshaftung nicht erkennbar.

C. Die Haftung wegen qualifizierter Unterkapitalisierung

Als ein weiteres gesellschaftsrechtliches Schutzinstrument kommt der Durchgriffstatbestand der Gesellschafterhaftung wegen materieller Unterkapitalisierung in Betracht. Mit diesem Haftungsinstitut sollen die Fälle erfaßt werden, in denen einer Gesellschaft das zum Geschäftsbetrieb erforderliche Kapital - auf Kosten der Gläubiger - vorenthalten wird. Haftungsgrund, Haftungsvoraussetzungen und Rechtsfolgen dieser Fallgruppe der Durchgriffshaftung sind im Schrifttum heftig umstritten.[342] Teilweise wird überhaupt die Notwendigkeit eines eigenen Tatbestands der Durchgriffshaftung wegen Unterkapitalisierung

---

[342] Vgl. die Darstellungen bei *Lutter/Hommelhoff*, § 13 GmbHG Rdnr. 9; *Scholz/Emmerich*, § 13 GmbHG Rdnr. 82ff.; *Hachenburg/Ulmer*, Anh. § 30 GmbHG Rdnr. 35ff. Zuletzt dazu *Geißler*, GmbHR 1993, 71, 76ff.; *Roth*, ZGR 1993, 170.

in Zweifel gezogen.[343] Die überwiegende Meinung vertritt inzwischen einen vermittelnden Standpunkt.[344] Eine Pflicht der Gesellschafter zu einer angemessenen Kapitalausstattung ihrer GmbH läßt sich danach weder aus dem GmbHG noch aus anderen Gesetzen ableiten. Eine derartige Pflicht würde zudem verbindliche Finanzierungsregeln voraussetzen, die in der Betriebswirtschaft nicht existieren. Deshalb hat man sich darauf zurückgezogen, dem Gesellschafter nur in solchen Fällen die Berufung auf das Haftungsprivileg des § 13/II GmbHG zu versagen, in denen die Kapitalausstattung "eindeutig und für Insider klar erkennbar unzureichend ist und einen Mißerfolg zu Lasten der Gläubiger bei normalem Geschäftsverlauf mit hoher Wahrscheinlichkeit erwarten läßt".[345] Ein Haftungsdurchgriff kann danach nur in Fällen der "qualifizierten" Unterkapitalisierung eingreifen.

Die Rechtsprechung[346] verhält sich zu dem so entwickelten Haftungsinstitut äußerst zurückhaltend.[347] Sie hat in den von ihr zu beurteilenden Fällen betont auf die Umstände des Einzelfalls abgestellt und ist auf eine deliktische Schadenersatzhaftung aus § 826 BGB ausgewichen.[348]

Die Diskussion um die geeignete dogmatische Bewältigung der materiellen Unterkapitalisierung braucht hier aber nicht vertieft zu werden. Auf der Grundlage der bisher gewonnenen Erkenntnisse läßt sich für die Betriebsaufspaltung zeigen, daß - vom Standpunkt des Gläubigerschutzes aus betrachtet - kein Bedarf für ein darauf gestütztes Haftungsinstitut besteht.[349]

Auf den ersten Blick scheint die Betriebsaufspaltung in besonderem Maß für eine Gesellschafterhaftung wegen Unterkapitalisierung prädestiniert zu sein, denn im Regelfall ist die Betriebsgesellschaft - im Verhältnis zu ihrem Geschäftsumfang - nur mit einer äußerst niedrigen Eigenkapitaldecke ausgestattet.[350] Überläßt man, wie es auch überwiegend vorgeschlagen wird,[351] die

---

[343] *Drax*, S. 96ff.; *Fabritius*, S. 191ff.; *Weitbrecht*, S. 80.

[344] Nachweise bei *Lutter/Hommelhoff*, § 13 GmbHG Rdnr. 9; *Hachenburg/Ulmer*, Anh. § 30 GmbHG Rdnr. 55, FN 111. Ausführlich *Drüke*, S. 30ff.

[345] So die Formulierung bei *Hachenburg/Ulmer*, Anh. § 30 GmbHG Rdnr. 23.

[346] Vgl. dazu statt aller die Darstellungen bei *Hachenburg/Ulmer*, Anh. § 30 GmbHG Rdnr. 43ff., und bei *Weitbrecht*, S. 58ff.

[347] Das BAG hat allerdings in zwei Entscheidungen bei der Betriebsaufspaltung eine Durchgriffshaftung erwogen; vgl. BAG NJW 1981, 2716f. und DB 1988, 1166f., bei der die Unterkapitalisierung als Durchgriffstatbestand erwähnt wird.

[348] Dazu *Hachenburg/Ulmer*, Anh. § 30 GmbHG, Rdnr. 49.

[349] Ähnlich *Schulze-Osterloh*, ZGR 1983, 123, 143ff.; im Ergebnis gleich, aber mit anderer Begründung, *Drygala*, S. 32ff.; allgemein für Nutzungsüberlassungsverhältnisse ablehnend, ausgehend von der "ökonomischen Analyse des Rechts", *Fabritius*, S. 201ff.

[350] Dazu oben, Drittes Kapitel, A.III.2.b). Deshalb dafür *v. Gerkan*, GmbHR 1990, 384, 385.

Beurteilung der Unterkapitalisierung den Kreditmärkten, bestätigt sich auch zunächst dieses Bild. Tatsächlich wird in der Praxis der abgespaltenen Betriebsgesellschaft - bei isolierter Betrachtung - in über zwei Dritteln aller Fälle eine fehlende Kreditwürdigkeit und damit der Zustand der Unterkapitalisierung[352] bescheinigt.[353]

Für die Ermittlung der Unterkapitalisierung kommt es jedoch nicht allein auf das Eigenkapital einer Gesellschaft an, sondern auf ihre Kapitalausstattung insgesamt. Solange der Gesellschafter den Kapitalbedarf der Gesellschaft durch Fremdmittel deckt, wird ihm keine Unterkapitalisierung vorgeworfen, denn nach allgemeiner Auffassung steht ihm die Rechtsform, in der er Mittel zuführt, frei.[354] Bei dieser Betrachtungsweise verfügt die Betriebsgesellschaft wieder "insgesamt" über eine Kapitalausstattung, die anderen, nicht aufgespaltenen Unternehmen vergleichbar ist. Entsprechend erreicht die Betriebsgesellschaft in der Praxis wieder das Kreditwürdigkeitsniveau, das vor der Aufspaltung bestand.[355] Das liegt allerdings daran, daß die der Gesellschaft im Wege der Fremdfinanzierung überlassenen Betriebsgrundlagen zugleich gegenüber den Kreditgebern als Sicherheit dienen.[356] Im Sinne des hier beschriebenen Haftungstatbestands kann sie aber nicht als unterkapitalisiert bezeichnet werden.[357]

Die Besonderheit der Betriebsaufspaltung besteht auch nicht in ihrer "Nicht-Kapitalisierung",[358] sondern in der ungewöhnlichen Relation von Eigenkapital zu Fremdkapital. Für die ungesicherten Gläubiger verbindet sich damit das Risiko, spätestens in der Insolvenz nur auf dieses Eigenkapital als Haftungsmasse angewiesen zu sein. Die daraus resultierende spezifische Gefahrenlage kann das Haftungsinstitut der qualifizierten Unterkapitalisierung aber nicht erfassen, weil es ausschließlich - vom Urteil der Kreditgeber ausgehend - auf die gesamte Kapitalausstattung der Gesellschaft, einschließlich des Fremdkapi-

---

[351] Zuletzt *Roth*, ZGR 1993, 170, 182f.

[352] *Hachenburg/Ulmer*, Anh. § 30 GmbHG Rdnr. 17.

[353] Vgl. dazu *Hesselmann/Hüfner/Pinkwart*, S. 67ff.

[354] So BGHZ 31, 258, 268 und 271. Ebenso *Hachenburg/Ulmer*, Anh. § 30 GmbHG Rdnr. 57. Daß dabei allerdings die Gefahr besteht, daß der Gesellschafter Fremdmittel rechtzeitig vor Konkurseintritt entzieht, sieht der BGH, dazu BGHZ 68, 312, 316.

[355] *Hesselmann/Hüfner/Pinkwart*, S. 68f.

[356] *Hesselmann/Hüfner/Pinkwart*, S. 71ff.

[357] Ähnlich *Fabritius*, S. 208: "Eine Gesellschaft, die sich trotz ihrer Kreditunwürdigkeit am Markt halten kann, als unterkapitalisiert zu bezeichnen, bereitet Schwierigkeiten."

[358] So bezeichnet *K. Schmidt* die materielle Unterkapitalisierung, vgl. dazu *K. Schmidt*, ZIP 1981, 689, 690.

tals blickt.[359] In der Insolvenz der Betriebsgesellschaft greift die Haftung wegen qualifizierter Unterkapitalisierung dann auch nicht ein, da ihre Kapitalausstattung (wegen des hohen Fremdkapitalanteils) insgesamt nicht "offensichtlich" unzureichend ist. Den ungesicherten Gläubigern, die in diesem Fall mangels einer ihnen gegenüber haftenden (Eigenkapital)Masse dennoch Gefahr laufen, "leer auszugehen", kann eine so konzipierte Durchgriffshaftung wegen Unterkapitalisierung wenig nützen.

Ein Bedarf für dieses Haftungsinstitut besteht aber auch deshalb nicht, weil dem bestehenden Schutzdefizit weitaus wirksamer mit der Haftung wegen nomineller Unterkapitalisierung (§ 32a GmbHG) begegnet werden kann; mit den dazu existierenden Bestimmungen kann das zugeführte Fremdkapital in haftendes Eigenkapital umqualifiziert werden, wenn es dieses funktional "ersetzt".[360] Außerdem bietet sich die Konzernhaftung an, da die Konkursverursachung[361] eine Fallgruppe der "unangemessenen Konzernleitung" ist.[362] Als tatbestandlich verfestigtes Haftungsinstitut genießt sie ohnehin nach allgemeiner Auffassung Vorrang gegenüber der Unterkapitalisierungshaftung.[363]

Aus diesen Gründen ist daher vom Standpunkt des Gläubigerschutzes aus betrachtet kein Bedarf für eine Durchgriffshaftung wegen qualifizierter Unterkapitalisierung erkennbar, zumal in extremen Fallgestaltungen auch eine deliktische Haftung des Gesellschafters in Betracht kommt.[364]

---

[359] So ausdrücklich *Hachenburg/Ulmer*, Anh. § 30 GmbhG Rdnr. 14 a. E. und 23 a.E.

[360] Siehe oben, Drittes Kapitel, A.

[361] Das gilt insbesondere für die Fälle, in denen der Gesellschafter die von ihm geleisteten Fremdmittel abzieht und die Gesellschaft daraufhin wegen ihrer viel zu geringen Eigenkapitalausstattung in Konkurs fällt.

[362] Dazu oben, Drittes Kapitel, B.III.2.a) und b)bb). Dasselbe gilt für die Fallgruppe der Durchgriffshaftung wegen Vermögensvermischung, dazu *Drüke*, S. 73ff. Die Fälle, in denen die Vermögensverschiebungenzwischen dem Gesellschafter und der Gesellschaft zu unübersichtlichen Verhältnissen führen, werden sich bei der Betriebsaufspaltung bereits mit den "TBB"- Konzernhaftungsregeln bewältigen lassen.

[363] So *Scholz/Emmerich*, § 13 GmbHG Rdnr. 92; *Hachenburg/Ulmer*, Anh. § 30 GmbHG Rdnr. 33.

[364] Dazu unten unter Viertes Kapitel, B.

Viertes Kapitel

Der haftungsrechtliche Schutz des bürgerlichen Rechts

Neben den bislang erörterten Haftungsinstituten kommen zur Eindämmung der von der Betriebsaufspaltung ausgehenden Gläubigergefahren ergänzend auch bürgerlich-rechtliche Schutzinstrumente in Betracht. Dabei ist an das Verbot des institutionellen Rechtsmißbrauchs (§ 242 BGB) sowie an die Deliktshaftung (§ 826 BGB) zu denken.

Die sich daraus ergebenden Haftungsfolgen werden aber nicht schon durch die bloße Verwendung der Betriebsaufspaltung als Gestaltungsform ausgelöst. Die Beschränkung der unternehmerischen Haftung wird von der Rechtsordnung ausdrücklich gebilligt. Zwar werden mit der Betriebsaufspaltung die vom Gesetz zur Verfügung gestellten Möglichkeiten der Risikominimierung in weitestgehender Form ausgenutzt. Das rechtfertigt aber noch nicht ihre Verurteilung als rechtsmißbräuchlich,[1] sondern fordert die Rechtsordnung heraus, entsprechend effektive Gläubigerschutzinstrumente zur Verfügung zu stellen.[2] Deshalb ist die Betriebsaufspaltung auch nicht per se rechtsmißbräuchlich,[3] sondern erst dann, wenn zu ihrer Durchführung weitere Umstände hinzukommen.[4]

Sie werden deutlich, wenn man auf die einschlägigen Fälle blickt, die bislang der Rechtsprechung vorlagen. In einem vom Bundesgerichtshof entschiedenen Fall[5] gestalteten die Gesellschafter die Beziehungen zu ihrer Gesellschaft einseitig so, daß sämtliche Verluste notwendigerweise die Gläubiger

---

[1] Wie hier: *Belling/Collas*, NJW 1991 1919, 1921f.; *Bork*, BB 1989 2181, 2186; *Hueck*, ZGR 1989, 216, 217; *Lutter/Hommelhoff*, ZGR 1979, 31, 50f.; *Priester*, Gebrauchsüberlassungsverträge, S. 1, 4; anders dagegen *Blank* u.a., S. 298ff. und 317ff.; ähnlich *Weiß*, S. 107f. Vgl. dazu auch oben, Zweites Kapitel, A.I.1.c).

[2] Siehe dazu die oben im Zweiten und Dritten Kapitel erörterten Schutzinstrumente.

[3] Eine solche Bewertung wäre auch vom rechtstatsächlichen Befund her nicht gerechtfertigt. Dagegen spricht schon, daß die Insolvenzzahlen aufgespaltener Unternehmen nicht höher sind als die von Einheitsunternehmen, vgl. dazu bei *Hesselmann/Hüfner/Pinkwart*, S. 76f.; vgl. dazu auch die a.a.O., S. 186ff. vorgestellten Fallstudien von zwei "erfolgreichen" Fällen der Betriebsaufspaltung.

[4] Ähnlich *Belling/Collas*, NJW 1991, 1919, 1921f. und 1926f.; *Bork*, BB 1989, 2181, 2186f.;

[5] BGH NJW 1979, 2104. Ähnlich auch der Fall "PS-Bau", BGH ZIP 1992, 694.

treffen mußten, während etwaige Gewinne stets und nur bei den Gesellschaftern anfielen. In einem anderen Fall[6] hatte die nur mit dem Mindestkapital ausgestattete GmbH eindeutig allein den Zweck, das Privatvermögen des riskante Geschäfte betreibenden Gesellschafters gegen den Zugriff der Gläubiger abzuschirmen. In einer Fallgestaltung schließlich, über die das Bundesarbeitsgericht[7] zu befinden hatte, konnte die Betriebsgesellschaft bereits im ersten Monat nach der Betriebsverpachtung die Löhne nicht mehr zahlen und der Antrag auf Eröffnung des Konkursverfahrens mußte bereits im zweiten Monat nach der Betriebsverpachtung gestellt werden.[8]

Das Charakteristische dieser Fälle hat *Lutter*[9] so beschrieben: "Die schlechten Risiken ins Kröpfchen der GmbH, die guten Risiken dagegen ins Töpfchen der Gesellschafter".

Für solche Fallgestaltungen gewährt das Bürgerliche Recht ausreichenden Schutz. Allgemein bietet sich die aus § 242 BGB abgeleitete Rechtsfigur des Institutsmißbrauchs[10] an. Wird die aus § 13/II GmbHG sich ergebende Haftungsfreistellung des Gesellschafters bewußt zum Nachteil der Gläubiger eingesetzt, liegt ein Mißbrauch vor, der die Haftungstrennung entfallen läßt.

Gegenüber den Arbeitnehmern wird in solchen Fällen die Norm des § 613a/I 1 BGB rechtsmißbräuchlich eingesetzt.[11] Der von § 613a/I 1 BGB angeordnete Übergang der Arbeitsverhältnisse auf eine von vornherein zum "Sterben" verurteilte Betriebsgesellschaft ist mit Treu und Glauben nicht vereinbar, denn damit wird in aller Regel nur bezweckt, das bisherige Betriebsvermögen gegenüber den Arbeitnehmern abzuschotten (das gilt vor allem für Sozialplanansprüche). Eine Auswechslung des Arbeitgebers findet in diesen Fällen nicht statt.[12]

---

[6] BGH NJW-RR 1988, 1181, 1182.

[7] Dieser Fall beschäftigte den 1. und 2. Senat, BAG NZA 1987, 419 u. 523.

[8] Daß solche Fälle die Ausnahme sind, belegt die Untersuchung von *Hesselmann/Hüfner/Pinkwart*, S. 80f. Danach beträgt beim zeitlichen Zusammenhang zwischen Betriebsaufspaltung und Insolvenz der Anteil der Betriebsaufspaltungen, die innerhalb eines Jahres nach der Aufspaltung in Konkurs gehen, nur 2/5. Der Entzug von haftendem Kapital "in letzter Minute" ist demnach der Ausnahmefall. Freilich dürfen dabei die Mißbrauchsfälle nicht aus dem Auge verloren werden, die sich hiervon nur dadurch unterscheiden, daß die ausgegründete Gesellschaft nicht sofort, sondern erst "nach einer Anstandsfrist" liquidiert wird.

[9] *Lutter*, ZGR 1982, 244, 253.

[10] Allgemein dazu *Lutter/Hommelhoff*, § 13 GmbHG Rdnr. 13. Vgl. dazu ArbG Wilhelmshaven, AiB 1986, 71f., das bei einer typischen Betriebsaufspaltung eine Durchgriffshaftung wegen Fremdsteuerung bejaht hat.

[11] *Belling/Collas*, NJW 1991, 1919, 1926f.

[12] *Weiß*, S. 116, der in den Fällen der Betriebsaufspaltung offenbar generell von einem Insti-

Die Rechtsprechung neigt hingegen dazu, in vergleichbaren Fällen der Gläubigerschädigung eine Haftung der Gesellschafter auf deliktische Tatbestände zu stützen. Handelt es sich nicht um Fälle der Konkursverschleppung[13] (§ 823/II BGB i.V.m. § 64/I GmbHG) oder sonstiger Schutzgesetzverletzungen,[14] wird dazu die Generalklausel des § 826 BGB[15] herangezogen. Für die Gläubiger ergeben sich dabei allerdings Prozeßführungsprobleme beim Nachweis des Vorsatzes.[16] Daß § 826 BGB aber in derartigen Fällen kein zivilrechtlicher "Papiertiger"[17] ist, läßt sich daran ablesen, daß sich die Rechtsprechung jedenfalls bei Unterkapitalisierungsfällen mit einem bedingten Schädigungsvorsatz begnügt, den sie aus objektiven Daten ableitet.[18]

---

tutsmißbrauch ausgeht, schlägt auch hier eine Haftungsbeschränkung auf das Vermögen der Besitzgesellschaft vor. Abgesehen davon, daß dieser Vorschlag bei der typischen Betriebsaufspaltung unpraktikabel ist, weil das Besitzunternehmen häufig ein einzelkaufmännisches ist, bei dem Geschäfts- und Privatvermögen ohnehin nicht getrennt sind, ist diesem Gedanken nachdrücklich zu widersprechen. Die in Fällen der Gläubigerschädigung auftretenden Verluste machen oft ein Vielfaches des ursprünglich fehlenden Eigenkapitals aus, so *Bäcker,* ZIP 1989, 681, 684 m.w.N., und *Hachenburg/Ulmer,* Anh. § 30 GmbHG, Rdnr. 62 für die Fälle der Unterkapitalisierung, so daß vom Standpunkt des Gläubigerschutzes aus betrachtet eine solche Lösung nicht überzeugen kann. Sie ist auch dogmatisch abzulehnen, denn demjenigen, der das Haftungsprivileg mißbraucht, kann es dann nicht doch wieder zugutekommen. Schließlich kann auch das Argument der freiwilligen Risikoübernahme nicht überzeugen, so *Fabritius,* S. 208ff. für die Unterkapitalisierungsfälle. Denn jedenfalls die Arbeitnehmer müssen, ähnlich dem Deliktsgläubiger, als "unfreiwillige" Gläubiger betrachtet werden, auch wenn sie Vertragsgläubiger sind, dazu näher *Roth,* ZGR 1986, 371, 375ff.; *Weiß* hingegen folgend *Drygala,* S. 35.

[13] Bislang war dabei allerdings nur der Quotenschaden ersatzfähig, also nur der Ausfallschaden, der durch das Hinauszögern des Konkurses entstanden ist, so BGHZ 100, 19, 23. Möglicherweise steht insoweit jedoch eine Wende der Rechtsprechung bevor, denn der 2. Senat des Bundesgerichtshofs hat in dieser Frage kürzlich den Großen Senat für Zivilsachen angerufen, BGH ZIP 1993, 763ff. m. Anm. *Ulmer.*

[14] Dazu *Drax,* S. 93ff.

[15] Schon das Reichsgericht, RGZ 158, 302, 310, hat im Fall einer Betriebsaufspaltung die Anwendung des § 826 BGB erwogen. Vgl. auch RG JW 1938, 862ff. Seither dazu BGHZ 68, 312, 317f. "Typenhaus"; BGH NJW 1979, 2104, "Architekten"; BGH NJW-RR 1988, 1181f.; BGHZ 107, 7, 21f. "Tiefbau"; zuletzt BGH ZIP 1992, 694 "PS-Bau".

[16] Deshalb skeptisch *Salje,* NZA 1988, 449, 451.

[17] *Timm/Geuting,* ZIP 1992, 821, 824 treten für eine "Wiederbelebung" des § 826 BGB und damit verbunden für Beweiserleichterungen ein. Der Begriff ist zitiert bei Weitbrecht, S. 81.

[18] So *Hachenburg/Ulmer,* Anh. § 30 GmbHG Rdnr. 49. Beispielhaft dazu BGHZ 107, 7, 21, "Tiefbau".

Fünftes Kapitel

Gesamtergebnis und Ausblick

A. Gesamtergebnis

I. Bei der typischen Betriebsaufspaltung werden die üblicherweise von einem einheitlichen Unternehmen wahrgenommenen Funktionen auf eine betriebsverpachtende Besitzgesellschaft und eine betriebsfortführende "Betriebs"-gesellschaft aufgeteilt. Für die Arbeitnehmer des bisherigen Einheitsunternehmens verbinden sich mit diesem Vorgang spezifische haftungsrechtliche Nachteile.

Nach § 613a/I 1 BGB werden ihre Arbeitsverhältnisse auf die nur mit einer sehr geringen Eigenkapitaldecke ausgestatteten Betriebsgesellschaft übergeleitet. Die Besitzgesellschaft, bei der der Haftungsfonds des bisherigen Einheitsunternehmens verbleibt, wird dagegen von allen nach der Aufspaltung entstehenden Verbindlichkeiten enthaftet.

Für die Arbeitnehmer, die der Betriebsgesellschaft als neuem Arbeitgeber zugeordnet werden, entsteht kein erhöhtes Arbeitsplatzrisiko als Folge einer gesteigerten Insolvenzgefahr. Wie allen anderen ungesicherten Gläubigern wird ihnen aber das Risiko aufgebürdet, einem Schuldner gegenüberzustehen, dessen Haftungsmasse drastisch verkürzt ist. Das kann sich auf Sozialplanansprüche auswirken; in der Insolvenz führt es zu einem entsprechend höheren Forderungsausfall. Spezifisch ist dieses Risiko wegen des Ausmaßes an Entzug von haftender Masse. Von dieser Folge werden nahezu ausschließlich die ungesicherten Gläubiger betroffen.

II. Für diese Risiken bietet das Arbeitsrecht keine geeigneten Schutzinstrumente.

Die individualarbeitsrechtlichen Ansätze versuchen eine (Mit)Haftung der Besitzgesellschaft auch für die nach der Aufspaltung entstehenden arbeitsrechtlichen Verbindlichkeiten zu begründen. Den dazu vorgetragenen Konstruktionen mangelt es jedoch an einer tragfähigen Wertungsgrundlage.

Das dem Arbeitnehmer gegen den Übergang seines Arbeitsverhältnisses aus § 613a BGB zugebilligte Widerspruchsrecht eignet sich nicht als Schutzinstrument. Der widersprechende Arbeitnehmer behält zwar sein Arbeitsverhältnis mit der "reichen" Besitzgesellschaft, ist dann aber dem Risiko einer betriebsbedingten Kündigung ausgesetzt. Ein kollektiv von Teilen der Belegschaft ausgeübtes Widerspruchsrecht zur Vermeidung der sich aus dem Betriebsübergang ergebenden wirtschaftlichen Nachteile ist unzulässig, da es mit der mitbestimmungsrechtlichen Konzeption des Betriebsverfassungsrechts unvereinbar ist.

Auch bei Anerkennung eines Kündigungsschutzes, dessen Rahmen die aufgespaltenen Unternehmen umspannt, bringt die Ausübung des Widerspruchsrechts keine Vorteile. Dem widersprechenden Arbeitnehmer kann in diesem Fall wegen der fortbestehenden Weiterbeschäftigungsmöglichkeiten zwar nicht betriebsbedingt gekündigt werden; die zur Realisierung der Weiterbeschäftigung erforderliche dauerhafte Versetzung in den Betriebsteil, in dem der Arbeitsplatz angesiedelt ist, ist im Regelfall aber wieder mit einer Überleitung des Arbeitsverhältnisses (auf die haftungsarme) Gesellschaft verbunden. Ein Anspruch auf Beibehaltung des bisherigen Arbeitgebers als Vertragsschuldner existiert nicht.

Ein haftungsrechtlicher Schutz ist auch nicht durch Sozialpläne zu erreichen, da damit nur die wirtschaftlichen Nachteile ausgeglichen werden können, die sich aus einer Änderung des Betriebs als arbeitsrechtlicher Organisationseinheit ergeben.

III. Das Gesellschaftsrecht bietet dagegen ein Gläubigerschutzinstrumentarium, mit dem den haftungsrechtlichen Risiken der Betriebsaufspaltung wirksam begegnet werden kann. Bei der Betriebsaufspaltung wird im Regelfall aber die gesellschaftsrechtliche Organisationseinheit Unternehmen aufgespalten.

1. Einen wichtigen Beitrag leisten die Eigenkapitalersatzregeln der GmbH zur Auffüllung der Haftungsmasse der Betriebsgesellschaft. Danach werden Gesellschafterfremdmittel zugunsten der Gläubiger in haftendes Eigenkapital umqualifiziert, wenn sie der Gesellschaft im Krisenstadium zugeführt oder belassen werden. Für dieses Schutzsystem ist die Betriebsaufspaltung geradezu prädestiniert, da die langfristige Überlassung der Betriebsgrundlagen dazu geeignet ist, die unzureichende Eigenkapitalausstattung der Betriebsgesellschaft auszugleichen. Die Nutzungsüberlassung ist daher eine der Darlehensgewährung im Sinne von § 32a/III GmbHG wirtschaftlich entsprechende Finanzierungsmaßnahme.

Kann die Gesellschaft die ihr überlassenen Betriebsgrundlagen aus eigener Kraft nicht zu vergleichbaren Bedingungen von einem außenstehenden Dritten erhalten, "ersetzt" die Nutzungsüberlassung benötigtes Eigenkapital und unterliegt der Verstrickung. Voraussetzung für die Umqualifizierung ist daher die "Überlassungsunwürdigkeit" der Gesellschaft, bezogen auf das konkrete Nutzungsüberlassungsverhältnis.

Rechtsfolge des § 32a GmbHG ist die Umqualifizierung der Finanzierungsmaßnahme. Bei der Gebrauchsüberlassung räumt der Gesellschafter ein Nutzungsrecht an den überlassenen Wirtschaftsgütern ein. Dieses Nutzungsrecht ist somit der Gegenstand der Umqualifizierung; eine vertraglich vereinbarte Befristung ist dabei anzuerkennen, soweit sie ernstgemeint ist. Zugunsten der Konkursmasse kann das verstrickte Nutzungsrecht vom Konkursverwalter ausgeübt, übertragen oder kapitalisiert werden.

2. Ein effektiver Gläubigerschutz kann bei der Betriebsaufspaltung auch mit den Haftungsgrundsätzen im qualifiziert faktischen Unterordnungskonzern erreicht werden.

Mit dem "TBB"- Urteil hat der Bundesgerichtshof sein bislang als (faktische) Strukturhaftung ausgelegtes Haftungskonzept aufgegeben und durch Verhaltenshaftungsregeln ersetzt. Haftungsvoraussetzungen sind danach die unangemessene Konzernleitung und die Unmöglichkeit des Einzelausgleichs der nachteiligen Eingriffe.

Bislang war die konzernrechtliche Beurteilung der Betriebsaufspaltung umstritten. Da der konzerntypische Interessenkonflikt nur in verminderter Form zwischen der Besitz- und der Betriebsgesellschaft auftritt, trat die überwiegende Meinung für eine Ausklammerung der Betriebsaufspaltung von den Konzernhaftungsregeln ein.

Mit der Wende zu einer flexiblen Verhaltenshaftung besteht dazu kein Anlaß mehr. Als Fälle der unangemessenen Konzernleitung kommen bei der Betriebsaufspaltung der Entzug von notwendigem Kapital sowie nachteilige Struktureingriffe zu Lasten der Betriebsgesellschaft in Betracht, wenn es dadurch zu Beeinträchtigungen von Gläubigerinteressen kommt. Ein Einzelausgleich der zugefügten Nachteile wird bei der Betriebsaufspaltung wegen der engen Verflechtungen der aufgespaltenen Unternehmen zumeist ausscheiden.

Vorschläge zu einer "horizontalen" Beschränkung der Rechtsfolgen der Konzernhaftung sind mit dem "TBB"- Verhaltenshaftungskonzept nicht vereinbar.

3. Für die Durchgriffshaftung wegen qualifizierter Unterkapitalisierung besteht bei der Betriebsaufspaltung kein Bedürfnis.

Die Haftung wegen materieller Unterkapitalisierung erfaßt nur solche Fälle, in denen die Kapitalausstattung einer Gesellschaft einschließlich des Fremdkapitals offensichtlich unzureichend ist. Fallgestaltungen der Betriebsaufspaltung werden davon nicht betroffen, da die Kapitalausstattung der Betriebsgesellschaft nicht durch "Nicht-Kapitalisierung", sondern durch eine geringe Eigenkapitalausstattung gekennzeichnet ist. Für die Durchgriffshaftung wegen qualifizierter Unterkapitalisierung besteht auch deshalb kein Bedarf, weil der erforderliche Gläubigerschutz mit den Eigenkapitalersatzregeln und dem Konzernhaftungsrecht erreicht werden kann.

IV. Ergänzend zu den gesellschaftsrechtlichen Schutzinstrumenten kommt in Mißbrauchsfällen, in denen die Betriebsaufspaltung bewußt zur Schädigung von Gläubigerinteressen eingesetzt wird, eine Haftung der Besitzgesellschafter nach §§ 242, 826 BGB in Betracht. Die Rechtsprechung des Bundesgerichtshofs stützt sich in derartigen Fällen auf die deliktische Haftung aus § 826 BGB.

B. Ausblick: Der Gläubigerschutz nach dem neuen Umwandlungsgesetz

Für den Gläubigerschutz bei der Betriebsaufspaltung eröffnen sich neue Perspektiven mit dem neuen Umwandlungsgesetz (UmwG), das am 1.1.1995 in Kraft tritt.[1] Mit dem reformierten Umwandlungsrecht werden die bisher möglichen Fälle der Umwandlung in einer Kodifizierung zusammengefasst und neue Rechtsinstitute zur Verfügung gestellt, bzw. Lücken im geltenden Recht geschlossen.[2]

---

[1] BGBl. 1994 I, S. 3210, verkündet am 28. 10. 1994.

[2] Vgl. Referentenentwurf, Gesetz zur Bereinigung des Umwandlungsrechts, Teil A, Einführung, S. VII f. Dem Entwurf ging ein Diskussiomsentwurf voraus, der zugleich die Grundlage für das Treuhand-Spaltungsgesetz (SpTrUG), BgBl. 1991 I, S. 854 bildete. Zur Vorgeschichte *Ganske*, WM 1993, 1117 ff.

Filetstück"[3] des Umwandlungsgesetzes ist die Einführung des Rechtsinstituts der Spaltung, die in den Formen der Aufspaltung, der Abspaltung und der Ausgliederung vorgesehen ist, (§§ 1/I Nr.2, 123 UmwG). Damit soll es den Unternehmen erleichtert werden, kleinere Einheiten zu schaffen.

Gegenüber der bisherigen Rechtslage besteht der erhebliche Vorteil darin, daß sich die Spaltung im Wege der Sonderrechtsnachfolge (teilweise Gesamtrechtsnachfolge, partielle Universalsukzession) vollzieht, womit die bislang erforderliche Einzelübertragung der Vermögensgegenstände entfällt.[4] Für die typische Betriebsaufspaltung bietet sich das Rechtsinstitut der Ausgliederung aus dem Vermögen eines Einzelkaufmanns (§ 123/III Nr. 2 UnwG) sowie das der Abspaltung zur Neugründung an (§ 123/II Nr. 2 UmwG) an.

Der übertragende, sich spaltende Rechtsträger (Besitzgesellschaft) bleibt bestehen und überträgt im Wege der Sonderrechtsnachfolge einen Teil seines Vermögens als Gesamtheit auf einen oder mehrere neu gegründete Rechtsträger.

Zum Schutz der Gläubiger sieht § 133/I 2 UmwG eine gesamtschuldnerische Haftung der beteiligten Rechtsträger für diejenigen Forderungen vor, die vor dem Wirksamwerden der Spaltung begründet worden sind. Für die Gläubiger bereits entstandener, aber zu diesem Zeitpunkt noch nicht fälliger Forderungen ist in §§ 133/I 2, 125, 22 UmwG ein Anspruch auf Sicherheitsleistung vorgesehen. Dieser richtet sich gegen den im Spaltungsplan festgelegten Schuldner, also das Unternehmen, dem die Verbindlichkeiten im Spaltungsplan zugewiesen wurden.[5]

Aufgrund der weitgehend eingeräumten Gestaltungsfreiheit[6] bei der Zuordnung des Aktiv- und des Passivvermögens kann sich danach die Besitzgesellschaft - anders als nach geltendem Recht[7] - von den Altverbindlichkeiten (z. B. Versorgungsanwartschaften, Ruhegelder) lösen und diese auf die Betriebsgesellschaft übertragen.[8]

---

[3] *Ganske,* WM 1993, 1117.

[4] Dazu *Kleindiek,* ZGR 1992, 513, 514f.

[5] Einen Überblick über den Gläubigerschutz nach dem Diskussionsentwurf, dem Treuhandspaltungsgesetz und dem Referentenentwurf geben *Heiss,* DZWiR 1993, 12, 15ff. und *Kleindiek,* ZGR 1992, 513, 521ff.

[6] Dazu befürwortend *Kleindiek,* ZGR 1992, 513, 516f.

[7] Dazu oben, Erstes Kapitel, B.I.3. und II.

[8] Zur Frage der Anwendbarkeit der Norm des § 613 a/I 1 BGB auch auf die vorgesehene

Eine besondere Haftungsregelung speziell für die Betriebsaufspaltung enthält § 134 UmwG. Danach ist eine Haftung der Besitzgesellschaft für die Sozialplanansprüche der Arbeitnehmer der Betriebsgesellschaft vorgesehen, die innerhalb von fünf Jahren nach Wirksamwerden der Spaltung aufgrund der §§ 111 bis 113 des BetrVG begründet werden.

Diese Regelung beruht auf einem der Ergänzungsvorschläge, die das Bundesarbeitsministerium mit Schreiben vom 15.01.1993[9] in das Gesetzgebungsverfahren zum UmwG eingebracht hatte. Darunter befand sich ein Vorschlag, der auf die Verbesserung der haftungsrechtlichen Situation der Arbeitnehmer speziell bei Betriebsaufspaltungen abzielte. Danach wurde für die nach dem künftigen Umwandlungsrecht vollzogene Betriebsaufspaltung eine unbeschränkte gesamtschuldnerische Haftung von Betriebs- und Besitzgesellschaft "auch für die vor der Umwandlung entstandenen, noch nicht fälligen sowie für die nach der Umwandlung entstehenden Ansprüche der Arbeitnehmer" vorgeschlagen.[10]

Zur Begründung führte das Bundesministerium an, daß mit der Betriebsaufspaltung die Gefahr verbunden sei, daß Sozialplanleistungen bei einem eventuellen Personalabbau gering gehalten oder ausgeschlossen werden könnten. Zudem bestehe die Gefahr einer Flucht aus der Haftung für Arbeitnehmeransprüche. Für eine gesamtschuldnerische Haftung der beteiligten Gesellschaften spreche, daß die Betriebsstruktur und die Beschäftigungsverhältnisse bei der Betriebsaufspaltung im wesentlichen unverändert blieben.[11]

II. Stellungnahme

Die im UmwG schließlich normierten Haftungsregelungen der §§ 133, 134 sind ein sinnvoller Kompromiß zwischen den Haftungsbedürfnissen der Arbeitnehmer einerseits und den Regelungszielen des UmwG andererseits.

Sonderrechtsnachfolge grundsätzlich befürwortend *K. Schmidt*, AcP 191 (1991), 495, 515f. Dafür spricht auch, daß nach der von der EG-Kommission vorgesehene Revision der Richtlinie 77/187 EWG die durch § 613a BGB in nationales Recht umgesetzt wurde, künftig ein Betriebsübergang auch bei der Spaltung vorgesehen ist, vgl. Dok. Nr. V/193/92 DE; vgl. dazu auch Willemsen, Anforderungen S. 105, 107 ff.

[9] Schreiben des Bundesministeriums für Arbeit und Sozialordnung vom 15.01.1993 mit 7 Anlagen, Geschäftszeichen III a 7 - 30941. Eine kurze Inhaltsangabe der Ergänzungsvorschläge findet sich bei *Ganske*, WM 1993, 1117, 1129.

[10] Im Schreiben des Bundesarbeitsministeriums v. 15.01.1993, Anlage 2.

[11] Wie FN 13.

Der vom Bundesarbeitsministerium eingebrachte Vorschlag einer Perpetuierung der gesamtschuldnerischen Haftung der Besitzgesellschaft auch für alle künftigen Verbindlichkeiten, die nach Wirksamwerden der Spaltung entstehen, war vom Standpunkt des Gläubigerschutzes nach den Ergebnissen der vorliegenden Arbeit nicht erforderlich. Das Bundesarbeitsministerium führte zur Begründung den Entzug der Haftungsmasse an. Tatsächlich liegen darin auch die spezifischen Gefahren, die eine Betriebsaufspaltung für die ungesicherten Gläubiger mit sich bringt.[12] Ein dagegen ausgerichtetes gesetzliches Schutzkonzept aber, das eine starre gesamtschuldnerische Haftung vorsehen würde, begegnet erheblichen Bedenken.[13] Sie rühren daher, daß sich ein derartiger Schutz über die rechtliche Selbständigkeit der aufgespaltenen Unternehmen pauschal hinwegsetzen würde. Regelungsziel des Umwandlungsrechts ist es aber gerade, die Dekonzentration in rechtlich selbständige Einheiten zu erleichtern.

Für eine gesamtschuldnerische Haftung kann auch nicht angeführt werden, daß bei der Betriebsaufspaltung "die Betriebsstruktur und die Beschäftigungsverhältnisse im wesentlichen unverändert bleiben".[14] Die Wahrung der Identität des Betriebs oder von einzelnen Betriebsteilen bei einer Umstrukturierung bedingt, - jenseits der Kapitalerhaltungsregeln - keinen Anspruch gegen den Unternehmer auf Beibehaltung einer bestimmten Kapitalstruktur.

Gegen eine permanente gesamtschuldnerische Haftung spricht aber vor allem, daß sich die mit der Betriebsaufspaltung verbundenen Gläubigergefahren mit den von der Rechtsprechung entwickelten Schutzinstrumentarien angemessen bewältigen lassen.[15] Dazu zählen die Eigenkapitalersatzregeln, die Haftung im faktischen Konzern, sowie - in Mißbrauchsfällen - die Deliktshaftung. Der vom Bundesarbeitsministerium beschriebenen Gefahr des Ausfalls bei Sozialplanleistungen läßt sich entsprechend mit der Konzernhaftung begegnen: Beruht die Vermögenslosigkeit der Betriebsgesellschaft auf der "unangemessenen Konzernleitung" der Besitzgesellschaft, müssen die Arbeitnehmer den Ausfall der Sozialplanverpflichtungen nicht tragen; der entstandene Fehlbetrag ist von der Besitzgesellschaft aufzufüllen.

---

[12] Dazu oben, Erstes Kapitel, C.

[13] Dagegen auch Arbeitskreis Umwandlungsrecht, ZGR 1993, 321, 331; *Kallmeyer*, DB 1993, 367, 368; *Willemsen*, Anforderungen, S. 105, 123f.

[14] So die Begründung im Schreiben des Bundesarbeitsministeriums vom 15.01.1993.

[15] Dazu oben, Drittes und Viertes Kapitel.

Schließlich spricht gegen eine allgemein angeordnete gesamtschuldnerische Haftung auch der rechtstatsächliche Befund, wonach die Insolvenzen aufgespaltener Unternehmen nicht höher sind als diejenigen von Einheitsunternehmen.[16] Ein auf Gläubigerschutz ausgerichtetes Konzept brauchte deshalb nicht die Gestaltungsform der Betriebsaufspaltung generell mit einer Sanktion belegen, sondern vielmehr speziell die - untechnisch gemeinten - Mißbrauchsfälle bekämpfen. Das ist nach den Ergebnissen der vorliegenden Arbeit schon mit den von der Rechtsprechung entwickelten Instrumenten möglich.

Die im Gesetz nunmehr gefundene Regelung für die Sozialplanansprüche ist von daher nicht zwingend notwendig. Sie trägt dem besonderen Schutzbedürfnis für solche Ansprüche Rechnung. Der zeitlich vorgesehene Haftungsrahmen von fünf Jahren macht deutlich, daß eine Haftung der Besitzgesellschaft nur für solche Sozialplanansprüche besteht, die einen Zusammenhang mit dem Vorgang der Spaltung aufweisen. Wegen der zeitlichen Begrenzung erscheint sie auch mit dem Regelungsziel des UmwG noch vereinbar.[17] Die Regelungen sind daher insgesamt zu begrüßen. Festzuhalten ist aber, daß auch künftig bei der nach den Regelungen des UmwG vollzogenen Betriebsaufspaltung die von der Rechtsprechung entwickelten Gläubigerschutzintsrumente ihre Bedeutung behalten werden.

---

[16] Vgl. *Hesselmann/Hüfner/Pinkwart*, S. 76f.

[17] Zweifelhaft erscheint allerdings, daß nach §§ 125, 22 UmwG das Recht, Sicherheit für bereits entstandene, aber noch nicht fällige Forderungen zu verlangen nicht für diejenigen gelten soll, denen Versorgungsansprüche und unverfallbare Versorgungsanwartschaften aus unmittelbaren Versorgungszusagen zustehen, da sie durch den Pensions-Sicherungs-Verein schon ausreichend geschützt seien, so RefE, S. 70f. der Begründung. Damit eröffnet das Gesetz allerdings die Mißbrauchsmöglichkeit, über eine abgespaltene, unterkapitalisierte Gesellschaft Pensionsverpflichtungen auf den Pensions-Sicherungs-Verein abzuwälzen. Da dieser aber kein "Sanierungsinstrument für die Wirtschaft" ist, so *Blomeyer/Otto*, § 7 BetrAVG, Rdnr. 4, erscheint diese Regelung fragwürdig. *K. Schmidt*, ZGR 1993, 366, 383 spricht sich auch in diesen Fällen für einen Anspruch auf eine Sicherheitsleistung aus, allerdings mit dem Ziel, die von ihm geforderte Begrenzung der gesamtschuldnerischen Nachhaftung des übertragenden Rechtsträgers für diese Verbindlichkeiten dadurch zu legitimieren. Gegen eine Sicherheitsleistung insoweit *Willemsen*, Anforderungen, S. 105, 124. Allgemein für die Fälle der Kapitalherabsetzung, der Beendigung eines Beherrschungs- oder Gewinnabführungsvertrages, der Eingliederung, Umwandlung oder Verschmelzung mit ablehnendem Ergebnis zur Frage der Sicherheitsleistung für Versorgungsrechte *Krieger*, Sicherheitsleistung, S. 551ff.

Literaturverzeichnis

Abrrent, Eduard: Personalabbau im Konzern, in: BB 1988, 756ff.

Altmeppen, Holger: Kurzkommentar zum Urteil des Bundesgerichtshofs vom 23.09.1991, BGH EWiR § 302 AktG 1/91, 945.

- Grenzenlose Vermutungen im Recht der GmbH, in: DB 1991, 2225ff.

- Anmerkung zur Stellungnahme der Bundesregierung vom 26.10.1992 zur Verfassungsbeschwerde "Video-Urteil", in: ZIP 1992, 1664.

- Kurzkommentar zum Urteil des BGH vom 29.03.1993 - II ZR 265/91, in: EWiR § 302 AktG 2/93, 327.

- Die systematische Einordnung der Rechtsprechung zum qualifiziert faktischen Konzern nach "TBB", in: DB 1994, 1912 ff.

v. Alvensleben, Constantin: Die Rechte der Arbeitnehmer bei Betriebsübergang im europäischen Gemeinschaftsrecht, Baden-Baden 1992.

Arbeitskreis GmbH-Reform: Thesen und Vorschläge zur GmbH Reform, Bd. II, Bearb. v. G. Hueck, M. Lutter u.a., Heidelberg 1972.

Arbeitskreis Umwandlungsrecht: Vorschläge zum Referentenentwurf eines Umwandlungsgesetzes, von R. Bork, P. Hommelhoff, M. Lutter, K. Schmidt, J. Schulze-Osterloh, A. Teichmann, W. Zöllner, in: ZGR 1993, 321ff.
(Zit.: Arbeitskreis Umwandlungsrecht, ZGR 1993, 321ff.)

Assmann, Heinz Dieter: Der faktische GmbH-Konzern, in: Festschrift 100 Jahre GmbH-Gesetz, S. 657ff., Hrsg. Lutter/Ulmer/Zöllner, Köln 1992.

Bäcker, Roland M.: Eigenkapitalersetzende Rechtshandlungen der GmbH-Gesellschafter und Dritter, Köln 1990.

- Die Vermietung von Betriebsmitteln an die GmbH durch einen Gesellschafter als kapitalersetzende Rechtshandlung gem. § 32a Abs. 3 GmbHG, in: ZIP 1989, 681ff.

Bauder, Wolfgang: Anmerkung zum Urteil des Bundesgerichtshofs vom 29.03.1993 - II ZR 265/91, in: BB 1993, 1103ff.

Bauer, Jobst-Hubertus: Unternehmensveräußerung und Arbeitsrecht, Heidelberg 1983.

- Kein Widerspruchsrecht der Arbeitnehmer bei Betriebsübergang, in: NZA 1990, 881.

- Nochmals: Kein Widerspruchsrecht, in: NZA 1991, 139.

Baumbach, A./ *Duden*, K./ *Hopt*, K.: Handelsgesetzbuch, 28. Aufl., München 1989.

Baumbach, A./ *Hueck*, G./ *Zöllner*, W.: GmbH-Gesetz, 15. Aufl., München 1988.

Baur, F./ *Stürner*, R.: Zwangsvollstreckungs- Konkurs- und Vergleichsrecht, Bd II, Insolvenzrecht, 12. Aufl. Heidelberg 1990.

Becker, F./ *Etzel*, G./ *Friedrich*, H.-W. u.a.: Gemeinschaftskommentar zum Kündigungsschutzgesetz und zu sonstigen kündigungsschutzrechtlichen Vorschriften, von F. Becker, G. Etzel,

H.W. Friedrich, K. Gröninger, W. Hillebrecht, W. Rost, H. Weigand, B. Weller, M. Wolf, I. Wolff, 3. Aufl., Neuwied 1989.
(Zit.: GK-Bearbeiter)

Belling, D. W./ *Collas*, M.: Der Schutz der Arbeitnehmer vor den haftungsrechtlichen Folgen einer Betriebsaufspaltung, in: NJW 1991, 1919ff.

Belling, D.W./ *v. Steinau-Steinrück*, R.: Anmerkung zum Urteil des BAG vom 15. Januar 1991 - 1 AZR 94/90 - in: EzA § 303 AktG Nr. 1.

Bentler, Helmut: Das Gesellschaftsrecht der Betriebsaufspaltung, Baden-Baden 1986.

Boecken, Winfried: Der Übergang von Arbeitsverhältnissen bei Spaltung nach dem neuen Umwandlungsrecht, in: ZIP 1994, 1078 ff.

Borngräber, Helmut: Arbeitsverhältnis bei Betriebsübergang, Düsseldorf, Frankfurt 1989.

Birk, Rolf: Betriebsaufspaltung und Änderung der Konzernorganisation im Arbeitsrecht, in: ZGR 1984, 23ff.

- Der EuGH und das Widerspruchsrecht des Arbeitnehmers beim Betriebsinhaberwechsel nach § 613a BGB, in: EuZW 1993, 156ff.

Blank, M./ *Blanke*, H./ *Klebe*, T./ *Kümpel*, W./ *Wendeling-Schröder*, U./ *Wolter*, H.: Arbeitnehmerschutz bei Betriebsaufspaltung und Unternehmensteilung, 2. Aufl. Köln 1987.
(Zit.: Blank, u.a.)

Blomeyer, W./ *Otto*, K.: Gesetz zur Verbesserung der betrieblichen Altersversorgung, Kommentar, München 1984.

- Anmerkung zum Urteil des EuGH in: EWiR Art. 3 RL 77/187/EWG 1/93.

Bork, Reinhard: Arbeitnehmerschutz bei der Betriebsaufspaltung, in: BB 1989, 2181ff.

- Zur Enthaftung der Besitzgesellschaft bei der Betriebsaufspaltung analog § 26 HGB, in: ZIP 1989, 1369ff.

- Die Einlagefähigkeit obligatorischer Nutzungsrechte, in: ZHR 154 (1990), 205ff.

Bracker, Ulrich: Betriebsübergang und Betriebsverfassung, Berlin 1979.

Brandes, Helmut: Grundpfandrechte und Betriebsaufspaltung, in: Abschied von der Betriebsaufspaltung?, Hrsg. Priester/Timm, Köln 1990.

- Die Behandlung von Nutzungsüberlassungen im Rahmen einer Betriebsaufspaltung unter Gesichtspunkten des Kapitalersatzes und der Kapitalerhaltung, in: ZGR 1989, 244ff.

Brandmüller, Gerhard: Die Betriebsaufspaltung nach Handels- und Steuerrecht, 5. Aufl. Heidelberg 1985.

- Betriebsaufspaltung, - die aktuelle Rechtsform, Freiburg 1983/1984.

Braun, Eberhard: Kapitalersetzende Maßnahme i.S. v. § 32a Abs. 3 GmbHG durch Pachtverträge in der Betriebsaufspaltung? in: ZIP 1983, 1175ff.

Brox, H./ *Rüthers*, B.: Arbeitskampfrecht, 2. Aufl., Stuttgart, Berlin 1982.

Büscher, D./ *Klusmann*, M.: Die Nutzungsüberlassung durch Gesellschafter an die GmbH, in: ZIP 1991, 10ff.

Bundesministerium für Arbeit und Sozialordnung: Schreiben vom 15.01.1993, Geschäftszeichen III a 7 - 30941, mit 7 Anlagen.

Burgard, Ulrich: Die Tatbestandsmerkmale des qualifizierten faktischen GmbH-Konzerns und ihre Konkretisierung nach "TBB", in: WM 1993, 925.

Capelle, Carl Hermann/ *Canaris*, Claus Wilhelm: Handelsrecht, 21. Aufl. München 1989.

Coen, Martin: Der Kündigungsschutz im Konzern, in: RdA 1983, 348ff.

Commandeur, Gert: Betriebs-, Firmen- und Vermögensübernahme, München 1990.

Däubler, Wolfgang: Das Widerspruchsrecht des Arbeitnehmers bei Betriebsübergang - ein Verstoß gegen EG-Recht, in: NZA 1991, 134.

Däubler, W./ *Kittner*, M./ *Klebe*, T./ *Schneider*, W. (Hrsg.): Betriebsverfassungsgesetz, Kommentar, 3. Aufl. Köln 1993.
(Zit.: Bearbeiter, in: DKKS)

Dehmer, Hans: Die Betriebsaufspaltung, 2. Aufl., München 1987

Dehmer, H./ Hettler, S.: Haftungsfalle GmbH. GmbH-Konzernhaftung, Auswege für den mittelständischen Unternehmer, Freiburg i. Br. 1993.

Dietz, R./ *Richardi*, R.: Betriebsverfassungsgesetz, Kommentar, Bd. 2, 6. Aufl. München 1982.

Donath, Roland: Die Betriebsaufspaltung, Heidelberg 1991.

Dorndorf, Eberhard: Beschränkung der Besicherbarkeit von Krediten in der Insolvenzrechtsreform? in: ZIP 1984, 523ff.

Drax, Manfred: Durchgriffs- und Konzernhaftung der GmbH-Gesellschafter, München 1992.

Drüke, Heiner: Die Haftung der Muttergesellschaft für Schulden der Tochtergesellschaft, Köln, Berlin 1990.

Drukarczyk, Jochen: Kreditsicherheiten und Insolvenzverfahren, in: ZIP 1987, 205ff.

Drygala, Tim: Bericht über die Diskussion mit den Teilnehmern und die Podiumsdiskussion, in: Abschied von der Betriebsaufspaltung, Hrsg. Priester/Timm, Köln 1990.

- Der Gläubigerschutz bei der Betriebsaufspaltung, Köln 1991.

- Die Rechtsfolgen eigenkapitalersetzender Nutzungsüberlassung, in: BB 1992, 80ff.

- Verhaltenshaftung im faktischen GmbH-Konzern, in: GmbHR 1993, 317ff.

Ebenroth, C./ *Wilken*, O.: Kapitalersatz und Betriebsaufspaltung, in: BB 1993, 305ff.

- Beweislast und Gesellschafterhaftung im qualifizierten faktischen GmbH-Konzern, in: ZIP 1993, 558ff.

Ehlke, Michael: Konzerninduzierter Haftungsdurchgriff auf den GmbH-Gesellschafter? in: DB 1986, 523ff.

Ehrich, Christian: Das Widerspruchsrecht des Arbeitnehmers beim Betriebsübergang, (§ 613a BGB) - keine Makulatur!, in: NZA 1993, 635ff.

Engelhard, Hans A.: Politische Akzente einer Insolvenzrechtsreform, in: ZIP 1986, 1287ff.

Engels, Gerd: Gesellschaftsaufspaltung als eine die Beteiligung des Betriebsrats auslösende Betriebsänderung im Sinne von § 111ff. BetrVG, in: DB 1979, 2227ff.

Erdmann, Gerhard-Hellmuth: Unternehmensbezogener Kündigungsschutz, Darmstadt 1990.

Erman/Hanau: Handkommentar zum Bürgerlichen Gesetzbuch, 1. Bd., 9. Aufl., Münster 1993.
(Zit.: Erman/Bearb.)

Fabricius, F./ *Thiele*, W./ *Kraft*, A. u. a.: Betriebsverfassungsgesetz, Bd. I und II, 4. Aufl., Neuwied 1990.

Fabritius, Andreas: Die Überlassung von Anlagevermögen an die GmbH durch Gesellschafter, Heidelberg 1988.

Fastrich, Lorenz: Anmerkung zum Urteil des OLG Hamm, Urt. v. 01.07.1992, ZIP 1992, 1306ff., in: DZWir 1993, 25ff.

Felix, Günter: Kölner Handbuch der Betriebsaufspaltung und Betriebsverpachtung, 4. Aufl. 1979.

Fichtelmann, Helmar: Aktuelle Fragen der Betriebsaufspaltung, in: GmbHR 1984, 344ff.

- Betriebsaufspaltung im Steuerrecht, 7. Aufl., Heidelberg 1991.

Fischer, R./ *Lutter*, M./ *Hommelhoff*, P.: GmbH-Gesetz, 12. Aufl., Köln 1987.

Fitting, K./ *Auffarth*, F./ *Kaiser*, H.: Betriebsverfassungsgesetz, Handkommentar, 17. Aufl., München 1992.

Fleck, Hans-Joachim: Kurzkommentar zum Urteil des Bundesgerichtshofs vom 20.02.1989 - II ZR 167/88, in: EWiR § 302 AktG 1/98, 431f.

Flume, Werner: Das Video-Urteil und das GmbH-Recht, in: DB 1992, 25ff.

- Das Video-Urteil als eine Entscheidung des II. Senats des BGH aus dessen Selbstverständnis der Innehabung gesetzgebender Gewalt, in: ZIP 1992, 817ff.

Gamillscheg, Franz: "Betrieb" und "Bargaining unit" - Versuch des Vergleichs zweier Grundbegriffe, in: ZfA 1975, 357ff.

Ganske, Joachim (Hrsg.): Gesetz zur Bereinigung des Umwandlungsrechts v. 15.04.1992, Referentenentwurf, Text mit amtlicher Begründung, Bundesanzeiger, Köln 1992.

- Reform des Umwandlungsrechts - Ein Bericht -, in: WM 1993, 1117ff.

Gaul, Dieter: Das Widerspruchsrecht des Arbeitnehmers bei Betriebsübergang und seine Rechtswirkungen, in: ZfA 21, (1990,) S. 87ff.

Geißler, Markus: Zukunft, Stillstand oder Geltungsverlust für die Durchgriffshaftung im Recht der GmbH? in: GmbHR 1993, 71ff.

v. *Gerkan*, Hartwin: Schwerpunkte und Entwicklungen im Recht der eigenkapitalersetzenden Gesellschafterleistungen, in: GmbHR 1986, 218ff.

- Zum Stand der Rechtsentwicklung bei den kapitalersetzenden Gesellschafterleistungen, in: GmbHR 1990, 384ff.

v. *Gerkan*, H./ *Hommelhoff*, P.: Kapitalersatz im Gesellschaftsrecht und Insolvenzrecht, in: RWS-Skript 167, 2. Aufl. Köln 1988.

Gessner, W./ *Rhode*, B./ *Strate*, G./ *Ziegert*, K.: Die Praxis der Konkursabwicklung in der Bundesrepublik Deutschland, Köln 1978.

Goette, Wulf: Haftungsvoraussetzungen im qualifiziert faktischen Konzern, in: DStR 1993, 568ff.

Gottwald, Peter (Hrsg.): Insolvenzrechtshandbuch, München 1990. (Zit.: Bearb. in Gottwald)

Gravenbrucher Kreis: "Große" oder "kleine" Insolvenzrechtsreform? in: ZIP 1992, 657ff.

Groß, Paul J.: Sanierung durch Fortführungsgesellschaften, 2. Aufl. 1988.

Großkommentar Staub, Handelsgesetzbuch, Kommentar, 3. Lieferung, §§ 17 - 37, Bearbeitet von U. Hüffer, 4. Auflage, Berlin, New York 1983.

Gutbrod, Karl: Anmerkung zum Urteil des BAG AP Nr. 9 zu § 111 BetrVG 1972.

- Keine Betriebsänderung bei Aufspaltung eines Unternehmens in eine Besitz- und eine Produktionsgesellschaft. Anm. z. Beschl. d. BAG v. 17.12.1981 - 1 ABR 101/78, in: DB 1981, 1244ff.

Hachenburg, Max: GmbH-Gesetz, Großkommentar, 1. Lfg. §§ 1-14, 2. Lfg. §§ 15 - 28, Hrsg. P. Ulmer, 8. Aufl., Berlin, New York 1989ff. (Zit.: Hachenburg/Bearbeiter)

Häuselmann, Holger: Anmerkung zum Urteil des BGH vom 14.12.1992, in: DZWiR 1993, 164f.

Häuselmann, H. / *Rümker*, D./ *Westermann*, H. P.: Die Finanzierung der GmbH durch ihre Gesellschafter, Frankfurt a. M. 1992.

Hanau, Peter: Fragen der Mitbestimmung und Betriebsverfassung im Konzern, in: ZGR 1984, 468ff.

Heinze, Meinhard: Die Rechtsprechung des BAG im Jahre 1982, in: ZfA 1983, 409ff.

Heiss, Manuela: Gläubigerschutz bei der Unternehmensspaltung, in: DZWiR 1993, 12ff.

Heither, Friedrich: Zum Widerspruchsrecht der Arbeitnehmer bei Betriebsübergang, in: NZA 1991, 136.

Helle, Michael: Konzernbedingte Kündigungsschranken bei Abhängigkeit und Beherrschung durch Kapitalgesellschaften, Berlin 1989.

Hennerkes, B. H./ *Binz*, M.: Zur Übernahme von Ruhegeldverbindlichkeiten bei Unternehmensveräußerung und Betriebsaufspaltung, in: BB 1982, 930ff.

Henssler, Martin: Der Arbeitsvertrag im Konzern, Berlin 1983.

Herschel, Wilhelm: Anmerkung zum Urteil des BAG vom 17.12.1981, 1-ABR 101/78, in: AuR 1981, 386ff.

- Kurzkommentar zum Urteil des BAG AP Nr. 55, in: EWiR 1987, 355.

Hess, H./ *Goetsch*, H. W.: Die Sanierung der Konkursordnung durch die Insolvenzrechtsreform? Kriftel 1993.

Hess, H./ *Schlochauer*, U./ *Glaubitz*, W.: Kommentar zum Betriebsverfassungsgesetz, 4. Aufl., Neuwied 1993.

Hesselmann, S./ *Hüfner*, P./ *Pinkwart*, A.: Betriebsaufspaltung und Insolvenzrisiko, Stuttgart 1990.

Hirte, Heribert (Hrsg.): Der qualifizierte faktische Konzern, Köln 1992.

Hitzfeld, Ulrike: § 613a BGB im System der europäischen Rechtsprechung, in: BB 1991, 199.

Höfer, R./ *Abt*, O.: Gesetz zur Verbesserung der betrieblichen Altersversorgung, Kommentar, Bd. I: Arbeitsrechtlicher Teil, 2. Aufl., München 1982.

Höfer, R./ *Reiners*, S. / *Wüst*, H.: Gesetz zur Verbesserung der betrieblichen Altersversorgung, Kommentar, Bd. 1, 3. Aufl., München 1992.

Holzwarth, Gabriele: Konzernrechtlicher Gläubigerschutz bei der klassischen Betriebsaufspaltung, Köln 1994.

Hommelhoff, Peter: Konzernpraxis nach "Video", in: DB 1992, 309ff.

- Vorkehr gegen qualifizierte Abhängigkeits- und Konzernlagen, in: Heidelberger Konzernrechtstage: Der qualifizierte faktische GmbH-Konzern, Analyse der Rechtsprechung - Folgerungen für die Praxis, S. 245ff., Hrsg. Hommelhoff, Stimpel, Ulmer, Köln 1992.
(Zit.: Hommelhoff, Vorkehr)

- "Empfiehlt es sich, das Recht faktischer Unternehmensver- bindungen - auch im Hinblick auf das Recht anderer EG- Staaten - neu zu regeln?, Gutachten, G1- G58, in: Verhand- lungen des 59. Deutschen Juristentags in Hannover 1992, Bd. I, München 1992.
(Zit.: Hommelhoff, Gutachten)

- Die qualifiziert faktische Unternehmensverbindung: ihre Tatbestandsmerkmale nach dem "TBB"-Urteil und deren rechtsdogmatisches Fundament, in: ZGR 1994, 395 ff.

Hommelhoff, P./ *Kleindiek*, D.: Flexible Finanzierungsinstrumente im GmbH-Recht. Das eigenkapitalersetzende Darlehen zwischen Nachschußkapital und Finanzplankredit, in: Festschrift 100 Jahre GmbH-Gesetz, Hrsg. Lutter/Ulmer/Zöllner, Köln 1992.

Hommelhoff, P./ *Stimpel*, W./ *Ulmer*, P. (Hrsg.): Heidelberger Konzernrechtstage: Der qualifizierte faktische GmbH-Konzern. Analyse der Rechtsprechung - Folgerungen für die Praxis, Köln 1992.

v. *Hoyningen-Huene*, Gerrick: Anmerkung zum Urteil des LAG Hamm, in: EWiR § 1 BetrVG 1/85.

v. *Hoyningen-Huene*, G./ *Windbichler*, C.: Der Übergang von Betriebsteilen nach § 613a BGB, in: RdA 1977, 329ff.

Hueck, Götz: Die Behandlung von Nutzungsüberlassungen im Rahmen einer Betriebsaufspaltung als Gesellschafterdarlehen? in: ZGR 1989, 216ff.

- Gesellschaftsrecht, 19. Aufl., München 1991.

Hueck, G./ v. *Hoyningen-Huene*, G.: Kündigungsschutzgesetz, Kommentar, 11. Aufl., München 1992.

Hüffer, Uwe: Aktiengesetz, Kommentar, München 1993.

Hüper, Rolf: Der Betrieb im Unternehmenszugriff. Arbeitnehmerinteresse und Mitbestimmung bei Betriebsübergang, Betriebsaufspaltung und Betriebsparzellierung, Köln 1986.

Igl, Gerhard: Diskussionsbericht, in: Arbeitsrechtliche Probleme der Unternehmenskonzentration, Hrsg. von Birk, Igl, Zacher (Hrsg.), Frankfurt/Main 1986.

Ingenfeld, Gisbert: Die Betriebsausgliederung aus der Sicht des Arbeitsrechts, Köln 1993.

Jacobs, Otto H.: Unternehmensbesteuerung und Rechtsform, 1988.

Jacobs, O./ *Brewi*, K./ *Schubert*, R.: Steueroptimale Rechtsform mittelständischer Unternehmen, München 1978.

Jaeger, Georg: Die Betriebsaufspaltung durch Ausgliederung einzelner Betriebsteile als sozialplanpflichtige Betriebsänderung, in: BB 1988, 1036ff.

Jaeger, G./ *Henckel*, W.: Kommentar zur Konkursordnung, 9. Aufl., 4. Lfg. Berlin 1991.

Joost, Detlev: Betrieb und Unternehmen als Grundbegriffe im Arbeitsrecht, München 1988.

- Anmerkungen zum Urteil des BAG ZIP 1990, 120, in: EWiR 1989, 1189; 1991, 253.

- Der Widerspruch des Arbeitnehmers beim Betriebsübergang und das europäische Recht, in: ZIP 1991, 220.

- Der Widerspruch des Arbeitnehmers bei Betriebsübergang, nunmehr europaweit? in: ZIP 1993, 178ff.

Junge, Werner: Die haftungsrechtlichen Risiken der Betriebsspaltung, in: Festschrift f. Franz Merz zum 65. Geb., S. 241ff., Hrsg. W. Gerhardt, Köln 1992.

Junker, Abbo: Kurzkommentar zum Urteil des Bundesarbeitsgerichts vom 06.10.1992 - 3 AZR 242/91, EWiR § 302 AktG 1/93, 217f.

Kaligin, Thomas: Die Betriebsaufspaltung, Ein Leitfaden für die Rechts-, Steuer und Wirtschaftspraxis, 2. Aufl., Berlin 1988.

Kalle, Michael: Steuerrechtliche Betriebsaufspaltung und das Recht der verbundenen Unternehmen, Frankfurt, Bern 1991.

Kallmeyer, Harald: Die Reform des Umwandlungsrechts, in: DB 1993, 367ff.

- Die Auswirkungen des neuen Umwandlungsrechts auf die mittelständische GmbH, in: GmbHR 1993, 461 ff.

Kapp, T./ *Oltmanns*, M. J./ *Bezler*, R.: Dauerschuldverbindlichkeiten bei Betriebsaufspaltung: Enthaftung nach § 26 HGB, in: BB 1988, 1897ff.

Keller-Stoltenhoff, Elisabeth: Die rechtstatsächlichen Auswirkungen des § 613a BGB im Konkurs, Köln 1986.

Keßler, Jürgen: Zivilrechtliche Haftungsrisiken der Betriebsaufspaltung, in: GmbHR 1993, 541ff.

Kiel, Heinrich: Die anderweitige Beschäftigungsmöglichkeit im Kündigungsschutz, Frankfurt/ Main, Bern, 1990.

Kittner, Michael: Anmerkung zum Urteil des BAG AP Nr. 9 zu § 111 BetrVG 1972.

Kiskel, Angelika: Verjährungsprivilegien in Umwandlungsfällen, Baden-Baden 1991.

Kleindiek, Detlef: Kurskorrektur im GmbH-Konzernrecht, in: DZWiR 1993, 177ff.

- Vertragsfreiheit und Gläubigerschutz im künftigen Spaltungsrecht nach dem Referentenentwurf UmwG, in: ZGR 1992, 513ff.

Knevels, Peter: Wann sind MassenänderungskündigungenStreik oder Aussperrung? in: BB 1968, 1249ff.

Knobbe-Keuk, Brigitte: Obligatorische Nutzungsrechte als Sacheinlagen in Kapitalgesellschaften, in: ZGR 1980, 214ff.

- Die Verpachtung von Anlagevermögen des Gesellschafters an die GmBH und § 32a GmbHG-Gesetz, in: BB 1984, 1ff.

- Die Zukunft der Betriebsaufspaltung im Steuerrecht, in: Abschied von der Betriebsaufspaltung?, S. 53ff., Hrsg. Priester/Timm, Köln 1990.
  (Zit.: Knobbe-Keuk, Zukunft)

- Bilanz- und Unternehmenssteuerrecht, 8. Aufl., Köln 1991.
  (Zit.: Knobbe-Keuk, Bilanzsteuerrecht)

- Die Verpachtung von Anlagevermögen und § 32a GmbHG, in: Festschrift für Alfred Kellermann, 1991, S. 227 ff.
  (Zit.: Knobbe-Keuk, Verpachtung)

- Eigenkapitalersetzende Gebrauchsüberlassung bei Begründung der Betriebsaufspaltung? in: DStR 1992, 823ff.

- Zum Erdbeben "Video", in: DB 1992, 1461ff.

Knoppe, Hartmut: Betriebsverpachtung, Betriebsaufspaltung, Pachtverhältnisse gewerblicher Betriebe im Steuerrecht, 7. Aufl., Düsseldorf 1985.

Koch, Ulrich: Grenzen der gesellschafterlichen Nachhaftung aus Dauerschuldverhältnissen, in: NJW 1984, 833ff.

Kohl, Reinhard: Die "TBB"-Entscheidung - Entwarnung im faktischen GmbH-Konzern ?, in: MDR 1993, 715 ff.

Kohte, Wolfhard: Der Gemeinschaftsbetrieb im Spiegel des Gesellschafts- und Konzernrechts, in: RdA 1992, 302ff.

Konzen, Horst: Arbeitnehmerschutz im Konzern, in: RdA 1984, 65ff.

- Unternehmensaufspaltungen und Betriebseinheit, in: AuR 1985, 341ff.

- Unternehmensaufspaltungen und Organisationsän- derungen im Betriebsverfassungsrecht, Heidelberg 1986.
  (Zit.: Konzen, Unternehmensaufspaltungen)

- Arbeitsverhältnisse im Konzern, in: ZHR 151, (1987), 566ff.

- Anmerkung zum Urteil des BAG vom 07.08.1986, 6 ABR 57/85 in SAE 1988, 91ff., in: SAE 1988, 94ff.

Kort, Michael: Der "private" Großaktionär als Unternehmen? in: DB 1986, 1909ff.

Kowalski, André: "TBB" - Rückkehr zu "Autokran"? in: GmbHR 1993, 253ff.

- Anmerkung zum Urteil des LG Oldenburg, in: ZIP 1992, 1637f.

Kraft, A./ *Kreutz*, P.: Mehrere Unternehmen als Träger eines Betriebes im Sinne des Betriebsverfassungsgesetzes, in: Festschrift für Hilger/Stumpf, S. 395ff., München 1983.

- Gesellschaftsrecht, 8. Aufl., Frankfurt/Main 1990.

Kreitner, Jochen: Kündigungsrechtliche Probleme beim Betriebsinhaberwechsel, Heidelberg 1989.

Kreßel, Eckhard: Betriebsverfassungsrechtliche Auswirkungen des Zusammenschlusses zweier Betriebe, in: DB 1989, 1623ff.

Krieger, Gerd: Der Tatbestand des qualifizierten faktischen Konzerns, in: Heidelberger Konzernrechtstage: Der qualifizierte faktische GmbH-Konzern, S. 41ff., Hrsg. Hommelhoff, Stimpel, Ulmer, Köln 1992.
  (Zit.: Krieger, Tatbestand)

- Sicherheitsleistung für Versorgungsrechte?, in: Festschrift für Rudolf Nirk, S. 551, München 1992.
  (Zit.: Sicherheitsleistung, S.)

- Kann die Praxis mit "TBB" leben?, in: ZGR 1994, 375 ff.

Krüer-Buchholz, Wiebke: Unternehmensaufspaltungen und ihre wirtschaftlichen Hintergründe am Beispiel der Bekleidungsindustrie, in: WSI-Mitteilungen 1983, S. 26ff.

Kübler, Friedrich: Anmerkung zum Urteil des Bundesgerichtshofs vom 29.3.1993 - II ZR 265/91, in: NJW 1993, 1204ff.

Kuhn, G./ *Uhlenbruck*, W.: Konkursordnung, Kommentar, 10. Aufl. München 1986.

Lauer, Jörg: Einschränkung des grundpfandrechtlichen Haftungsverbandes bei kapitalersetzender Gebrauchsüberlassung? in: WM 1990, 1693ff.

Leipold, Dieter (Hrsg.): Insolvenzrecht im Umbruch, Analysen und Alternativen, Köln, Berlin 1991.

Lieb, Manfred: Die Haftung für Verbindlichkeiten aus Dauerschuldverhältnissen beim Unternehmensübergang, Heidelberg 1991.

Limmer, Peter: Die Haftung im qualifizierten faktischen Personengesellschaftskonzern,in: GmbHR 1992, 265ff.

- Der qualifizierte faktische GmbH-Konzern nach "TBB" - Analyse und Folgerungen für die Praxis, in: DStR 1993, 765ff.

Löw, Friederike: Steht das europäische Recht einem Widerspruchsrecht des Arbeitnehmers bei Betriebsübergang entgegen? in: DB 1991, 546.

Löwisch, Manfred: Anmerkung zum Beschluß des BAG vom 17.02.1981, in: SAE 1982, 18ff.

Löwisch, Manfred (Hrsg.): Schlichtungs- und Arbeitskampfrecht, Wiesbaden 1989.
(Zit.: Schlichtungsrecht, S.)

Löwisch, M./ *Kröger*, B.: Galperin/Löwisch, Kommentar zum Betriebsverfassungsgesetz, Bd. II, 6. Aufl., München 1982.
(Zit.: Galperin/Löwisch, S.)

Loritz, Georg: Aktuelle Rechtsprobleme des Betriebsübergangs nach § 613a BGB, in: RdA 1987, 65ff.

Lutter, Marcus: Die zivilrechtliche Haftung in der Unternehmensgruppe, in: ZGR 1982, 244ff.

- Die Haftung des herrschenden Unternehmens im GmbH-Konzern, in: ZIP 1985, 1425ff.

- 100 Bände BGHZ: Konzernrecht, in: ZHR 151 (1987), 444ff.

- Der qualifizierte faktische Konzern, in: AG 1990, 179ff.

- Bericht über den 59. Deutschen Juristentag, in: DB 1992, 2429ff.

- Natürliche Personen als Einmann-Konzernspitze, in: Heidelberger Konzernrechtstage: Der qualifizierte faktische GmbH-Konzern, S. 183ff., Hrsg. Hommelhoff, Stimpel, Ulmer, Köln 1992.
(Zit.: Lutter, Personen)

- Anmerkung zum Urteil des BGH v. 29.03.1993 - II ZR 265/91, in: JZ 1993, 580ff.

Lutter, M./ *Hommelhoff*, P.: Nachrangiges Haftkapital und Unterkapitalisierung in der GmbH, in: ZGR 1979, 31ff.

- Kommentar zum GmbH-Gesetz, 13. Aufl., Köln 1991.

Martens, Klaus-Peter: Das Arbeitsverhältnis im Konzern, in: Festschrift 25 Jahre Bundesarbeitsgericht, S. 367ff., München 1979.
(Zit.: Martens, Arbeitsverhältnis)

Mayer, Dieter: Die Haftung im qualifizierten und faktischen GmbH-Konzern unter besonderer Berücksichtigung des "Video"- Urteils des BGH vom 23.09.1991 (Teil 1), in: DStR 1992, 791ff.

- Der Einfluß der Rechtsprechung des BGH zur kapitalersetzenden Nutzungsüberlassung auf die Betriebsaufspaltung, in: DStR 1993, 206ff.

Meilicke, Wienand: EuGH zu § 613a: Widerspruch des Arbeitnehmers hindert nicht den Übergang des Arbeitsverhältnisses, in: DB 1990, 1770.

- Obligatorische Nutzungsrechte als Sacheinlage, in: BB 1991, 579ff.

- Widerspruchsrecht des Arbeitnehmers bei Betriebsübergang - Wirkungen des Europarechts, in: DB 1991, 1326.

Münchener Handbuch zum Arbeitsrecht, Bd. I - III, Hrsg. R. Richardi, O. Wlotzke, München 1992.
(Zit.: MünchArb/Bearb.)

Münchener Kommentar zum Bürgerlichen Gesetzbuch, Bd. II, §§ 242-432, 2. Aufl., München 1984.
(Zit.: MünchKomm/Bearbeiter)

Münchener Kommentar zur Zivilprozeßordnung, Hrsg. Lühe, G./ Wachshöfer, A., München 1992.
(Zit.: MünchKomm/Bearbeiter)

Mutter, Christoph: Kapitalersetzende Darlehen und Gebrauchsüberlassung bei der GmbH, Frankfurt/Main, 1992.

Nagels, Monika: Betriebsaufspaltung und Kollektivvereinbarungen, Bad Honnef 1979.

Oehler, Wolfgang: Produzentenhaftung im Konzern - Deliktsrecht und Haftungsbeschränkung, in: ZIP 1990, 1445ff.

Oetker, Hartmut: Das Widerspruchsrecht der Arbeitnehmer beim Betriebsübergang und die Rechtsprechung des EuGH, in: NZA 1991, 137.

Peter, Manfred: Probleme des Betriebs- und Unternehmensbegriffs nach dem Betriebsverfassungsgesetz, in: DB 1990, 424ff.

Pietzko, Joachim: Der Tatbestand des § 613a BGB, Berlin 1988.

Pottmeyer, Klaus: Die Überleitung der Arbeitsverhältnisse im Falle des Betriebsinhaberwechsels nach § 613a BGB und die Mitbestimmung nach § 111ff. BetrVG, Frankfurt/Main, Bern 1987.

- Praktische Probleme im Zusammenhang mit dem Widerspruchsrecht des Arbeitnehmers beim Betriebsinhaberwechsel, (§ 613a BGB), Zugleich ein Beitrag zur Rechtsnatur des Widerspruchsrechts, in: ZfA 1989, 239ff.

Priester, Hans-Joachim: Unbeschränkte Konzernhaftung des GmbH-Gesellschafters, in: ZIP 1986, 137ff.

- Gebrauchsüberlassungsverträge im Kapitalersatzrecht in: Abschied von der Betriebsaufspaltung, Hrsg. Priester/Timm, Köln 1990.
  (Zit.: Priester, Gebrauchsüberlassungsverträge)

- Konzernaufbau. Vermeidung des Unternehmensstatus beim Privatgesellschafter, in: Heidelberger Konzernrechtstage: Der qualifizierte faktische GmbH-Konzern, S. 223ff., Hrsg. Hommelhoff, Stimpel, Ulmer, Köln 1992.
  (Zit.: Priester, Konzernaufbau)

- Dienstleistungspflichten als Eigenkapitalersatz? in: DB 1993, 1173ff.

Priester, H.J./ *Schmidt*, K.: Unbegrenzte Nachhaftung des geschäftsführenden Gesellschafters? in: ZIP 1984, 1064ff.

Raiser, Thomas: Recht der Kapitalgesellschaften, 2. Aufl., 1992.

Reichold, Hermann: § 26 HGB - Verjährungs- oder Enthaftungsnorm? in: ZIP 1988, 551ff.

Renaud, W./ *Markert*, T.: Haftung für Verbindlichkeiten aus Dauerschuldverhältnissen bei Betriebsaufspaltung, in: BB 1988, 1060ff.

- Keine Enthaftung des Unternehmensveräußerers für Verbindlichkeiten aus Dauerschuldverhältnissen trotz Firmenfortführung durch den Unternehmenserwerber?, in: DB 1988, 2358ff.

Reuter, Dieter: Anmerkung zum Urteil des BAG AP Nr. 4 - 7 zu § 128 HGB, AP 1985, Bl. 70ff.

Riesenhuber, Karl: Tarifbindung und Ausgliederung von Unternehmensteilen, in: BB 1993, 1001ff.

Roth, Günter H.: Zur "economic analysis" der beschränkten Haftung, in: ZGR 1986, 371ff.

Rowedder, H./ *Fuhrmann*, H./ *Rittner*, F. u.a.: GmbH-Gesetz, Kommentar, 2. Aufl., München 1990.

Rümker, Dietrich: Diskussionsbeitrag in der Plenardiskussion: Wird das geplante Umwandlungsrecht den gestellten Anforderungen gerecht?, in: Reform des Umwandlungsrechts, hrsg. vom Institut der Wirtschaftsprüfer, Düsseldorf 1993.
(Zit.: Rümker, Diskussionsbeitrag).

Rüthers, B./ *Bakker*, R.: Arbeitnehmerentsendung und Betriebsinhaberwechsel im Konzern, in: ZFA 1990, 245ff.

Säcker, Franz Jürgen: Landesbericht Deutschland, in: Birk/Igl/Zacher (Hrsg.) Arbeitsrechtliche Probleme der Unternehmenskonzentration, S. 127ff.

Säcker, F. J./ *Joost*, D.: Auswirkungen eines Betriebsübergangs auf Ruhestandsverhältnisse (I), in: DB 1978, 1030ff.

Salje, Peter: Betriebsaufspaltung und Arbeitnehmerschutz, in: NZA 1988, 449ff.

Schanze, Erich: Anmerkung zum Urteil des BGH v. 29.03.1993 - II ZR 265/91, in: AG 1993, 376ff.

Schanze, E./ *Kern*, H.-G.: Sanierungsversuch und Konzernhaftung, in: AG 1991, 421, 423ff.

Schaub, Günter: Arbeitsrechts-Handbuch, 7. Auflage, München 1992.

- Fragen zur Haftung bei Betriebs- und Unternehmensaufspaltung, in: NZA 1989, 5ff.

Schiener, Gerhard: Betriebsaufspaltungen und Unternehmensteilungen im Arbeitsrecht, Bayreuth 1990.

Schlegelberger: Handelsgesetzbuch, Kommentar, von E. Geßler, W. Hefermehl, W. Hildebrandt, G. Schröder, K. P. Martens, K. Schmidt, Bd. III, 1. Halbbd., §§ 105 - 160, 5. Aufl., München 1992.
(Zit.: Schlegelberger/Bearb.)

Schmidt, Karsten: Gesellschafterdarlehen als Insolvenzproblem?, in: ZIP 1981, 689ff.

- Konzernhaftung oder mitgliedschaftliche Haftung des privaten GmbH-Gesellschafters?, in: ZIP 1986, 146ff.

- Handelsrecht, 3. Aufl., Köln, Berlin 1987.
(Zit.: K. Schmidt, Handelsrecht)

- Zum gesellschaftsrechtlichen Status der Besitzgesellschaft bei der Betriebsaufspaltung, in: DB 1988, 897ff.

- Verlustausgleichspflicht und Konzernleitungshaftung im qualifizierten faktischen GmbH-Konzern, in: ZIP 1989, 545ff.

- Gesellschaftsrechtliche Grundlagen eines Nachhaftungsgesetzes, in: DB 1990, 2357.

- Obligatorische Nutzungsrechte als Sacheinlagen? in: ZHR 154 (1990), 237ff.

- § 32a GmbHG: ein Allheilmittel gegen unerwünschten Kapitalersatz? in: ZIP 1990, 69ff.

- Universalsukzession kraft Rechtsgeschäfts, in: AcP 191 (1991), 495ff.

- Gesellschaftsrecht, 2. Aufl., Köln, Berlin 1991.
  (Zit.: K. Schmidt, Gesellschaftsrecht).

- Gleichordnung im Konzern: terra incognita? in: ZHR 155 (1991), S. 417ff.

- Zum Stand des Konzernhaftungsrechts bei der GmbH, in: ZIP 1991, 1325ff.

- Nutzungsüberlassung, Eigenkapitalersatz und materielle Unterkapitalisierung, in: ZIP 1993, 161ff.

- "Konzernhaftung" nach dem "TBB"- Urteil - Versuch einer Orientierung, in: ZIP 1993, 549ff.

- Gläubigerschutz bei Umstrukturierungen - Zum Referentenentwurf eines Umwandlungsgesetzes - in: ZGR 1993, 366ff.

Schmitt, Klaus: Haftungsdurchgriff bei Arbeitsvergütungsansprüchen auf die Gesellschafter einer im Verlauf einer Betriebsaufspaltung gegründeten Betriebs-GmbH, Gießen 1986.

Schneider, Uwe H.: Neues zum qualifizierten faktischen GmbH-Konzern: Das "TBB"- Urteil, in: WM 1993, 687ff.

Scholz, Franz: Kommentar zum GmbH-Gesetz, 1. Bd. §§ 1 - 44, Anh. Konzernrecht, Bearb. Crezelius, Emmerich, Priester, K. Schmidt, u.a., 8. Aufl., Köln 1992.
(Zit.: Scholz/Bearbeiter)

Schüppen, Matthias: Haftung im qualifiziert faktischen GmbH-Konzern und 12. EG-Richtlinie, in: DB 1993, 969ff.

Schulze-Osterloh, Joachim: Gläubiger- und Minderheitenschutz bei der steuerlichen Betriebsaufspaltung, in: ZGR 1983, 123ff.

Schwanda, Klaus: Der Betriebsübergang in § 613a BGB, Berlin 1992.

Seiter, Hugo: Streikrecht und Aussperrungsrecht. Ein Arbeitskampfrechtssystem auf der Grundlage subjektiv-privater Kampfrechte, Tübingen 1975.
(Zit.: Seiter, Streikrecht)

- Betriebsinhaberwechsel, Stuttgart, Wiesbaden 1980.
  (Zit.: Seiter, Betriebsinhaberwechsel)

Sick, Joachim: Der gemeinsame Betrieb mehrerer Unternehmen, in: BB 1992, 1129ff.

Simon, Jürgen: Arbeitsrechtliche und Haftungsprobleme bei der Betriebsaufspaltung, in: ZfA 1987, 311ff.

Sowka, Hans-Harald: Betriebsverfassungsrechtliche Probleme der Betriebsaufspaltung, in: DB 1988, 1318ff.

Spiegelberger, Sebastian: Kapitalersetzende Nutzungsüberlassung? in: DStR 1991, 468ff.

v. *Staudinger,* Julius: Kommentar zum BGB, 2. Buch, §§ 241, 242, von P. Schlosser, J. Schmidt, 12. Aufl., Berlin 1983; §§ 611-615, von R. Richardi, 12. Aufl., Berlin 1989
(Zit.: Staudinger/Bearbeiter).

Stimpel, Walter: Durchgriffshaftung bei der GmbH: Tatbestände, Verlustausgleich, Ausfallhaftung, in: Festschrift f. R. Goerdeler, Hrsg. H. Havermann, Düsseldorf 1987.
(Zit.: Stimpel, Durchgriffshaftung).

- Haftung im qualifizierten faktischen GmbH-Konzern, in: ZGR 1991, 144ff.

- Autokran - Tiefbau - Video: Stand der Rechtsprechung, in: Heidelberger Konzernrechtstage: Der qualifizierte faktische GmbH-Konzern, S. 5ff., Hrsg. Hommelhoff, Stimpel, Ulmer, Köln 1992.
  (Zit.: Stimpel, Autokran)

Stodolkowitz, Dieter: Die Haftung im qualifizierten faktischen GmbH-Konzern nach der Rechtsprechung des Bundesgerichtshofs, in: ZIP 1992, 1517ff.

Teichmüller, Frank: Die Betriebsänderung: Interessenausgleich, Sozialplan, Konkurs, Köln 1983.

Timm, Wolfram: Gebrauchsüberlassungsverhältnisse und Konzernhaftung, in: Abschied von der Betriebsaufspaltung? Hrsg. Priester/Timm, Köln 1992, S. 27ff.
(Zit.: Timm, Gebrauchsüberlassungsverhältnisse)

- Grundfälle zu den eigenkapitalersetzenden Gesellschafterleistungen, in: JuS 1991, 738ff.

Timm, W./ *Geuting,* M.: Abschied von der Strukturhaftung im qualifizierten faktischen Konzern? in: ZIP 1992, 821ff.

Tschöpe, Ulrich: Rechtsfolgen eines arbeitnehmerseitigen Widerspruchs beim Betriebsinhaberwechsel, Frankfurt/Main 1984.

- Kurzkommentar zum Urteil des BAG ZIP 1987, 529, in: EWiR 1987, 355.

Uhlenbruck, Wilhelm: Zur Kollision kapitalersetzender Gebrauchsüberlassungen (§ 32a GmbHG) mit Grundpfandrechten und Zessionen der Kreditinstitute, in: Festschrift für T. Heinsius, Berlin, New York 1991.

Ulmer, Peter: Umstrittene Fragen im Recht der Gesellschafterdarlehen, in: ZIP 1984, 1163ff.

- Der Gläubigerschutz im faktischen GmbH-Konzern beim Fehlen von Minderheitsgesellschaftern, in: ZHR 184 (1984), 391ff.

- Gläubigerschutz im "qualifizierten" faktischen GmbH-Konzern, in: NJW 1986, 1579ff.

- Gebrauchsüberlassung an die GmbH als Eigenkapitalersatz, in: Festschrift für Alfred Kellermann, 1991, S. 485ff.
(Zit.: Ulmer, Gebrauchsüberlassung)

Ulmer, P./ *Timmann,* J. O.: Die Enthaftung ausgeschiedener Gesellschafter, in: ZIP 1992, 1ff.

Versteegen, Peter: Das TBB-Urteil als Wegbereiter einer allgemeinen Intransparenzhaftung in der GmbH? in: DB 1993, 1225ff.

Vonnemann, Wolfgang: Gebrauchsüberlassung als eigenkapitalersetzende Leistung, in: DB 1990, 261ff.

Weber, Christoph: Das aufgespaltene Arbeitsverhältnis, Berlin 1992.

Weilbach, Erich: Die Betriebsaufspaltung - ein realökonomisches Erfordernis, in: BB 1990, 829ff.

- Zivilrechtlicher Sündenfall bei der Betriebsaufspaltung: Kann Nutzungsüberlassung dem Eigentum gleichgestellt werden?, in: GmbHR 1991, 56ff.

Weimar, Robert: Die typische Betriebsaufspaltung - ein Unterordnungskonzern? in: ZIP 1988, 1525ff.

Weimar, R./ *Alfes,* J.: Arbeitsrechtliche Grundsatzfragen der Betriebsaufspaltung, in: BB 1993, 783ff.

Weitbrecht, Cornelius: Haftung der Gesellschafter bei materieller Unterkapitalisierung der GmbH, Köln 1990.

Weiß, Johannes: Zur Haftung der Besitzgesellschaft bei der Betriebsaufspaltung, insbesondere gegenüber den Arbeitnehmern, 1988.

Wellkamp, Ludger: Die Einheit von Betriebs- und Besitzgesellschaft - Zu den Rechtsfolgen eigenkapitalersetzender Nutzungsüberlassung, in: DB 1993, 1759 ff.

Wendeling-Schröder, Ulrike: Anmerkungen zur Veränderung des Arbeitgeberbegriffs, in: Festschrift für Albert Gnade, Köln 1992, S. 367.

Wendling, Gerhard: Rechtsgeschäftlicher Betriebsübergang und Arbeitsverhältnis, Bochum 1980.

Westermann, H. P.: Das TBB-Urteil - ein Neuansatz bei der Haftung wegen qualifizierter faktischer Konzernierung? in: ZIP 1993, 554ff.

- Anmerkung zum Urteil des OLG Karlsruhe vom 07.08.1992 - 15 U 123/91, in: DZWiR 1993, 23ff.

Wiedemann, Herbert: Gesellschaftsrechtliche Probleme der Betriebsaufspaltung, in: ZIP 1986, 1293ff.

- Spätlese zu Autokran, in: ZGR 1986, 656ff.

- Die Unternehmensgruppe im Privatrecht. Methodische und sachliche Probleme des deutschen Konzernrechts, 1988.
  (Zit.: Wiedemann, Unternehmensgruppe)

- Anmerkung zum Urteil des BAG AP Nr. 1 zu § 1 KSchG 1969 Konzern.

- Entwicklungen im Kapitalgesellschaftsrecht, in: DB 1993, 141ff.

Wiese, Günter: Mehrere Unternehmen als gemeinsamer Betrieb im Sinne des Betriebsverfassungsrechts, in: Festschrift für Dieter Gaul, Neuwied 1992, S. 553ff.

Wilken, Oliver: Kapitalersetzende Nutzungsüberlassungen im internationalen Unterordnungskonzern, Bielefeld 1993.

Willemsen, Heinz-Josef: Tendenzen der Betriebsaufspaltung im Arbeitsrecht, in: Abschied von der Betriebsaufspaltung?, Hrsg. Timm/Priester, Köln 1992, S. 63ff.
(Zit.: Willemsen, Tendenzen)

- Zur Befreiung neugegründeter Unternehmen von der Sozialplanpflichtigkeit, (§ 112a/II BetrVG), in: DB 1990, 1405ff.

- Arbeitsrechtliche Anforderungen an die Reform des Umwandlungsrechts, in: Reform des Umwandlungsrechts, S. 105ff., Hrsg. v. Institut der Wirtschaftsprüfer, Düsseldorf 1993.
  (Zit.: Willemsen, Anforderungen)

Windbichler, Christine: Arbeitsrecht im Konzern, München 1989.

Wlotzke, Otfried: Betriebsverfassungsgesetz, Kommentar, 2. Aufl., München 1992.

Zartmann, Hugo: Die Betriebaufspaltung, Wiesbaden 1980.

Ziegenhain, Hans-Jörg: Der qualifiziert faktische Konzern in der Rechtsprechung des Bundesarbeitsgerichts zur betrieblichen Altersversorgung, in: ZIP 1994, 1003 ff.

Ziegler, Klaus: Kapitalersetzende Gebrauchsüberlassungsverhältnisseund Konzernhaftung bei der GmbH, unter besonderer Berücksichtigung der Betriebsaufspaltung, Baden-Baden 1989.

- Verlustausgleich und Haftungsdurchgriff beim qualifiziert faktischen GmbH-Konzern, in: WM 1989, 1077.

Zöllner, Wolfgang: Gemeinsame Betriebsnutzung, in: Festschrift für Johannes Semler, Berlin, New York 1993, S. 995ff.

Zöllner W./ *Loritz*, K.-G.: Arbeitsrecht, 4. Aufl., München 1992.

Kolibri 360 GmbH
Ferdinand-Jühlke-Straße 7
99095 Erfurt, Deutschland
produktsicherheit@kolibri360.de

Druck:
CPI Druckdienstleistungen GmbH
im Auftrag der
Kolibri 360 GmbH
Ferdinand-Jühlke-Str. 7
99095 Erfurt